Rügemer
Colonia Corrupta

Werner Rügemer, Köln, geb. 1941, Philosoph und Publizist, Mitglied von Transparency International (TI), Business Crime Control (BCC) und des Deutschen Schriftstellerverbandes (VS). Rundfunk- und Fernsehsendungen. Bücher u.a.: *Staatsgeheimnis Abwasser* 1995, *Wirtschaften ohne Korruption* 1996, *Grüezi – bei welchen Verbrechen dürfen wir Ihnen behilflich sein?* 1999.

Werner Rügemer

Colonia Corrupta

Globalisierung, Privatisierung und Korruption im Schatten des Kölner Klüngels

WESTFÄLISCHES DAMPFBOOT

Die Deutsche Bibliothek - CIP-Einheitsaufnahme

Rügemer, Werner:
Colonia Corrupta: Globalisierung, Privatisierung und Korruption im Schatten des Kölner Klüngels / Werner Rügemer. - Münster : Westfälisches Dampfboot, 2002
ISBN 3-89691-525-8

1. Auflage Münster 2002

Umschlag: Lütke · Fahle · Seifert, Münster
Druck: Fuldaer Verlagsagentur
Gedruckt auf säurefreiem, alterungsbeständigem Papier.
ISBN 3-89691-525-8

Inhalt

Gewidmet meinen Söhnen Daniel und Philipp und ihren Freunden

Vorwort

In diesem Buch habe ich Veröffentlichungen zusammengefasst, die seit 1993 entstanden und eine Kümmerexistenz am Rande der Öffentlichkeit fristeten. Dennoch wurden sie in den Chefetagen aufmerksam gelesen. Ein Ratsmitglied, ein Oberstadtdirektor, ein Oberbürgermeister, ein ehemaliger Präsident des 1. FC Köln haben auf Verleumdung und Bussgeld geklagt, die Gerichtsverfahren zogen sich dann jahrelang hin - ausserhalb der Öffentlichkeit.

Ein halbes Jahr suchte ich nach einem Verlag, in Berlin, Hamburg, München. Da wurde gesagt: das ist ja hochinteressant, aber doch sehr speziell kölnisch - Suchen Sie doch einen Verlag in Köln. Ein halbes Jahr lang suchte ich dann in Köln. Kleine Verlage zögerten oder stellten unannehmbare Bedingungen. Grosse Verlage schrieben ab, Tenor: „Interessant, aber nicht aktuell". Der Verlag Kiepenheuer & Witsch pickte sich den kleinen Artikel über die niedrige „Sozialmiete" des Regierungspräsidenten heraus und befand, dass die Kritik daran „in die falsche Richtung" ziele, denn kein Mieter reisse sich darum, mehr Miete zu zahlen als nötig. Damit war das Buch abgelehnt.

Mein Dank gilt denen, ohne die die Arbeit während eines Jahrzehnts nicht möglich gewesen wäre: den Redakteuren der „Kölner StadtRevue", des „Kölner Volksblatts", der „Kölner Woche - Neue Rheinische Zeitung", schliesslich in den letzten Jahren der Kölner „taz". Dank gilt den Mitstreitern und Mitstreiterinnen aus Bürgerinitativen, insbesondere der KIMM (Kölner Interessengemeinschaft Müllvermeidung statt Müllverbrennung) und der Initiative gegen der Verkauf städtischer Wohnungen, ebenso aus dem Netzwerk gegen Neoliberalismus und Konzernherrschaft. Die Kollegen von Business Crime Control und Transparency International geben mir wichtigen Rückhalt. Namentlich danken möchte ich Rechtsanwalt Eberhard Reinecke für die aufwendige Vertretung in zahlreichen Gerichtsverfahren sowie Ralf Bickel und Werner Peters, die sich in gemeinsamen Aufklärungsprojekten nicht entmutigen liessen.

Colonia Corrupta - das ist Köln, das seinen Namen stolz aus der römischen Colonia Claudia Ara Agrippinensium herleitet, und das ist jede andere Stadt, die von global operierenden Grossinvestoren belagert und mithilfe von Politikern und öffentlichen Bediensteten kolonisiert wird.

Vieles bleibt im Dunkeln. Das Bild ist in keiner Weise vollständig, es ist eine Zwischenbilanz. Ich freue mich auf neue Mitstreiter.

Köln, im April 2002

Statt einer Einleitung: Kölsches Klüngel-Biotop und Globalisierung

Ach, wie ist's doch so bequem,
den Klüngel nur in Köln zu sehn!

So lautet ein Vers aus „Die Heinzelmännchen“, dem einzig bekannten Gedicht, in dem Köln jemals eine Hauptrolle spielte. Jedenfalls hätte der Vers so lauten können. Dem Dichter und seinem unsterblich mittelmässigen Gedicht wurde im Zentrum Kölns ein Denkmal gesetzt. Sein Vers, den er gar nicht hat schreiben müssen, lebt aber fort und fort und wird immer wieder neu gedichtet, bis heute.

Eine gegenwärtige Fassung dieses Verses stammt aus der grössten deutschen Tageszeitung, die von vielen Halbkritikern als kritisches Medium angesehen wird. So dichtete also der moderne süddeutsche Journalist dieses: „Nun schaut alle Welt auf den kölschen Klüngel, dieses Biotop von Politik und Unternehmen ...“

Im kölschen Biotop siedelt der Journalist, wie andere Anführer der Aufklärungsmeute, den grössten Spenden- und/oder Bestechungsskandal der SPD an. „Köln versinkt im Müllsumpf“ heisst es in mittelmässiger Einheitlichkeit. „Der Fall ist auf Köln begrenzt“, verordnet in prosaischer Eindeutigkeit der Bundeskanzler, und der Generalsekretär der „betroffenen“ Partei eilt nach Köln, um zu zeigen, dass es wirklich so ist.

Dabei werden Korruptions-Ermittlungen gegenwärtig in mehreren Städten quer durch Deutschland geführt, allein beim Bau von Müllverbrennungsanlagen in Fürstenfeldbruck und Oberhausen, in Bonn und Primasens, in Böblingen und Hamburg undsoweiter. Überall werden die Müllöfen privat betrieben und sind zu gross geraten. Überall haben die selben vier oder fünf Firmen gebaut, wie in Köln, Steinmüller, Babcock, ABB, Hochtief, Holzmann, und vielfach war auch Trienekens/RWE als Anlagenbetreiber dabei, quer durch die Bananenrepublik. Aber: „Deutschland blickt auf das Kölsche Klüngel-Biotop ...“

In Hamm wurde der Wirtschafts-Dezernent zu zweieinhalb Jahren Gefängnis verurteilt. Er hatte von dem Oberhausener Anlagenbauer Babcock 1,7 Millionen Mark bekommen und den Müllofen durchgesetzt. Der Dezernent gab an, den beiden grössten Fraktionen im Rat einige hunderttaussend Mark weitergegeben zu haben. Dem wurde gerichtlich und medial nicht nachgegangen. Das war übrigens im Jahre 1986. Im Gerichtsverfahren legte Babcock in aller Unschuld und aller Öffentlichkeit dar, wie ein deutscher Anlagenbauer eben verfährt, wenn die Kommunalpolitiker im In- und Ausland erstmal nicht wollen. Man habe das Schmiergeld bezahlt, „um die vielfältigen Widerstände und Einwendungen gegen die Müllverbrennungsanlage zu überwinden“. So die Lektion aus den Biotopen Oberhausen und Hamm. Wie gesagt, vor über fünfzehn Jahren.

Das Klischee vom Kölner Klüngel-Biotop macht die Geberseite der Korruption unsichtbar. Die Unternehmen Steinmüller und Trienekens, die beim Kölner Müllofen schmierten, haben ihre Zentrale in Gummersbach und in Viersen. Und der Kölner Ofen wäre nicht ans Verbrennen gekommen, wenn es nicht noch andere Orte gegeben hätte. Orte, in denen der Fraktionsvorsitzende der Kölner SPD und andere, die nicht so wichtig scheinen, ihren Lohn abholten. Orte, die immer und ewig auftauchen, bei den schwarzen Kassen der CDU, bei Elf Aquitaine, beim Diktator Mobutu, und die immer und ewig unschuldig bleiben, obwohl kaum eine Grossbestechung ohne sie geht, ob in Entwicklungsländern oder in München und Köln: Orte in der Schweiz. In drei Briefkastenfirmen im alpenländischen Biotop Graubünden und in Zürich haben aufrechte Schweizer Basisdemokraten die bisher bekannten 29 Millionen Mark Schmiergeld für den Kölner Müllofen gewaschen.

Ach, und wo wir doch schon bis Viersen und Gummersbach und Graubünden gedrungen sind. Trienekens gehörte schon damals zu RWE, Steinmüller gehörte zum Baukonzern Holzmann, und der gehörte auch zu RWE. Da hätten wir nun schon wieder einen neuen Schauplatz ausserhalb des Dom-Biotops, Essen, wohl den wichtigsten von allen.

Ach, wie ist's doch so bequem ...

Der Gerechtigkeit halber gehen wir in Richtung Süden, nach München. Seit Anfang der 90er Jahre wurden 634 Staatsdiener, Ingenieure und Unternehmer zu 586 Jahren Gefängnis und 19 Millionen Euro Geldstrafen verurteilt, wegen Korruption beim Bau von Kanälen und Klärwerken. Und die elf überlasteten Staatsanwälte und die Gerichte in München sind noch mitten in der Arbeit. Warum steht der Vorsitzende der unchristlich-unsozialen bayerischen Staatspartei immer noch so krachledern-blitzsauber da, obwohl deren Funktionäre noch mehr als dem Wahlergebnis zukommt zu den verurteilten Korrupteuren gehören? Ja, ein korruptionsfreies Biotop dort unten, das von den ach so kritischen medialen Heinzelmännchen der süddeutschen Zeitung nur im Regionalteil ein bisschen abgehandelt wird, während sie sich im kölschen Klüngel-Biotop als einem bundesweiten Ereignis suhlen.

Jahrzehntelang ent-sorgte sich die Öffentlichkeit auch mithilfe des anderen Klischee-Biotops: Korruption – die gibts weit weg dort unten in den Entwicklungsländern. Damit wurde übertüncht, dass die Gelder aus den grossen Unternehmen der reichen Industriestaaten kamen. Voran vom Exportweltmeister Deutschland. Von der Firma Steinmüller beispielsweise, die mit der Deutschen Bank und Daimler-Benz seit den 70er Jahren einer der grossen heimlichen Finanziers der National Party in Südafrika war, damit auch Profiteur und Komplize der Apartheid.

RWE, Westdeutsche Landesbank, Steinmüller undsoweiter: sie waren damals schon global player, haben den flächendeckenden Bau von Müllverbrennungsöfen organisiert. Sie haben gleichzeitig die Privatisierung vorangetrieben und die geringen Möglichkeiten demokratischer Kontrolle noch weiter abgebaut. Politiker und Beamte der beiden staatssubventionierten und unternehmensfinanzierten „Volksparteien" halfen mit.

Die Korruption beim Bau der Müllverbrennungsanlage war der definitive Einbruch der so gerühmten Globalisierung und Privatisierung in die Kommune. Das war in Köln so, während hier die ach so kritische Welt nur das gemütliche lokale Klüngelbiotop sah, und anderswo in Deutschland.

Die Kölner Müllverbrennungsanlage
Die Stadt, der Müll und der NRW-Unternehmens-Politfilz

Anfang März 2002 begann in Köln der „grösste Spendenskandal der SPD". Beim Bau der Müllverbrennungsanlage, so stellte sich heraus, waren mindestens seit 1994 Schmiergelder geflossen. Im folgenden Artikel vom Oktober 1995 war die typische korruptive Situation vor der Genehmigung des Milliardenprojekts bereits detailliert geschildert worden. Es fehl(t)en nur die Angaben zu den Bestechungsgeldern.

„An Dezernate 54 und 55, im Hause. Telefonat mit OStD Ruschmeier 22.07.1992. Um das für nächstes Jahr vorgesehene Planfeststellungsverfahren für die MVA zu beschleunigen, habe ich ihm geraten, sich Ingenieurbüros zu bedienen und dabei besonders die Firma Steinmüller aus Gummersbach zu berücksichtigen. Diese könne beispielsweise mit der Deutschen Babcock eine Arbeitsgemeinschaft bilden (Babcock macht die Aachener MVA). Herr Ruschmeier wird Herrn Eisermann (Geschäftsführer der AVG) entsprechend informieren. gez. Dr. A."

So die Kurznotiz des Kölner Regierungspräsidenten Dr. Franz-Josef Antwerpes über sein Telefonat mit dem Kölner Oberstadtdirektor und SPD-Genossen Lothar Ruschmeier, letzterer zugleich Aufsichtsratsvorsitzender der privaten Abfallentsorgungs- und Verwertungsgesellschaft Köln mbH (AVG).

Wichtige Tage im Leben des Müllentsorgers Trienekens

Der Aktennotiz waren wichtige Entscheidungen vorausgegangen. Am 14.5.1992 war zwischen der Stadt Köln, der Trienekens Entsorgung GmbH und der Stadtwerke Köln GmbH der Gesellschaftsvertrag der AVG - Abfallentsorgungs- und Verwertungsgesellschaft Köln mbH - unterzeichnet worden. Die Stadt hält 50,1 % Gesellschafteranteile, Trienekens 25,1 %, die Stadtwerke halten 24,8 %. Die AVG sollte im Zuge des Zeitgeistes, dem die SPD/CDU-Mehrheit des Rates fundamentalistisch folgte - „Privatisierung macht kommunale Leistungen billiger und flexibler" - die Abfallentsorgung der Stadt übernehmen.

Am folgenden Tag trafen sich die selben Herren noch einmal. Zweck: Abschluß eines Konsortialvertrages der Stadt Köln mit der AVG. „Die Stadt Köln verpflichtet sich, der AVG zur Finanzierung der Planungs- und Investitionskosten für die MVA kommunalverbürgte Darlehen zu verschaffen". Und: „Eine angemessene Eigenkapitalverzinsung ist sicherzustellen."

Am selben Tag trafen sich die selben Herren noch einmal zur Gesellschafterversammlung der AVG. Sie genehmigten den Anstellungsvertrag mit dem Geschäftsführer Ulrich Eisermann.

Am 27.5.92 trafen sich die selben Herren erneut und unterzeichneten den Entsorgungsvertrag: Die Stadt Köln beauftragt die AVG mit der Abfallentsorgung „zunächst“ bis zum Jahre 2025, und zwar zu hochkomfortablen Bedingungen, jedenfalls für die AVG. „Die AVG erhält von der Stadt Köln für ihre Leistungen Entgelte. Dabei sind in angemessener Weise Eigenkapitalverzinsung, Gewinn und Risikovergütung berücksichtigt“. Im Aufsichtsrat der AVG sitzen Mitglieder des Rates, Vertreter von RWE (Trienekens gehört zu RWE). Ruschmeier ist Vorsitzender, Hellmut Trienekens Stellvertreter.

Danach gründete die AVG Tochtergesellschaften, reihenweise: KVK Kompostierungs- und Verwertungs-Gesellschaft Köln mbH, GVG Gewerbeabfallsortier- und Verwertungs-Gesellschaft Köln mbH, BMV Baustellenmischabfall-Verwertungs-Gesellschaft mbH, überall mit dem Gesellschafter Trienekens. Die AVG zog sich per Ratsbeschluß schnell weitere Aufgaben an Land – ohne öffentliche Ausschreibung –, so die Entsorgung der Öl- und Fettabscheider und den Transport der „Klärwerksnebenstoffe“ aus dem Klärwerk Stammheim nach Thüringen.

Hauptprojekt der AVG ist die Müllverbrennungsanlage (MVA). Sie soll zur Begrüßung des neuen Jahrtausends den Betrieb aufnehmen und mit Infrastrukturmaßnahmen 912 Millionen DM kosten. Ein Jahr nach Dr. Antwerpes‘ Telefonat forderte die AVG ausgesuchte Firmen zu Angeboten auf: ABB, Babcock, Noell, von Roll und Steinmüller. Die öffentliche Ausschreibung unterblieb, nach der Anweisung des Regierungspräsidenten. Was lag da näher, mit der Prüfung der Angebote unbürokratisch die Firma UTG zu beauftragen? UTG ist eine 100%ige Tochter von Trienekens.

Der Steinmüller

Steinmüller gehört der Baufirma Holzmann AG, die wie Trienekens von RWE beherrscht wird. Und Trienekens betreibt mit Holzmann die Holzmann & Trienekens GmbH zur Regelung ihrer Beteiligungsgesellschaften. UTG also kam zu dem Schluß, daß niemand anders als Steinmüller das beste Angebot abgegeben habe. UTG konnte sich dabei praktischerweise auf eine „Vorprojektstudie“ von Mutter Trienekens stützen. Steinmüller erhielt im Januar 1994 – vor der Anlagengenehmigung, die auch jetzt noch nicht vorliegt – den Generalunternehmervertrag und soll mit Babcock und ABB die MVA schlüsselfertig liefern.

Antwerpes begründet, wenn überhaupt, seine Bevorzugung von Steinmüller damit, dass dies „Arbeitsplätze in der Region“ schaffe. Er meint damit offensichtlich, dass die Ratsmitglieder, Landtags- und Bundestagsabgeordneten dieser kölnnahen Region alle in gewisser Weise von dem grössten Unternehmen Gummersbachs abhängen und dessen Gewogenheit nicht aufs Spiel setzen wollen. Antwerpes sagt freilich nicht, dass er noch auf ganz andere Weise mit Steinmüller verbunden ist. Als früherer energiepolitischer Verantwortlicher der SPD ist er der parteimässige Lobbyist von RWE und deren Tocher Rheinbraun. Steinmüller baut Anlagen in den Braunkohlekraftwerken.

Steinmüller ist aber keineswegs nur irgendein Unternehmen in Gummersbach. Steinmüller ist ein multinationaler Konzern. Die grösste Auslandsniederlassung besteht seit Jahrzehnten in Südafrika, mit mehreren Unternehmen, so die L. & C. Steinmüller Construction, Alrode Engineering, Clyde Bowers, Steinmüller-Lavis Structural Steel, Interpipe, Intervalve, South African Compensators, Steinmüller Mining&Piping Systems sowie zahlreichen Grundstücksgesellschaften. Bekannt wurde Steinmüller in Südafrika auch dadurch, dass das Gummersbacher Unternehmen von 1970 bis 1989 zusammen mit der Deutschen Bank, der Commerzbank, Bayer, Siemens und Daimler-Benz zu den geheimen Finanziers der Apartheidspartei National Party gehörte.

In seinem Geschäftsbericht 1994 stellt Steinmüller die Kölner Müllverbrennungsanlage vor, als sei sie bereits beschlossen. Diese Anlage ist für Steinmüller auch deshalb wichtig, weil damit ein Referenzprojekt vorhanden ist, mit dem man in den USA und in Asien werben kann. Das ist auch dem Fürsprecher Antwerpes ein Anliegen, sagte er doch später in einem Interview bezüglich einer neuen Technik der Braunkohleverbrennung: „Steinmüller macht das gemeinsam mit Babcock. Ich war kürzlich in Ungarn... Das kann ein echter Exportschlager werden. Aber wir brauchen natürlich mehr als eine Blaupause, ein funktionierendes Kraftwerk muss schon her."

Der Müll

Im Jahre 1988, als es noch nicht einmal die Verpackungs-Verordnung, nicht das Duale System Deutschland, nicht das Vermeidungsgebot im Abfallgesetz und auch nicht die Biotonne gab (jedenfalls nicht in Köln) und schon gar nicht das Kreislaufwirtschafts-Gesetz (es gilt ab 1996), beschloß die Ratsmehrheit das Abfallwirtschaftskonzept, wonach die jährliche Müllmenge 421.000 Tonnen beträgt. Zu deren Verbrennung soll die MVA gebaut werden. Die Menge war 1992 einerseits schon überholt, denn da stand fest: Die Müllmengen gehen zurück. Andererseits war die Menge unbotmäßig niedrig, hatte doch jener Dr. Antwerpes, der sich von der örtlichen Hofpresse gern als „Kurfürst von Köln" titulieren lässt, in seinem Wahn eine MVA für 600.000 Tonnen jährlichen Mülls gefordert. Antwerpes, der seine Untergebenen in den Diensträumen mit mehreren Mülleimerchen traktiert - „brav sortieren, Kinder!" -, bildet zusammen mit „Verbrennungsminister" Matthiesen für die nordrhein-westfälische Verbrennungslobby aus Rheinbraun, RWE, Steinmüller und Babcock eine wichtige Stütze.

Inzwischen haben schon bestehende MVAs wie in Düsseldorf, Bonn und Leverkusen Kapazitäten frei, sie alle sind merkwürdigerweise zu gross geraten. Im Juli 1995 bot die MVA Leverkusen der Stadt Köln an, jährlich 100.000 Tonnen zu übernehmen. Da musste Dr. Antwerpes bekanntgeben, daß die Müllmenge im Regierungsbezirk von 1992 auf 1994 „entgegen jeder Prognose" um 500.000 Tonnen von 1,9 auf 1,4 Millionen Tonnen gesunken sei, was aber seine Einsichtsfähigkeit nicht beflügelt. Der Genosse Kurfürst hält sich bei seinem verbissenen Einsatz für die Kölner MVA nur eingeschränkt an Recht und Gesetz. Das Abfallgesetz verbietet Überkapazitäten, da sie das Vermeidungsgebot unterlaufen. Die Umweltverträglichkeitsprüfung hat er umgangen.

Die wichtigste Begründung für die MVA war seit Mitte der 80er Jahre: „Die Deponie Vereinigte Ville ist spätestens im Jahre 2001 voll." Dies ist eine gezielte Unwahrheit aus der kurfürstlichen Klüngel-Koordinations-Behörde. Anfang 1995 betrug das verfüllbare Volumen der Deponie noch 7.928.000 Kubikmeter. Nehmen wir die jährlich angelieferte Menge als konstant an (in Wirklichkeit wird sie fallen), dann reicht die Deponie noch 25,4 Jahre, also bis 2020. Dazu gibt es noch das Angebot der benachbarten Rheinbraun AG auf eine Deponie-Optionsfläche für 10.000.000 Kubikmeter, und noch ein Angebot der Hoechst AG, deren Müll auch weniger wird.

Die Genehmigung

Die Region Köln hat weltweit die größte Dichte an Hals-, Nasen- und Ohrenärzten pro Einwohner. Das hat nichts mit dem Klüngelgestank aus dem Rathaus zu tun, der medizinisch ungefährlich ist. Es hat vielmehr mit der weltweit größten Dichte an Chemiebetrieben zwischen Dormagen und Wesseling zu tun. Der Kölner Norden mit den Stadtteilen Niehl, Merkenich, Seeberg ist besonders belastet: die Bayer AG grüßt und stinkt über den Rhein herüber, zahlreiche Chemie- und Mineralölbetriebe sind hier angesiedelt. Genau hier soll die MVA gebaut werden, nach dem Motto: „Ist die Luft erst ruiniert, verbrennt es sich ganz ungeniert."

Der Verbrennungslobby und ihrem Kölner Statthalter war klar: Die Genehmigung nach dem Bundes-Immissionsschutz-Gesetz wird problematisch. Der bekannteste Regierungspräsident Deutschlands schlug folgende Lösung vor: Durchpauken. Am 5.10. 1993 teilte Oberstadtdirektor Ruschmeier als Vorsitzender des AVG-Aufsichtsrates seinen Kollegen mit, die gerade über dem Generalunternehmervertrag mit Steinmüller brüteten: „Im übrigen will Herr Dr. Antwerpes binnen Zweijahresfrist für eine entsprechende Genehmigung der MVA Sorge tragen". Dann sorgte Antwerpes noch fürs Weggucken.

Die Vorbelastung der Luft am Standort Niehl hätte im Zusammenhang mit Smogbildung, Inversionswetterlagen, Windrichtungen usw. über einen längeren Zeitraum gemessen werden müssen, um die Zusatzbelastung durch die MVA beurteilen zu können. Das aber würde Zeit und Geld kosten. Hierzu durfte Ruschmeier in der selben Sitzung seinen Kollegen das kurfürstliche Kauderwelsch überbringen: „... daß sich die Genehmigungsbehörde RP nicht eindeutig festlegt hinsichtlich der Erfordernisse von Emissionsprognosen und Vorbelastungsmessungen... und mit Bezug auf die Mehrkosten kein Vertreter der Genehmigungsbehörde eindeutig Position bezieht." Deshalb enthielten dann die Genehmigungsunterlagen für die MVA ein vom Regierungspräsidenten geflickschustertes Gutachten mit „vergleichbaren" Daten aus Köln-Wahn, Essen und Hannover - aber keine aus Köln-Niehl.

Der Schornstein

Nach Gesetz müßte der Schornstein der MVA 67,5 Meter hoch sein. Die AVG will ihn 100 Meter hoch bauen. Eine solche Ausnahme muß konkret begründet werden. Stattdessen bietet die AVG Öko-Gestammel wie „aus Vorsorgegründen über das gesetzliche Mindestmaß hinausgehende Höhe zum Schutze der Umwelt."

Die AVG nennt in ihrem Genehmigungsantrag bei den über die Luft ausgestoßenen Schadstoffen sehr niedrige Grenzwerte. Nehmen wir an, daß diese bisher auf der Welt von keiner Anlage eingehaltenen Werte in Köln eingehalten würden, selbst dann kämen bei optimalem und störungsfreiem Betrieb (den es bei einer Erstanlage nicht gibt) jährlich 35 Tonnen schadstoffbelastete Feinstäube aus dem Schornstein. Bei 100 Meter Höhe werden die natürlich menschenfreundlich über eine größere Fläche verstreut als bei 67,5 Meter ...

Durch ihre Menschen- und Umweltfreundlichkeit stellte sich die AVG aber selbst ein Bein. Nach Gesetz müssen nämlich die Genehmigungsunterlagen in einem Umkreis ausgelegt werden, der sich aus der Multiplikation von Schornsteinhöhe mal 30 Meter ergibt: 100 X 30 = 3000 Meter. Dann aber gehört Leverkusen zum Einzugsgebiet. Dort aber hat der angeblich so penible Rechtsstaatsfanaktiker Antwerpes die Unterlagen nicht ausgelegt.

Die Erörterung

Seit einem Jahrzehnt kämpfen Bürgervereine und -initiativen im Kölner Norden gegen die MVA. Die KIMM - Kölner Interessengemeinschaft Müllvermeidung statt Müllverbrennung - hat im August 1995 insgesamt 54.000 Unterschriften für das Bürgerbegehren gesammelt, mehr als nötig. Entweder nimmt der Rat seinen Beschluß von 1988 zurück oder es muß ein Bürgerentscheid abgehalten werden. Bei RWE/Trienekens ist man unruhig geworden.

Die KIMM hat gleichzeitig die zahlreichen Einwendungen gegen den im März 1995 ausgelegten MVA-Genehmigungsantrag koordiniert. Gegen die von

Antwerpes angesetzte Erörterung am 28.8.95 hat die KIMM Einspruch erhoben, weil der Antrag nicht in Leverkusen ausgelegt war. NRW-Umweltministerin Bärbel Höhn hat dem stattgegegeben und ihren untergebenen Kurfürsten angewiesen, die Erörterung zu verschieben.

Gegen die Verschiebung klagte die AVG vor dem Oberverwaltungsgericht Münster. Das Gericht beugte sich der eidesstattlichen Versicherung Eisermanns, eine Verschiebung um 6 Monate würde die Stadt Köln Schadenersatz von 65 Mio DM kosten. Die Erörterung fand statt. Die KIMM stellte Anträge auf Befangenheit des Regierungspräsidenten wegen Bevorzugung von Steinmüller: „Die Einhaltung von Recht und Gesetz ist unter solchem Druck unmöglich." Danach zogen die Einwender aus dem Erörterungstermin aus. In den folgenden Großanzeigen der AVG im Kölner StadtAnzeiger und wörtlich im Kommentar der Lokalchefin Schlolaut wurde als angebliche Begründung der KIMM für ihren Auszug hingelogen, die „Notausgänge der Veranstaltungshalle seien nicht breit genug".

Die Gebühren

Mit der privaten AVG befreit sich die Stadtverwaltung aus dem Kommunalabgaben-Gesetz, das kostendeckende Gebühren vorschreibt. Der privaten AVG sind dagegen „angemessene Eigenkapitalverzinsung, Gewinn und Risikovergütung" garantiert. Ein Bankenkonsortium aus WestLB, Kreis- und Stadtsparkasse Köln gibt der AVG 1,125 Mrd. DM Kredit, was offensichtlich damit zusammenhängt, dass die Banken die Anlage im eignen Interesse möglichst gross gebaut haben wollen, aber auch, dass sie im Unterschied zu den öffentlichen Bekundungen Ruschmeiers den tatsächlichen Preis der MVA realistischerweise um 225 Millionen höher veranschlagen. Wollen wir dann auch einmal allein die Zinsen dafür ausrechnen, die ab dem Jahre 2000 auf die Abfallgebühren aufgeschlagen würden? Wir würden dabei bedenken, daß, was die Banken freut, die Zinsen für privatwirtschaftliche Kredite höher sind als für kommunale.

Der nordrhein-westfälische Banken-Polit- und Firmenfilz steht hinter dem gigantischen Müllgeschäft. WestLB-Chef Friedel Neuber ist zugleich im Aufsichtsrat der RWE und Aufsichtsratsvorsitzender des Anlagenbauers Babcock, der die Kölner MVA mitbauen soll. Neuber steuert auf die überdimensionierte Kölner MVA also von drei Seiten her zu: vom zukünftigen Betreiber Trienekens, vom Anlagenbauer Babcock und schliesslich direkt als Kreditgeber. Neuber und Freunde haben ihr Beuteziel beim Bau von neuen Verbrennungsöfen auf 200 Mrd. DM beziffert. Durch die engen Beziehungen der WestLB mit den städtischen Sparkassen und den CDU/SPD-bestimmten Verwaltungsräten hat man Zugriff auf die Kommunen. Kreditzusagen treiben unsichtbar den Bau der Milliardenprojekte voran ...

Die Stadt zahlt an die AVG aus den schon jetzt erhöhten Müllgebühren sogenannte „Vorlaufkosten", bisher sind das 45 Mio DM. In Verbindung mit der vorgestrigen Technik der MVA (Trommel-Rostfeuerung) kommt die Privatisierung schon aus den genannten Gründen für die Gebührenzahler teuer. Nicht genug damit: Die Freunde der Privatisierung haben dieser Lösung nur unter der Bedingung zugestimmt, daß die Stadt eine Ausfallbürgschaft für die 1,125 Mrd. DM übernimmt. Die hochgepriesene Privatisierung erweist sich als teure Staatshaftung mit den Gebührenzahlern als Geiseln.

Ruschmeier und der SPD-Fraktionsvorsitzende Klaus Heugel entblöden sich nicht, mit den 140 Arbeitsplätzen der MVA zu werben. Gehen wir vom Kreditrahmen der WestLB und der Stadtsparkasse aus, dann kostet die MVA am Ende 1,125 Mrd. DM. Ein Arbeitsplatz wird damit knapp 9 Mio DM kosten. So was gibts sonst nicht mehr auf dieser Welt - außer in der bemannten Raumfahrt.

Das Bürgerbegehren

Die Verbrennungslobby suggeriert: die MVA schafft den Müll sicher weg. Das aber ist falsch: Von den 421.000 Tonnen verbrannten Mülls bleiben 130.000 jährlich als schadstoffhaltige Schlacken, Gipse und Filterstäube übrig. Die AVG behauptet öffentlich: Sie werden zu Baustoffen. Wieder falsch: Sie werden - sagt nämlich die AVG in ihrem Genehmigungsantrag - im Straßenunterbau verbuddelt und in unbenutzten Bergwerksstollen deponiert.

Daß die bisherige Deponierung des Mülls auf Dauer nicht weitergehen kann, ist klar. Aber die diffuse Verteilung der Verbrennungsrückstände bietet ebenfalls keine Lösung. Die Verbrennungs- und Verwertungstechnologie ist in Zusammenhang mit genauem Sortieren in einer Experimentierphase (Thermoselect, Biologisch-Mechanische Rotte, Tiefgefrieren u.a.). Die Industrie hat mit dem Vermeiden erst begonnen. Jetzt eine vorgestrige Technik für 25 Jahre hinzuklotzen, und auch noch in überdimensionierter Gestalt, dient vielleicht den Interessen von RWE/Trienekens und des Generalunternehmers Steinmüller, ist aber verantwortungslos.

Gegen das Bürgerbegehren drohte Oberstadtdirektor und Aufsichtsratsvorsitzender Ruschmeier im Mai 1995 dem Rat: „Wenn die MVA nicht gebaut wird, muss die Stadt Köln 540 Mio DM Schadenersatz zahlen". Das sei so mit dem Generalunternehmer Steinmüller vereinbart. Die Ratsmitglieder der sich als besonders demokratisch aufspielenden Parteien der Grossen Kommunal-Koalition kuschten.

Müllhändler Trienekens in der Mittelstandsmaske

Aus Anlass des Fusionsantrags der beiden Stromunternehmen RWE und VEW hat das Bundeskartellamt im August 2000 seinen Bericht 59 B8-309/99 vorgelegt. Darin wird dem Fusionsantrag unter Auflagen zugestimmt. VEW muß einen großen Teil seiner Entsorgungsbetriebe verkaufen. Mit Bedauern stellt das Amt fest, daß dennoch weiterhin „RWE Umwelt/Trienekens die Nummer 1 auf dem deutschen Entsorgungsmarkt" ist und über eine beängstigende Marktmacht verfügt.

Trienekens mit seinen 4.700 Beschäftigten ist nicht mehr der mittelständische Betrieb, als der er einmal in Viersen angefangen hat. Trienekens wurde Ende der 80er Jahre von RWE aufgekauft und gehört zur Holding RWE Umwelt AG (RUAG). Trienekens nennt das eine „strategische Partnerschaft" und kauft inzwischen selbst reihenweise mittelständische Entsorger auf. Trienekens und RWE halten mehrere Dutzend Beteiligungen an Entsorgungsunternehmen in ganz Deutschland. Da steht zwar Trienekens/RWE nicht drauf, aber da ist Trienekens/RWE drin, und die Bürger merken es nicht. Das Mittelstandsimage wird sorgfältig gepflegt.

„Langfristig angelegte Verdrängungsstrategie"

Die RUAG ist mit einem Jahresumsatz von 2,9 Mrd. DM in den Bereichen Hausmüll, Gewerbe- und Sonderabfällen „das größte deutsche Entsorgungsunternehmen". Trienekens verfügt mit den RWE im Rücken „über eine auf dem Entsorgungsmarkt unerreichte Finanzkraft". So kann Trienekens „auf dem zur Zeit hart umkämpften Markt längerfristig angelegte Verträge zu Konditionen anbieten, die geeignet sind, die Konkurrenz nachhaltig zu verdrängen", so das Kartellamt.

Die Marktbeherrschung von RWE/Trienekens gründet neben der Finanzmacht auf einem Synergie-Effekt. Trienekens („Wir entsorgen alles") sammelt und transportiert kommunalen Müll, entsorgt Gewerbe-und Sondermüll, übernimmt Aufträge für das Duale System (Container für Verpackungen) und mischt noch in der Müllverbrennung mit. Trienekens-LkWs transportieren den Müll im kommunalen Auftrag in folgenden nordrhein-westfälischen Orten: Aachen, Alsdorf, Dormagen, Erftstadt, Grefrath, Grevenbroich, Herzogenrath, Nettetal, Pulheim, Schwalmtal, Viersen, Wesseling. Dann folgt die noch längere Liste der Orte, in denen Trienekens-Tochterunternehmen den Müll abtransportieren ...

RWE/Trienekens ist zugleich das einzige Unternehmen in Nordrhein-Westfalen, das Zugriff auf mehrere MVAs hat. Einmal geschieht dies durch Miteigentum an den Betreibergesellschaften, so in Köln, Essen, Aachen/Weisweiler,

Krefeld, Düsseldorf, zum anderen durch Kontingent- und Auslastungsverträge, so in Köln, Bonn, Aachen/Weisweiler, Leverkusen, Krefeld, Düsseldorf, Oberhausen. Praktisch alle MVAs sind überdimensioniert, Trienekens schafft Müll aus ganz Deutschland heran, aus Neapel ebenso wie aus Radolfzell am Bodensee.

Auch in anderen Bundesländern ist Trienekens an MVAs beteiligt, so in Darmstadt. Trienekens betreibt 13 Deponien und 58 Sortieranlagen. Auch in die grösste Kläranlage, die bisher in einer deutschen Stadt privatisiert wurde, Krefeld, hat Trienekens sich eingekauft. So beherrscht RWE/Trienekens in NRW 45-50 Prozent des Entsorungsmarktes, in den angrenzenden Bundesländern Hessen, Rheinland-Pfalz und Niedersachsen sind es 35-40 Prozent. So kann der ehemalige Mittelständler bundesweit mit Müllmengen und Preisen jonglieren. Während er den Stammkommunen für die Tonne Müll 440 Mark berechnet, holt er Müll von außerhalb zu Dumpingpreisen von 250 Mark.

Wettbewerb ist ein Fremdwort. Weder für die Gründung der Kölner AVG und den Bau ihrer MVA 1992/93 noch beim Verkauf des 49,9 Prozent-Anteils der städtischen Abfallwirtschaftsbetriebe Köln an Trienekens im Jahre 2000 hat es eine Ausschreibung gegeben. Bei letzterem wurde Konkurrent Rethmann trotz eines um 20 Millionen Euro günstigeren Angebots nicht einmal angehört. Der erste Rechtsbruch wurde unter Führung der SPD durchgezogen, der zweite unter Führung der CDU. Aus dem 25,1 %-Anteil an der MVA Köln wurden inzwischen 49,9 %. So geht es in vielen Kommunen. Diese Macht verschafft, so das Kartellamt, „Spielräume im Wettbewerb, über die kein anderer verfügt". Die Kombination mit Mülltransport und Kontingentverträgen führe dazu, daß Trienekens sich auch bei den MVAs, an denen das Unternehmen nur eine Minderheitenbeteiligung hält, „wie ein Eigentümer verhält".

Im Fusionskontrollverfahren hatten die kleineren Konkurrenten Rethmann und Schönmackers kritisiert, RWE/Trienekens würden die lokalen Märkte vor allem in NRW beherrschen. Dem haben RWE/Trienekens entgegengehalten, es bestehe ein bundesweit offener Markt. Es sei deshalb „nicht erforderlich, bereits mit einer wirtschaftlichen Infrastruktur vor Ort vertreten zu sein, um sich erfolgversprechend an einer Ausschreibung beteiligen zu können." Doppelzüngige Fensterrede. In Köln war es bekanntlich genau entgegengesetzt: Beim Verkauf des 49,9 Prozent-Anteils der städtischen Abfallwirtschaftsbetriebe an Trienekens ohne Ausschreibung argumentierte die CDU-Mehrheit, gerade die von Trienekens bereits geschaffene Kölner Infrastruktur sei ein entscheidender Vorteil gegenüber Rethmann.

Im Schatten des jahrzehntelang gewachsenen RWE-Klüngels in den Kommunen verschafft sich Trienekens manchen Zugang neben den demokratischen Wegen. Dafür nutzt Hauptaktionär Hellmut Trienekens, bekennendes CDU-Mitglied, vorzugsweise, aber keineswegs exklusiv, den christlichen Parteiweg. Seit den für die CDU erfolgreichen Kommunalwahlen vom Herbst 1999 hagelt es Aufträge dort, wo CDU, oft mit FDP und Republikanern, nun die Mehrheit haben. „Weg mit dem roten Filz", heißt die Parole. Aber nicht der Filz soll weg, sondern nur die rote Einfärbung.

Nur manchmal kommt Kritik auf. Im Erftkreis etwa stänkern die Grünen etwas verloren dagegen, daß der Kreistag übergangen wurde: Trienekens bekommt für eine Tonne verbrannten Müll 440 DM, während Konkurrent Schönmackers die selbe Leistung für 235 DM angeboten hat.

In Hürtgenwald mosern die SPD-Genossen. Sie wundern sich, wie der Dürener CDU-Landrat Spelthahn das Umstiegskonzept in die Müllverbrennung durchzog, ohne die Gremien der Gemeinde Hürtgenwald zu beteiligen. Ohne Ausschreibung verhandelte der Kreis Düren nur mit einem Anbieter. Per Dringlichkeitsentscheidung vergab die CDU-Mehrheit am 9. Mai 2000 den Auftrag an diesen Anbieter, und er hieß natürlich Trienekens. Geködert werden die Bürger mit dem Versprechen, daß die Gebühren zehn Jahre lang stabil bleiben.

Das durchaus analysefähige, aber politisch lasche Kartellamt mahnt weiter an, daß RWE/Trienekens und VEW beim Dualen System einen beherrschenden Einfluß haben. Der größte Teil der in den Containern gesammelten Verpackungen und Flaschen wird von der Interseroh AG entsorgt, die über 70.000 Anfallstellen verfügt. In dieses Unternehmen war Klaus Matthiesen gewechselt, nachdem er als Umweltminister aus der NRW-Landesregierung 1998 ausgeschieden war. Die Angelegenheit wird vom Bundeskartellamt weiterverfolgt: „Die fusionsrechtlich bedenkliche Unternehmensverbindung RWE-VEW-Interseroh ist Gegenstand eines gesonderten Fusionsverfahrens." Übrigens: Karin Gollan, ehemals Regierungsdirektorin im Bundeskartellamt an Berichten über Trienekens beteiligt, wurde nach dem Fusionsverfahren bei Trienekens angestellt, Bereich Unternehmensakquise.

Der eigentliche Coup gelang in Viersen, dem Stammsitz des Unternehmens. Mit den Stimmen von CDU und FDP hat der Viersener Stadtrat am 14. Juni 2000 eine historische Entscheidung getroffen. Als erste Kommune in NRW verkaufte die 77.000 Einwohner zählende Stadt am linken Niederrhein 49 Prozent ihrer Stadtwerke an ein Privatunternehmen – Trienekens. Es mischt nun auch bei Gas, Wasser und Strom mit. Viersen ist nur ein Einstieg, ein „Aufbruch zu neuen Ufern", wie Hellmut Trienekens verkündete. Die neuen Ufer sucht er unter anderem in Köln, wo CDU und FDP die Gas-, Elektriziäts- und Wasserwerke und die Abwasserentsorgung gerade zur Privatisierung vorbereiten.

Im April 2002 gab RWE bekannt, dass die Firma Trienekens nun vollständig übernommen und der durch zahlreiche Korruptionsaffären in Verruf geratene Name gelöscht wird.

Personen!

Politiker auf der Spenden- und Gehaltsliste von Trienekens

Trienekens spendet regelmässig vor allem an CDU und SPD und befördert damit, was dem Unternehmen politisch am liebsten ist: eine grosse, durch Unternemenseinfluss zusammengehaltene Grosse Koalition. Wie die Korruptionsaffäre in Köln zeigt, setzt Trienekens neben den legalen Spenden auch illegale Zahlungen ein. Das korruptive Instrumentarium wird durch Posten und Aufträge ergänzt, die Politiker der beiden grossen Parteien (inzwischen auch der Grünen) bei Trienekens oder Tochterunternehmen erhalten. Beispiele aus der Kölner Region:

- Hardy Fuss aus Frechen bei Köln, Geschäftsführer von Trienekens-Töchtern (zunächst UTG, jetzt Isis), vertritt zugleich die SPD im Landtag
- Hans-Peter Wolle, Abteilungsleiter der Trienekens-Niederlassungen Köln/Erftstadt, SPD-Fraktionschef im Rat von Bergheim
- Werner Theisen, Geschäftsführer der Trienekens-Tocher Schmitz in Krefeld, CDU-Fraktionschef im Rat von Pulheim
- Egbert Bischoff, ehemaliger Umweltsprecher der CDU im Kölner Rat, Trienekens-Niederlassungsleiter, jetzt Bundestagskandidat
- Siegfried Stiefelhagen, bis vor kurzem Chef der Trienekens-Tochter Broicher&Grünacher in Overath, lange Zeit CDU-Fraktionschef im Kreistag des Rheinisch-Bergischen Kreises
- Rolf Bietmann, CDU-Fraktionsvorsitzender im Kölner Rathaus, vertritt Trienekens als Rechtsanwalt
- Ralph Sterck, erledigt mit seinem Unternehmen „Kölner Flitzer" Transportaufträge für Trienekens, FDP-Fraktionschef im Kölner Rat
- Stephan Gatter, Pressesprecher der Kölner Müllverbrennungsanlage, begann dort als SPD-Vorsitzender von Köln-Kalk, seit kurzem auch Landtagsabgeordneter
- Karl Wienand, Troisdorf, ehemaliger Geschäftsführer der SPD im Bundestag, Berater auf Provisionsbasis
- Bernhard Worms, ehemaliger CDU-Fraktions-Vorsitzender im Landtag, Beratervertrag

Die Müll-Korruption als Justizskandal

Dem Finanzausschuß des Rates hatte Oberstadtdirektor Ruschmeier am 16.3.1995 schriftlich mitgeteilt: Wenn „z.B. aus politischen Motiven" die geplante MVA doch nicht gebaut werde, kämen zum Stichtag 30.4.95 auf die Stadt Köln Schadenersatzforderungen von 540 Millionen DM zu. Dies ergebe sich aus dem Vertrag, den die Abfallentsorgungs- und Verwertungs GmbH Köln (AVG) am 28.1.1994 mit dem Generalunternehmer Steinmüller über das

792-Millionen-Projekt abgeschlossen habe. Mit dieser Behauptung setzte Ruschmeier den Müllofen im Stadtrat durch. Den Vertrag selbst legte Ruschmeier aber nicht vor, da es sich zwischen der privaten AVG und Steinmüller um einen privaten Vertrag handle. Er mache sich sogar strafbar, wenn er den Vertrag öffentlich mache. Die Ratsmitglieder glaubten ihm, denn er mußte es wissen, denn er war nicht nur Oberstadtdirektor, sondern auch Aufsichtsratsvorsitzender der AVG.

Wir – eine Bürgergruppe – wurden misstrauisch, weil Ruschmeier ebenso wie der Geschäftsführer der AVG, Ulrich Eisermann, sich auch auf anderem Wege hartnäckig weigerten, den Generalunternehmervertrag offenzulegen. Petra May, Ratsmitglied der Grünen, war Mitglied des AVG-Aufsichtsrates, entsandt durch den Kölner Stadtrat. Sie verlangte – übrigens als einziges Mitglied – den Vertrag zu sehen. Das war ihre Pflicht, wenn sie ihre Aufgabe ernstnahm. Die Einsicht wurde ihr monatelang verweigert. „Es war wie allein gegen die Mafia", so erinnert sie sich heute, „es hat mich unheimliche Kraft gekostet". Als sie schliesslich im April 1996 – knapp nach der Grundsteinlegung der MVA – das umfangreiche Vertragswerk in den Räumen der AVG an zwei Tagen vorgelegt bekam, stand Eisermann dabei, sie durfte nichts kopieren, durfte sich nur Notizen machen. Sie fand nichts über Schadenersatz. Sie fand auch, dass Steinmüller im Vertrag von 1994 nur auf Platz drei der Bewerber um den Generalunternehmervertrag stand, der Vertrag aber dennoch abgeschlossen war... Mit ihren Informationen fand sie bei ihrer Fraktion, die sich damals um enge Zusammenarbeit mit der SPD bemühte, jedoch keine Unterstützung.

Strafanzeige gegen ein leitendes Chamäleon

Wir überlegten: Wenn der Oberstadtdirektor einen solchen Vertrag unterschrieben hat – zudem noch lange vor der Genehmigung der Anlage –, dann gefährdet er in unverantwortlicher Weise das Vermögen der Stadt. Schliesslich erstatteten sieben von uns im Dezember 1996 Strafanzeige gegen Ruschmeier wegen Untreue und Nötigung des Stadtrates.

Die Staatsanwaltschaft Köln erwirkte Durchsuchungsbefehle. In letzter Minute gaben Ruschmeier und die AVG freiwillig Unterlagen heraus. Der Staatsanwalt teilte uns mit: „In dem Vertrag sind Bestimmungen über etwaige Vertragsstrafen oder Schadenersatzleistungen der AVG oder der Stadt Köln nicht enthalten." Weiter: „Der Vertrag tritt in Bezug auf Lieferung und Leistung der MVA erst dann in Kraft, wenn die Genehmigungen für Errichtung und Betrieb der geplanten Anlage erteilt sind." Die Genehmigung wurde erst im Januar 1996 erteilt.

Die Staatsanwaltschaft bestätigte uns damit zwar, daß die Darstellung Ruschmeiers falsch ist, stellte aber das Strafverfahren ein, da er das Vermögen der Stadt nicht gefährdet habe, die MVA sei ja genehmigt worden, sei im Bau und werde über die Gebühren refinanziert. Nötigung des Rates? Damit konnte die Staatsanwaltschaft nichts anfangen. Jedenfalls habe Ruschmeier weder „Gewalt" angewandt noch „mit einem empfindlichen Übel" gedroht, sodass Nötigung nicht vorliege.

Die Staatsanwaltschaft überging damit weitere Tatsachen, die auf eine typisch korruptive Situation hinwiesen. Ruschmeier begünstigte Steinmüller in vielfacher Weise. So brachte er den Rat dazu, Bürgschaften für den Bau zu übernehmen, die weit über den Gesellschafteranteil der Stadt an der AVG hinausgingen - ein Verstoss gegen die Gemeindeordnung. Durch die Einsichtnahme in die Vertragsunterlagen während des Prozesses war uns zudem eine Preisgleitklausel aufgefallen. Sie sah vor, abweichend von der ursprünglichen Ausschreibung, dass bereits zum 1.1.1995 auf den damals öffentlich immer genannten Preis der MVA von 792 Millionen DM Preissteigerungen aufgeschlagen werden, obwohl ja der Bau noch überhaupt nicht begonnen hatte und die Genehmigung noch längst nicht erteilt war. Diese Änderung, die Steinmüller viele Millionen gebracht hat, wurde von Ruschmeier mit der Behauptung verteidigt, sie sei für alle Bewerber gleich gewesen. Obwohl die Staatsanwaltschaft feststellte, dass sich dafür keine Anhaltspunkte ergaben, glaubte sie Ruschmeier.

Staatsanwalt Fröhlich teilte uns mit, die Ermittlungen seien eingestellt. Wir legten Widerspruch ein. Staatsanwalt Fröhlich teilte uns dann mit, die Ermittlungen seien wieder aufgenommen, um uns dann Monate später wieder mitzuteilen, sie seien wieder eingestellt... Wir legten Widerspruch ein... Einstellung der Ermittlungen schliesslich im Jahre 1999.

Dem Staatsanwalt hatte Ruschmeier durch seinen Anwalt vortragen lassen: „Fraglich erscheint, ob mein Mandant als Aufsichtsratsvorsitzender der AVG eine Vermögensbetreuungspflicht zugunsten der Stadt hat, da er gesellschaftsrechtlich in dieser Funktion vorrangig dem Unternehmensinteresse verpflichtet ist." Interessen und Gewinn der privaten AVG sind also dem Recht des Stadtrats und den Interessen des städtischen Haushalts übergeordnet. In der Person Ruschmeiers ist folglich die Funktion des Oberstadtdirektors zweitrangig gegenüber der Funktion als AVG-Chef. Mit anderen Worten: mithilfe der privaten Müllgesellschaft und der RWE hatte Ruschmeier sich eine Stellung geschaffen (oder glaubte dies jedenfalls), mit der er seine Funktion als Oberstadtdirektor aushebeln konnte. Daran fanden übrigens weder die CDU noch die Grünen etwas zu bemängeln.

Damit war die Katze der Privatisierung aus dem Sack. Das, was den Bürgern vorgegaukelt wurde, dass nämlich der Oberstadtdirektor als Aufsichtsratsvorsitzender der privaten Müllgesellschaft sozusagen naturgemäss die Interessen der Bürger vertritt, war widerlegt. Die Privatisierung befreit die Stadtoberen aus zwei Verpflichtungen: 1. den Rat und die Bürger über die eigentlich im Namen der Stadt abgeschlossenen Verträge vollständig und wahrheitsgemäss zu informieren, 2. kostendeckend zu arbeiten oder arbeiten zu lassen und den Bürgern nur kostendeckende Gebühren zu berechnen.

Eine umkämpfte Unwahrheit

Die Behauptung Ruschmeiers über die Schadenersatzklausel jedenfalls entsprach nicht den Tatsachen und verschwieg dem Rat der Stadt wesentliche Teile des Vertrages. In der Kölner „StadtRevue" schrieb ich einen Artikel, in dem ich die unwahre Behauptung Ruschmeiers mit einem stärkeren Begriff bezeichnete. Noch am Tag des Erscheinens erwirkte der Oberstadtdirektor eine einstweilige Verfügung, um die Auslieferung des Magazins zu unterbinden. Er verklagte dann StadtRevue und Autor wegen Verleumdung und auf Unterlassung.

Das Gericht liess sich nicht auf eine Sacherörterung ein. Es befasste sich lediglich formal mit der Frage und meinte, der von mir benutzte Begriff beinhalte ein vorsätzliches Verhalten, das darauf abziele zu täuschen. Ein solches Verhalten Ruschmeiers sei aber nicht festzustellen. Wir mussten die einstweilige Verfügung anerkennen. Die Unterlassungklage verloren wir. Deshalb darf ich hier den stärkeren Begriff nicht nennen. Allerdings scheiterte Ruschmeier später mit dem Versuch, von uns einen Widerruf zu verlangen. Nach dem Ende seiner Amtszeit, die inzwischen - es war zwei Jahre später - eingetreten war, habe Ruschmeier kein rechtliches Interesse mehr an einem solchen Widerruf, meinte das Gericht. Damit entzog es sich erneut der Sacherörterung.

So bleibt die Tatsache, dass die Kölner Müllverbrennungsanlage auch in dieser Hinsicht auf einer - sagen wir - Unwahrheit beruht. Typisch für eine korruptive Auftragsvergabe.

Wiederaufnahme einer anonymen Anzeige

Nicht nur in diesen zwei Verfahren hat die Justiz verhindert, die konkreten Vorgänge um die Auftragsvergabe zu klären. Dasselbe gilt für ein drittes Verfahren. Im März 1996 - kurz vor der Grundsteinlegung der MVA - wurde der Steuerfahndung Köln und Gummersbach ein anonymes Schreiben geschickt. Detailliert schilderte ein Insider, dass Steinmüller, wie bei anderen Grossprojekten, für die Erlangung des Generalunternehmervertrags der Kölner MVA über drei Schweizer Briefkastenfirmen einen Schmiergeldtopf angelegt habe und wer die etwa zwei Dutzend Empfänger namentlich seien. Der Anonymus beendete sein Schreiben, das damals bei Medien und Parteien kursier-

Original der Anzeige 96?

te: „Da ich annehme, dass Teile der Öffentlichkeit ahnen, dass hier grosse Bestechungsgelder im Vordergrund stehen, könnte es ja eventuell zu Ermittlungen kommen. Vielleicht sind meine Hinweise hilfreich zur Aufdeckung der Korruption."

Die Steuerfahndung leitete das Schreiben auch an die Staatsanwaltschaft weiter. Die tat genau das Falsche, oder auch das Richtige, je nachdem, wie man es sieht. Sie machte den anonymen Briefschreiber oder jedenfalls jemanden, den sie dafür hielt, ausfindig, durchsuchte mit einer Riesenmannschaft dessen Büro und Privaträume - und fand natürlich nichts. Die möglicherweise Betroffenen waren gewarnt, das Verfahren wurde eingestellt.

Wenn man heute, im März 2002, die Staatsanwaltschaft Köln fragt, warum damals die Ermittlungen so schnell eingestellt wurden, erhält man zur Antwort: „Das war eine anonyme Anzeige, nicht seriös." Dem ist entgegenzuhalten, dass die Anzeige, die im Jahre 2000 zur Wiederaufnahme der Ermittlungen führte, ebenfalls anonym war. Und nicht nur das. Sie war weitgehend identisch mit der von 1996. Was sich inzwischen herausgestellt hat - Füllung des Schmiergeldtopfes durch Steinmüller, Abwicklung über drei Firmen in der Schweiz, Zahl der Zahlungsempfänger -, zeigt, dass die Angaben der anonymen Anzeige von 1996 offensichtlich nicht ganz falsch waren.

Dazu muss man wissen, dass in Sachen Korruption vier Fünftel aller Ermittlungen durch anonyme Anzeigen ingang kommen. Es dauert eben lange, bis Beteiligte einmal plaudern. Die meisten ziehen es vor, anonym zu bleiben, sie haben Angst, und ein besonderes Schutzprogramm für „whistleblowers" gibt es in Deutschland nicht, jedenfalls nicht im Bereich der Korruption.

Übrigens hat die Staatsanwaltschaft Köln im Jahre 2000 ihre Ermittlungen nicht ganz freiwillig wiederaufgenommen. Entscheidend war, dass das Bundeskriminalamt bundesweit angefangen hatte, wegen Korruption beim Bau von Müllverbrennungsanlagen zu ermitteln, in Fürstenfeldbruck und Aachen/Weisweiler, in Hamburg und Köln...

Aufklärung als Farce: Die Müllaffäre im Spiegel der Dumont-Presse

Damals, als der Kölner Oberstadtdirektor mit sich selbst als Vorsitzendem der Abfallverwertungs-GmbH (AVG) einen Vertrag geschlossen hatte, nämlich, wie er jedenfalls behauptete, dass „seine" Stadt an den Anlagenbauer Steinmüller 540 Millionen Mark Schadenersatz zahlen müsse, wenn wegen der Bürgerinitiative der Milliardenmüllofen nicht gebaut werden sollte, damals also stand die freie und unabhängige Presse dieser Stadt vor der Frage, wie sie diesen Fall kommentieren sollte? Beispielsweise hätte sie kommentieren können, dass ein solcher Oberstadtdirektor, der zudem weder den Rat informiert noch die Genehmigung des Müllofens abgewartet hatte, wegen Missachtung elementarer Prinzipien unseres Rechtsstaates abgesetzt werden sollte. Oder vielleicht doch, liberale Variante, wenigstens gerügt werden sollte, vielleicht ein bisschen?

Was konnten wir von alledem nun im Kölner Stadt-Anzeiger lesen, der auf der Titelseite mit „unabhängig" und „überparteilich" und ansonsten mit „liberal" wirbt? Wir konnten folgendes lesen: „Nachdenklich, mit Sorgenfalten auf der Stirn, betrat Oberstadtdirektor Lothar Ruschmeier gestern nachmittag um 15 Uhr das Rathaus" - mit dieser Kriechbewegung in den Seelenfalten des sozialschädlichsten Kölnbeamten übte die kommunalpolitische Hofschranze aus dem Hause Dumont ihr journalistisches Handwerk aus. So mitfühlend begleitete sie den AVG-Vorsitzenden damals auf seinem schweren Weg zum Finanzausschuss des Rates.

In der gleichen Zeit, Frühjahr 1995, wollte die Bürgerinitiative Müllvermeidung statt Müllverbrennung (KIMM) eine bezahlte Anzeige im Kölner Stadt-Anzeiger veröffentlichen, mit dem Text des Bürgerbegehrens gegen die geplante Müllverbrennungsanlage. Unabhängig und frei stellte Dumont die Bedingung: die Anzeige erscheint nur, wenn eine von der AVG gewünschte Gegendarstellung nach Anzeigenpreisliste von der KIMM bezahlt wird.

In Stadt-Anzeiger und Express erschienen derweil unterwürfig-vorauseilende Interviews mit Oberstadtdirektor und Regierungspräsident, die das Bürgerbegehren sprechblasig-wiederholt für „ungesetzlich" erklärten. Verleger Alfred Neven Dumont schrieb in seiner gleichzeitigen Eigenschaft als Präsident der Industrie- und Handelskammer an NRW-Ministerpräsident Rau und beschwerte sich über die damals neugewählte grüne Umweltministerin, erklärte sie zur Ignorantin, die den Müllofen aus politischen Gründen verhindern wolle. Gleichzeitig liess der Verleger die AVG in seiner Presse seitenlange Anzeigen für den Müllofen schalten, und die StadtAnzeiger-Lokalchefin demonstrierte ihre Berufsauffassung damit, daß ihr Kommentar eine Kurzfassung der AVG-Anzeigen darstellte. „Jede Bauverzögerung kostet die Gebührenzahler Millionen", hiess es gleichlautend. Die KIMM musste auf ihre Anzeige verzichten.

Soweit zur Vorgeschichte der gegenwärtigen Aufklärungsgeilheit, der sich auch der Kölner Stadt-Anzeiger und der Express nun, sieben Jahre später, im „Kölner Müllsumpf" verschrieben haben. Damals also keinerlei Gespür für die korruptive Situation, stattdessen kriecherisches Mitfühlen mit den Akteuren und massive Unterstützung für sie. Heute nun jeden Tag seitenlange Aufklärung. Also doch etwas gelernt, also doch frei und unabhängig, zumindest liberal?

„Brisantes Dokument aufgetaucht!" Der Express präsentiert nun, März 2002, in der Pose des investigativen Aufklärers ein in der Tat brisantes Dokument aus dem Jahre 1992: Regierungspräsident Antwerpes verklickert Ruschmeier, dass er den Anlagenbauer Steinmüller als Generalunternehmer für den Müllofen zu nehmen habe. Womit klar wird, wie damals vor jeder genauen Bedarfsermittlung, Ausschreibung und Genehmigung das Milliardenprojekt ausgekungelt wurde.

Das Brisante ist aber keineswegs, dass das Dokument nun in Express und Stadt-Anzeiger auftaucht, sondern dass es damals nicht auftauchte. Denn es wurde auf Pressekonferenzen des Jahres 1995 herumgereicht, und die Hofschranzen von Express und Stadt-Anzeiger hatten es ebenso in ihren Fingern. Damals verschlossen sie es in ihren Schubladen. Sie kannten die Wahrheit, und sie unterdrückten sie. Nur die kleine Kölner StadtRevue hat das Dokument veröffentlicht und die Zusammenhänge offengelegt.

Täglich nun treibt der Stadt-Anzeiger die Operation „38 Kölner Genossen und vier Ehefrauen" voran. Sie haben zur Verschleierung einiger hunderttausend Mark Schmiergelder von Trienekens und anderen Firmen fiktive Spendenquittungen unterzeichnet. Welcher Genosse hat unterzeichnet, wer nicht? Wer hat die Quittung seiner Steuererklärung begefügt, wer nicht? Welches Mitglied von Stadtrat und Landtag ist dabei? Als Begleitung zur bildungsbürgerlichen Sachlichkeit im Stadt-Anzeiger spielt der Express wie immer die proletarische Empörungs-Arie. Als „Rote Steuersünder!" und „Oberkorruptis" werden die Genossen beschimpft. „Rüther in den Knast" fordert der mediale Anwalt des kleinen Mannes, und „Kanzler, schlag zu!" Ein starker Mann soll die Oberkorruptis so schnell wie möglich standrechtlich aus der Partei werfen.

Doch wenn es um diejenigen geht, die das Schmiergeld zahlten, dann schmilzt die mediale Simulation der proletarischen Gerechtigkeitswut zur barmherzigen Arschkriecherei. Der Express möchte nun endlich aufklären, wer Herr Trienekens ist, der Herr des Kölner Müllofens, Deutschlands grösster Müllhändler. Oberkorrupti? Ab in den Knast? Oh nein, der Express fühlt sich nachsichtig in die gequälte Psyche des „Müllbarons" ein. „Ein Berg von einem Mann", der es nun am Herzen habe, wegen der strapaziösen Vernehmungen beim Staatsanwalt. Zu seinem Arzt müsse er gehen, erholen müsse er sich nun, gar Gedanken mache er sich. Eine Redakteurin reist eigens nach Viersen am Niederrhein, wo der „Müll-Baron" wohnt. Sie entdeckt seinen einfach geklinkerten Bungalow im Stadtteil Forst. Sie stellt fest, dass der Bungalow viel bescheidener ist, als sie es sich vorgestellt hat. Nachbarn erzählen Gutes. Der mitgereiste Fotograf macht ein Foto des kleinen, einfachen Bungalows, an dem man nichts sieht ausser einem geschlossenen Garagentor. Nach Essen, wo sich die Schaltzentrale für die Mittelstandsmaske Trienekens befindet, im Haus der nordrhein-westfälischen Nebenregierung RWE – dahin wird keine Express-Redakteurin und kein Express-Fotograf geschickt. Der grosse Pate ist Tabu.

Auch der Chefreporter des Stadt-Anzeiger macht sich auf nach Viersen. Er recherchiert ein bisschen mehr, berichtet kritisch über den grünen Fraktionsvorsitzenden von Wachtendong, der bei Trienekens die Abteilung für die Auslands-Aquisitionen leitet. Vor Herrn Trienekens versinkt der Chefreporter dagegen in zwiespältige Bewunderung: „Meister des Monopoly". Mitfühlend heisst es: „Ein Kumpel-Typ, bodenständig und volkstümlich, der sich systematisch hochgearbeitet hat und dabei seine Wurzeln nicht vergessen hat." Er hat zwar den „Oberkurruptis", die in den Knast gehören, das Schmiergeld zugesteckt, aber das bleibt gnädig unerwähnt. Wie er die Millionen für seine schwarze Kasse in der Schweiz abzweigte, ob mit oder ohne Quittung, ob mit Unterschrift eines RWE-Vorstandsmitglieds oder nicht - keine Frage danach. Dass der Aufsichtsratsvorsitzende der Trienekens AG Kemper heisst und von RWE kommt - nie gehört. RWE ist für den kritischen Chefreporter der Kölner Bildungsbürger-Postille wie von Geisterhand ausgelöscht.

Fürsorglich-informativ erstellt der Stadt-Anzeiger nach vier Wochen täglicher Berichte eine ganzseitige „Chronik eines Spendenskandals". Damit die Leser nicht die Übersicht verlieren. Alle beteiligten Firmen werden vorgestellt. Dann alle wichtigen Personen, mit Foto: Antwerpes, Heugel, Eisermann, Michelfelder, Rüther undsoweiter. Wie praktisch, die Seite kann man sich aufheben. Freilich, es fehlt unmerklich die Hauptperson: Lothar Ruschmeier, der entscheidende Mann, der mit der Doppelfunktion als Oberstadtdirektor und AVG-Vorsitzender wie kein anderer die Strippen zog. Auch er wie von Geisterhand ausgelöscht.

Wir lassen die Frage ausser acht, in welchem Zustand ein Publikum ist, um sich so etwas Primitives als Zeitung zu halten. Warum aber fehlt nun die Hauptperson? Man kann mutmassen: Weil Ruschmeier beim Verleger-Freund Alfred Freiherr von Oppenheim und gegenwärtigen IHK-Präsidenten fünf Geschäftsführerposten innehat? Und weil Alfred von Oppenheim im Aufsichtsrat des Verlages der Stadt-Anzeigers sitzt? Und weil Verleger Alfred Neven Dumont wie Alfred von Oppenheim mit jeweiligem Anhang zu den Kommanditisten des Immobilienfonds der KölnArena gehören, des zweiten dubiosen Milliardenprojekts der Ära Ruschmeier nach dem Müllofen? Solche Fragen sind in dieser Stadt wie von Geisterhand ausgelöscht. Genauso wie der Pate RWE in der Chronik fehlt, und die Angabe, dass der Schmiergeldorganisator Michelfelder von der Firma Steinmüller Mitglied ist im Präsidium des Bundesverbandes der Deutschen Industrie. Ausgelöscht.

Der Chefredakteur wertet die Müllaffäre politisch aus. „Vielleicht findet sich ein Kreis von Bürgern aus Politik, Wirtschaft und Kultur, der eine Art geistigen und politischen Neuanfang für die Stadt entwickelt," sagt Franz Sommerfeld. Genauer drückt er sich nicht aus, gewiss meint er Prominente, die auch sonst in seiner Zeitung als Gewährsleute des unabhängigen Bürgersinns erscheinen, seinen Verleger Alfred Neven Dumont zum Beispiel, Alfred von Oppenheim und andere Kommanditisten der privatisierten Köln GmbH und Co KG.

Gewiss brauchen wir dem Chefredakteur nicht zu unterstellen, dass er eine solche Lösung jetzt schon und so direkt möchte. Sommerfeld sieht seit einiger Zeit „die Volksparteien in der Krise". Der Filz-Vorwurf richte sich gegen SPD und CDU, schrieb er aus Anlass des hohen Wahlerfolgs der autoritär-demagogischen Schill-Partei in Hamburg. Dennoch müssten sich die beiden Parteien zu einer grossen Koalition zusammentun, das sei die stabilste Lösung. Aber natürlich keine endgültige, sagt Sommerfeld. Eine Hoffnung aber sah er aufkeimen: „Schill hat den Nerv vieler Hamburger getroffen, ihre durchaus nachzuvollziehende Angst vor Gewalt und Kriminalität."

Der Chefredakteur seines Herrn will keine Aufklärung des Kölner Müllskandals, sondern die Inszenierung einer schmierigen Provinzposse. Und der erklärte Gegner von Bürgerinitiativen will den Skandal nutzen zur Abwertung des demokratischen Systems, wenn er auch diejenigen Parteien und Kräfte für abgewirtschaftet erklärt, die an der Korruption in keiner Weise beteiligt waren oder sogar gegen sie gekämpft haben.

„Frei" und „unabhängig" ist die Dumont-Presse nur insofern, als sie frei und unabhängig von Demokratie und Volkswillen ist. „Überparteilich" ist diese Presse nur insofern, als sie undemokratisches Verhalten über Parteigrenzen hinweg deckt und überparteiliche autoritäre Verhältnisse mitorganisiert. Wie damals schon, als die Dumont-Presse gegen die Bürgerinitiativen und den Rechtsstaat kämpften, um den Müllofen durchzusetzen, über den sie jetzt aufklären. Aufklärung als Medienfarce.

KölnArena: Der Bankier und seine Stadt
Die high society plündert den Stadthaushalt

Die Stadt bekomme die modernste Veranstaltungshalle der Welt und ein neues Rathaus dazu, und dafür müsse sie keine einzige Mark investieren – mit solchen Versprechungen umgarnten der damalige Kölner Oberstadtdirektor Lothar Ruschmeier und Mehrheits-Fraktionschef Klaus Heugel die Ratsmitglieder. Auch 1995 war wie heute von den „leeren öffentlichen Kassen" und dem „Bankrott der Kommunen" die Rede. Was schien da näherzuliegen, als das grosszügige Angebot eines Investors anzunehmen, der das Mega-Projekt planen, bauen, finanzieren, am Ende schlüsselfertig übergeben würde? Ein Renommierprojekt der Extraklasse und irgendwie fast ganz umsonst?

Show-Palast und Rathaus im selben Immobilienprojekt

Die „Köln-Arena" ist seit ihrer Eröffnung im Jahre 1998 weit über die Stadtgrenzen hinaus bekannt. Die 18.000 Plätze des „modernsten Sport- und Show-Palastes Europas", wie es in der Selbstdarstellung heisst, füllen sich für Konzerte mit Elton John und Pavarotti, Aida-Inszenierungen und Auftritte des Stargeigers André Rieu ebenso wie für Eishockey-Spiele, die Revue Holiday on Ice und Aktionärsversammlungen der Deutschen Telekom. Das Einzugsgebiet reicht bis nach Belgien, in das Ruhrgebiet und in die Niederlande. Was aber weitgehend unbekannt blieb, ist der Umstand, dass die Halle Teil eines grösseren Projekts ist: Das neue Kölner Rathaus wurde als „Mantelbebauung" um die Arena herumgelegt und beherbergt nun Büros der Stadtverwaltung sowie 2.900 Parklätze und gewerbliche Räume. Die Kombination eines Show-Palastes mit einem Rathaus in einem einzigen Immobilienprojekt liegt aber nicht unbedingt auf der Hand.

Anfang der 90er Jahre suchte der Baukonzern Holzmann nach Großprojekten, wozu eine Mehrzweckhalle nach US-Vorbild gehören sollte. Für solche Hallen wollte Holzmann den europäischen Markt aufrollen und benötigte ein Referenzprojekt. Verhandlungen am Konzernsitz Frankfurt kamen nicht zu einem Ergebnis. In Köln aber fand sich mit Oberstadtdirektor Ruschmeier ein Befürworter, der die niedergehende Industriestadt in einen Medien-, Sport- und Show-Standort umwandeln wollte.

Ein Architektenteam entwickelte zunächst das Konzept einer Mehrzweckhalle unter dem Namen „Europalast". Dabei wurde klar: Eine solche technisch aufwendige Halle trägt sich nicht selbst. Nur ein umgebendes Profit-Center etwa mit Einkaufspassagen, Hotels und Restaurants könnte das Projekt profitabel machen. Aber das schien in diesem rechtsrheinischen Viertel ausserhalb der City nicht möglich. Da heckte Ruschmeier mit der Kölner Privatbank Oppenheim eine „geniale Lösung" aus: Anstelle eines unsicheren privaten Profit-Centers sollte das städtische Rathaus gebaut werden, das von der Stadt langfristig zu Festpreisen angemietet wurde. Die Bank würde einen geschlossenen Immobilienfonds einrichten und das Mischprojekt Arena-Rathaus finanzieren.

Die Kölner Traditionsbank Oppenheim hatte sich schon seit einiger Zeit in Immobilien-Grossprojekten engagiert. Für den Kölner Raum tat man sich mit dem Troisdorfer Bauunternehmer Josef Esch in einer Immobilien-Holding zusammen. Für das Kölner Erstprojekt Arena/Rathaus wurde der „Immobilienfonds Köln-Deutz Arena und Mantelbebauung GbR" gegründet. Am 27.9.95 beschloß der Rat mehrheitlich, dem Fonds die Finanzierung und Vermietung von Arena und „Mantelbebauung" zu überlassen. Ruschmeier jubelte, ähnlich wie drei Jahre zuvor beim Beschluss über die Müllverbrennungsanlage: „Die bedeutendste Entscheidung meiner Amtszeit". Das sollte sich später auf ganz andere Weise bewahrheiten.

Der Oppenheim/Esch-Fonds brachte die Bausumme von 900 Millionen Mark auf: 300 Millionen für die Arena, der grössere Teil mit 600 Millionen für das Rathaus. 77 Personen zahlten im Durchschnitt 15 Millionen Mark ein und wurden Kommanditisten des geschlossenen Immobilienfonds. Sie erhalten dafür bis zum Jahre 2028 eine jährliche Gewinn-Ausschüttung von 4,6% und steuersparende Verlustzuweisungen. Als Generalunternehmer für den Bau des Komplexes bot sich der Holzmann-Konzern an, hatte der sich doch bereits bei der Müllverbrennungsanlage bewährt.

Rathaus als verdecktes „Profit-Center"

Das Projekt erwies sich für den Investor nur durch verschiedene verdeckte Subventionen als profitabel. Sie summieren sich im dreistelligen Millionenbereich und kommen der Öffentlichkeit nur mit Verzögerung zur Kenntnis. Niemand weiss, was da noch unter der Decke steckt. Da ist zunächst der Grundstückspreis. Der Fonds bekam das städtische Grundstück mit 72.500 Quadratmetern für 18 Milionen Euro, obwohl sich die Taxierung durch das Liegenschaftsamt auf 42 Millionen Euro belief. Die Kosten für die Verkehrsanbindung - entscheidende Voraussetzung für die Arena, das Rathaus mit 3.500 Arbeitsplätzen und tausende von Parkplätzen - übernahm ebenfalls die Stadt. Das kostete 26 Millionen Euro.

Als Knackpunkt für versteckte öffentliche Dauersubventionierung erwies sich der 30-Jahres-Mietvertrag für das Rathaus. Die Mieten summieren sich für die gesamte Laufzeit auf 500 Millionen Euro. Die Mietberechnung geriet für die Stadt ungewöhnlich ungünstig. So mag zwar die festgelegte Staffelmiete theoretisch dem üblichen Quadratmeterpreis entsprechen, doch durch zusätzliche Vereinbarungen klaffen der Quadratmeterpreis und die tatsächlich bezahlte Miete weit auseinander.

Das besonders Nachteilige findet sich im Kleingedruckten. Die Stadt ist für alle Reparaturen verantwortlich. Die Stadt zahlt dem Vermieter Oppenheim/ Esch die Mieten für die Parkplätze und gewerblichen Räume, auch wenn diese nicht vermietet sind. Die 2.900 Parkplätze übersteigen den Bedarf bei weitem. Im Jahr 2000 etwa nahm die Stadt 450.000 Mark aus der Parkplatzvermietung ein, zahlte aber an Oppenheim/Esch 3,2 Millionen. Da frühere Mietverträge weiterlaufen, musste die Stadt wegen des Umzugs ins neue Rathaus allein in den Jahren 1998 bis 2000 zusätzlich 14,7 Millionen Mark an „Leerstandskosten" bezahlen.

Das Gebäude erwies sich beim Einzug zudem nur als halbfertig. Die Stadt musste 25 Millionen Euro investieren, um standardmässige Kommunikationsleitungen zu verlegen. Weil es nicht genug Raum für Aktenarchivierung gibt, müssen für 0,8 Millionen Euro Archivraum ausserhalb angemietet werden. So erwies sich der öffentlich verkündete Mietpreis als illusionär und so wurde das Technische Rathaus unter der Hand für Oppenheim/Esch zu dem notwendigen „Profit-Center".

Gelder der Holzmann-Sanierung landen beim Investor der KölnArena

Das Bankhaus Sal. Oppenheim jr. & Cie. gab am 23. April 1998 bekannt: „Der Kölner Oberstadtdirektor Lothar Ruschmeier, der mit Ablauf des 22. April 1998 wegen des Endes seiner Amtszeit aus seinem Amt ausscheidet, tritt in die Geschäftsleitung der Oppenheim-Esch Holding ein. Ruschmeier wird gleichberechtigter Geschäftsführer neben Matthias Graf von Krockow und Josef Esch. Die Oppenheim-Esch Holding ist geschäftsleitende Holding für verschiedene Tochterunternehmen, in deren Geschäftsführung Ruschmeier ebenfalls eintritt."

So wechselte der Oberstadtdirektor von einem Tag auf den anderen zu dem Unternehmen, mit dem er vorher den Mietvertrag für das Arena/Rathaus-Projekt ausgehandelt hatte. So bekam die Bank den obersten Geheimnisträger der Kölner Stadtverwaltung ohne einschränkende Bedingungen frei Haus geliefert. Vor seinem Abgang wurde entschieden, dass seine frühere Büroleiterin ab Mai 1998 zur Chefin des Liegenschaftsamtes bestellt wurde, einer Schaltstelle für Grundstücksverkäufe, Bebauungspläne und Straßenführungen. Für des Oberstadtdirektors neuen Arbeitgeber mag es nicht uninteressant sein, was in diesem Amt passiert. Denn das Projekt Arena/Rathaus war nur der Einstieg für weitere Immobilienfonds der Esch/Oppenheim-Holding in der Domstadt, zum Beispiel das Bezirksrathaus Nippes, das Dumont Carré, das Coloneum undsoweiter.

Ruschmeier wurde Geschäftsführer in folgenden Unternehmen der Oppenheim-Gruppe: Josef Esch Fonds-Projekt GmbH, Josef Esch Vermögensverwaltungs GmbH, Gebr. Esch Wohnbau GmbH, Josef Esch Allfinanzdienstleistungen GmbH, Josef Esch Finanzierungsvermittlungs GmbH, Christian Esch Bauunternehmnung GmbH. Ruschmeier bekommt für seinen „fliegenden Wechsel“ seitdem, laut BILD, das Vierfache seiner bisherigen B-10-Bezüge, also 400.000 Euro, laut „Express“ ist es sogar eine Million. Aber der engagierte Befürworter des schlanken Staates legt Wert darauf, aus der von ihm selbst geplünderten Stadtkasse gleichzeitig 6.500 Euro monatliche Pension zu beziehen. Zur Vervollständigung sei folgendes angemerkt: Ruschmeier war als Mitglied der Verhandlungskommission für die Tarifabschlüsse im öffentlichen Dienst der Bundesrepublik für's Stillhalten der Löhne eingetreten, Arbeitsplatzgarantien dürfe es nicht geben, der verschuldete Staat müsse eisern sparen.

Am anrüchigen Seitenwechsel seines Genossen fand der Kölner Kommunalaufseher, Regierungspräsident Antwerpes, ebenso wenig etwas zu beanstanden wie Ruschmeier-Freund Wolfgang Clement und der Landesinnenminister Fritz Behrens. Der Kölner CDU-Chef Richard Blömer rang sich zu Ruschmeiers Aufstieg auf das oberste Kölner Klüngeltreppchen zwar kurzzeitig die Standardfloskel ab: „Das ist ja fast wie in einer Bananenrepublik.“ Doch auch die zaghaften Proteste der CDU im Landtag versiegten schnell, gibt es doch so manchen CDU-Oberbürgermeister, der übergangslos zu RWE oder zu einem anderen Unternehmen wechselt. Die Grünen protestierten etwas heftiger, aber an eine Neufassung des auch in dieser Frage völlig überholten Beamtengesetzes wollten auch sie nicht heran. Wer sich nur auf die geltende Rechtslage stützt, kann gegen diese Form der legalisierten Korruption nichts unternehmen.

Der Holzmann-Konzern trat beim Arena/Rathaus-Projekt nicht nur als Generalunternehmer auf, sondern auch als Betreiber. Die Tochterfirma Arena Management GmbH mietete nach der Fertigstellung die KölnArena für 23 Millionen Mark an, für 20 Jahre. Das ergab eine Verpflichtung von 460 Millionen DM. Wie sich im Zusammenhang des Beinahe-Konkurses von Holzmann im Dezember 1999 herausstellte, verursachte das Betreiben der Halle einen jährlichen Verlust zwischen fünf und 15 Millionen Euro.

Zur Sanierung wollte der neue Holzmann-Vorstand aus dem Betreibervertrag heraus. Graf Krockow vom Bankhaus Oppenheim, der selbst und mit Verwandtschaft zu den Kommanditisten des Investors gehört, gründete eine neue Betreibergesellschaft. Er verlangte von der Stadt Köln, die mit der Halle

Die Betreibergesellschaft der KölnArena

Die 15 Gesellschafter der „KölnArena Beteiligungsgesellschaft mbH" gehören zum Umfeld des Esch/Oppenheim-Fonds. Sie sind je mit einer Einlage von 320.000 Euro vertreten und teilen sich den Gewinn: Alfred Freiherr von Oppenheim, Christopher Freiherr von Oppenheim, Matthias Graf von Krockow, Ilona Gräfin von Krockow, Baron Huberto - genannt Hubertus - Maria Gustavo Rukavina de Vidograd, Georg Freiherr von Ullmann (London), Karin Freifrau von Ullmann, Ralf Bernd Assenmacher (Arena-Geschäftsführer), Holger Lampatz, Hans-Detlef Bösel, Dieter Pfundt, Detlef Bierbaum, Irma Esch (Troisdorf), Johannes Maret, Vera Conle-Kalinowski (LTU). Sie haben bis auf die Oppenheims Vollmachten „über den Tod hinaus" auf Josef Esch ausgestellt, den „kleinen Bauunternehmer aus Troisdorf" und Parteifreund Lothar Ruschmeiers. Der Notar vermerkte, daß die Vollmachtsverhandlungen ungewöhnlicherweise nicht in der Notarkanzlei, sondern im Bankhaus Oppenheim, Unter Sachsenhausen 4, stattgefunden haben, „wohin sich der Notar auf Ersuchen begeben hatte".

wirtschaftlich nichts zu tun hat, einen einmaligen Betriebskostenzuschuß von 12 Millionen Mark und einen jährlichen Betriebskostenzuschuß von 5 Millionen, und zwar für 20 Jahre. Man kann's ja mal versuchen! Diesmal klappte es nicht, der damals neugewählte CDU-Oberbürgermeister „Harry" Blum, selbst Immobilienmakler, lehnte ab. „Unsere Aufgabe ist es nicht, Gewinne zu privatisieren und Verluste auf die Allgemeinheit abzuwälzen." Aber etwas anderes klappte: Der Fonds erhielt aus dem Topf, den Bundeskanzler Gerhard Schröder für die Rettung von Holzmann-Arbeitsplätzen zusammengeschoben hatte, 55 Millionen Euro. Damit kaufte sich Holzmann aus dem Betreibervertrag heraus.

Wenn die Stadt bei der high society zur Miete wohnt

Aber da ist ja noch der Mietvertrag der Stadt für das Rathaus. Diesen Vertrag bezeichnete Blum als „vermieterfreundlichsten Vertrag in ganz Köln." Es wurde die Neuverhandlung und Änderung des Vertrags gefordert, war er doch, wie der „fliegende Wechsel" von Ruschmeier zum Investor zeigte, auf sittenwidrige Weise zustandegekommen. Doch die Meinung Blums, der zudem nach halbjähriger Amtszeit verstarb, setzte sich nicht durch.

Das mag damit zusammenhängen, dass sich die Gruppe der 77 Kommanditisten aus der wirtschaftlichen Crème der Domstadt zusammensetzt. Zu den Fonds-Kommanditisten zählen die Häupter des Kölner Klüngels: Verleger Alfred Neven Dumont, IHK-Präsident und Bankchef Alfred Freiherr von

Oppenheim nebst weiteren Familienangehörigen und Teilhabern, der Industrielle Otto Wolff von Amerongen, der ehemalige Arbeitgeberpräsident Murmann, die mit dem Adenauer-Clan verbundene Familie Werhahn; auch ein gewisser Walther Leisler Kiep gehört dazu und soll dafür auf der Durchreise von Zürich einen seiner berühmten Koffer bei Oppenheims deponiert haben.

Die Frankfurter Staatsanwaltschaft hat Anfang 2000 die Arena-Betreibergesellschaft und die Privaträume Ruschmeiers durchsucht. Die Staatsanwälte ermitteln gegen den ehemaligen Oberstadtdirektor wegen Vorteilsnahme. Er soll von Holzmann im Zusammenhang des Arena/Rathaus-Projekts bestochen worden sein, nicht nur durch eine konfortable Reise in die Vereinigten Staaten, ermittelt wird auch wegen Untreue. Gegenwärtig richtet sich das Interesse der Öffentlichkeit auf das andere Milliardenprojekt Ruschmeiers, die Müllverbrennungsanlage. Aber danach, vielleicht ...

Die Kommanditisten KölnArena/Rathaus

Zu den 77 Kommanditisten des geschlossenen Immobilienfonds KölnArena/Rathaus gehören: Joachim Aymanns (Gerling), Bernd und Helmut Breuer (MMC), Vera Conle-Kalinowski (LTU), Irma Esch, Josef Esch, Joachim Gerhard (Strabag), Beate Hüttner (LTU), Christoph Kirsch (Südzucker/Schöller-Eis/eurofrost), Adolf Kracht (Deutsche Bank, Gerling, Babcock), Ilona von Krockow (Oppenheim), Matthias von Krockow (Oppenheim), Henry Maske, Dieter Murmann, Alfred Neven Dumont, Christian Schütte-Dumont, Dieter Schütte (Dumont), Alfred von Oppenheim, Christopher von Oppenheim, Nicolaus von Oppenheim, Karl-Otto Pöhl (ehem. Bundesbank, Oppenheim), Georg von Ullmann (Oppenheim), Karin von Ullmann (Oppenheim), Anton, Johanna und Maria Werhahn, Otto Wolff von Amerongen, Hans Zanders, Jürgen Zech (Gerling, Deutsche Bank).

Patriotische Stoßseufzer aus Florida

Eine Gewinnsteigerung von 46 Prozent verzeichnet der in Zürich veröffentlichte Jahresbericht der Bank Oppenheim Schweiz AG für das Jahr 2000. Dies zeigt, wie sehr die Schweizer Tochter, die auch im Paradies der Privatbanken, Genf, eine Filiale unterhält, im Aufwind ist. Natürlich sagt der Geschäftsbericht einer Schweizer Bank, die sich streng an die strengen Gesetze der ältesten Finanzoase der Welt halten muss, nicht viel aus. Aber er sagt mehr, als das Bankhaus am Stammsitz Köln der Öffentlichkeit dartut.

Dass die Bank für ihre Kunden die meisten Geldanlagen, jedenfalls in juristischer Hinsicht, in der Schweiz tätigt, erstaunt kaum. Aufschlussreich ist aber, dass an zweiter Stelle nun die Finanzoasen in Britisch-Westindien liegen, an dritter Stelle Liechtenstein, dann die USA, Curacao auf den Niederländischen Antillen und die karibischen Cayman Islands. Die grösste Steigerung mit 60 Prozent gegenüber dem Vorjahr haben die von der Bank betreuten Geldanlagen in Panama zu verzeichnen.

Diese weltweite Kapitalflucht ist nicht verwunderlich, wo doch so mancher Kunde, dem Oppenheim zur Geldanlage in Luxemburg verhalf – dort steht die bisher zweitgrösste Auslandstochter bereit –, inzwischen von der Steuerfahndung Köln, Düsseldorf und Münster ertappt wurde und in aller Stille zähneknirschend und staatshassend Bussgelder in Millionenhöhe zahlt. Die Banque Oppenheim S.A. in Luxemburg stagniert. Die Schweiz und Luxemburg sind von der bösen Europäischen Union umzingelt, die seit Jahren gutmütig von der Erhebung von Quellensteuern munkelt. Oppenheim organisiert die Flucht, weg vom alten, immer noch demokratisch verseuchen Kontinent. Neue Töchter blühen inzwischen in Hongkong und Dublin, in London und New York, in den Paradiesen der deregulierten Finanzwelt.

Die Schweizer Tochter ist mit ihren 109 Beschäftigten noch an weiteren unscheinbaren Unternehmen beteiligt, so an Kappa IT Venture Second Ltd., beheimatet im englischen Steuerparadies Guernsey. In Luxemburg werden Beteiligungen ausgebaut, bei denen der Name der Bank nicht mehr öffentlich auftaucht, so an OP Invest CHF Management und an Pharma/Wealth Management. Die globale Vernetzung der Finanzoasen untereinander zum Wohle der 10.000 wertvollsten Deutschen ist das diskret und nachhaltig verfolgte Ziel des Präsidenten der Kölner IHK und Vizepräsident des Deutschen Industrie- und Handelskammertages.

So sehr die Globalisierung in seiner Bank vorangetrieben wird, der Gewinn der weltweiten Töchter ebenso wie der diversen Kölner und anderen Immobilienfonds findet ebenso zielsicher wie altmodisch in die Domstadt. Das Kapital der Muttergesellschaften gehört weitgehend den verzweigten Familien

Oppenheim und Pferdmenges. Da ist alles fast noch so wie damals zu Adenauers Zeiten.

Neu ist freilich, dass Patron Alfred sich einen Wohnsitz im fernen Florida zugelegt hat. Wenn er in seiner Villa am Ocean Boulevard von Palm Beach, in der Nachbarschaft des New Yorker Immobilien-Tycoons Donald Trump, eifersüchtig darüber nachsinnt, dass er mit seinem gewiss unterschätzten Vermögen von 1,8 Milliarden Euro zwar (angeblich) der reichste Kölner ist, aber in der Zielgruppe seiner Bank erst an sechsunddreissigster Stelle steht, dann mögen sich ihm dunkle Seufzer entringen: Wenn ich schon hier keine Steuern zahle, könnte ich nicht auch im fernen Köln durch die Ehrenbürgerschaft endlich von jeglicher Steuerzahlung freigestellt werden, ganz offiziell? Wenn er sich in Köln aufhält, hört er von Kritikern, die ihm die Ehrenbürgerschaft neiden. Wenn aber doch die anderen Patrioten, der andere Alfred mit seiner kleinen Zeitung und der zweite Schokoladenkönig mit seinem kleinen Museum schon Ehrenbürger sind, warum nicht ich auch, ich mit meiner weltweiten Bank? Bin ich nicht auch ein Patriot?

Kölns nobelste Geldwäscher

Aus dem Tagebuch des Walter Leisler Kiep

Natürlich wollen wir als brave deutsche und kölsche Staatsbürger nicht so weit gehen und vermuten, dass in der herrlichen Mehrzweckhalle „KölnArena“ einige Millionen aus den Vermächtnissen „jüdischer Emigranten“ verbaut sind oder aus Stiftungen Liechtensteiner Treuhänder oder aus sonstigen schwarzen Kassen der Unchristlich-Undemokratischen Union. Soweit wollen wir nicht gehen, denn wir sind alle noch fassungslos, nicht wahr, fassungslos über das, was in der christlich-demokratisch genannten Partei, der CDU, passiert ist. Soll man da immer weiterdenken wie man es vielleicht könnte?

Wir machen es uns einfach und schlagen nach im Buch „Was bleibt ist grosse Zuversicht“. Es erschien in Form eines Tagebuchs im Sommer 1999. Der Autor hat sich auf der Titelseite abbilden lassen. Das Foto haben Sie als braver deutscher beziehungsweise kölscher Medienkonsument gewiss oft gesehen: ein eleganter Herr im Nadelstreifenanzug und mit superkorrektem Haarscheitel schwingt sich leichtfüssig über einen Schlagbaum. Und was schwingt er in der linken Hand mit herüber? Richtig, einen eleganten schwarzen Aktenkoffer. Darin könnte eine Million Mark in bar sein, vielleicht könnten es auch fünf Millionen sein. Natürlich handelt es sich bei dem eleganten, jugendlich wirkenden Herrn um den Liebling des gebildeten Bürgertums, den seine Lieblingszeitungen, die „ZEIT“ ebenso wie gehobene Provinzblätter in der Art des Kölner Stadt-Anzeiger, in Abständen von höchstens drei Jahren zum

„vorbildlichen Unternehmer" oder/und zum „unkonventionellsten deutschen Politiker" ernennen beziehungsweise, so muss man plötzlich sagen, ernannten. Es ist natürlich Walther Leisler Kiep.

Aufmerksame kölsche Staatsbürger mögen sich gewundert haben, warum der (gegenwärtig noch) berühmteste Bar-Millionen-Kofferträger der Nation auch Kommanditist der KölnArena wurde. Warum wurde er, wie Mit-Kommanditist Alfred Neven Dumont es für sich und seinesgleichen in Anspruch nimmt, zum wohltätigen Investor in der Domstadt? Wo er doch im feinen Kronberg residiert – Sie wissen, der gemütlichen Stadt an den waldigen, sanften Hängen des Taunus vor Frankfurt, wo die meisten Multimillionäre mit den geringsten Steuerzahlungen wohnen? Warum brach der weltweit tätige Provisionsvermittler mit seiner selbstlosen Wohltat in das kölsche Klüngel-Biotop ein?

„Fahrt nach Köln bei herrlichem Wetter zu Sal. Oppenheim, Harald Kühnen. Thema: Parteifinanzen." So notierte der Tagebuchschreiber, damals Schatzmeister der CDU, am 14. Juli 1980 in sein Tagebuch. Harald Kühnen war persönlich haftender Gesellschafter des Bankhauses Oppenheim. Köln und Umgebung war eine fruchtbare Gegend für den Spendensammler. Bei Bauunternehmer Werhahn in Neuss holte er 100.000 Mark in bar ab, nach einem „Herrenessen alter Art", wie er uns anvertraut. Richtig: auch die Werhahns, die schon für Adenauers politisches und persönliches Wohlergehen sorgten, gehören zu den wohltätigen Kommanditisten der KölnArena.

Am 17. Dezember 1980 finden wir übrigens folgende Eintragung: „Dr. Lüthje teilt dem K. mit, dass er von der männlichen Person namens von Oppenheim 1,3 erhalten hat." Zunächst zur Erläuterung: „der K.", das ist natürlich Dr. Helmut Kohl; „1,3", das bedeutet natürlich 1,3 Millionen Deutsche Mark. Das ist eine Summe, die die in den Rechenschaftsberichten von CDU und FDP veröffentlichten Spenden des Bankhauses aus den damaligen Jahren bei weitem übertrifft. Man wird aber erkennen, dass dieser militärisch knappe Stil doch wohl nicht von Kiep stammt. Die Eintragung stammt vom DDR-Geheimdienst, der ein Telefonat des „K." abhörte, der Bundeskanzler werden wollte. Da auch ein Tagebuch eines christlichen Schatzmeisters nicht unbedingt vollständig sein muss – Kiep teilt uns ohnehin mit, dass er nur Auszüge veröffentlichen konnte –, sei dies hier der interessierten Öffentlichkeit zur Prüfung überlassen.

Der Kronberger Geldreisende – damit kehren wir zum veröffentlichten Tagebuch zurück – tätigte damals noch weitere Besuche unter zukünftigen Kommanditisten der KölnArena. Otto Wolff von Amerongen sucht er auf: im Hause von Hans Gerling trifft er den damaligen Präsidenten der Kölner IHK und Vorsitzenden des Ostausschusses der Deutschen Wirtschaft. Gerling starb zwar, aber Amerongen überlebte leichthändig die 600.000 Mark Bussgeld, die er wegen illegaler Spenden an das „System Kiep" zahlen musste und wurde, richtig, Sie haben es erraten, ebenfalls wohltätiger Kommanditist der Köln-Arena. Anschliessend an das Treffen bei Gerlings ging man damals, so notiert der Spendensammler, gut essen, im „Goldenen Pflug" in Köln-Merheim. Und wer war noch dabei? Richtig, der schon erwähnte Uwe Lüthje und Horst Weyrauch, die unscheinbaren, langjährigen Operateure von Kohls und Kieps schwarzen Kassen.

Ach ja, „Thema Parteifinanzen" im Bankhaus Oppenheim. Dazu war Kiep nach Köln gekommen, bei herrlichem Wetter. Oppenheim gehört zu den Gründungsmitgliedern der illegalen Parteienfinanzierung in Deutschland nach dem Zweiten Weltkrieg. Kiep erinnert uns nostalgisch an die ungestörten Anfänge. Mit dem Bundesverband der Deutschen Industrie (BDI) gründeten 1954 die beiden Oppenheim-Gesellschafter Graf Strasoldo und Robert Pferdmenges die sagenhafte Mutter aller schwarzen Kassen, die „Staatsbürgerliche Vereinigung". Kiep notiert einigermassen wahrheitsgemäss, wenn auch etwas beschönigend: „Die Unternehmen haben die Gelder den Parteien nicht offen zur Verfügung gestellt, sondern haben über ein Netz von Institutionen in Liechtenstein und in der Schweiz gespendet. Dort ging das Geld hin, kam zurück und dann erhielten es die Parteien - unversteuert. Die Spender erhielten eine Quittung."

Wer bei Oppenheims verkehrt, trifft notwendigerweise die Dumonts. Schliesslich war die FDP das bevorzugte Spendenobjekt beider Häuser. Die Minipartei - Verleger Alfred Neven Dumont war und ist eines der wenigen Mitglieder - hätte ohne die geheimen Spenden der Wirtschaft und ohne die ständige mediale Aufblähung nicht überlebt. „Abends Essen bei Neven Dumont mit Baum, wir beide als einzige Gäste," dürfen wir nun im Tagebuch mitlauschen. Mit Baum ist Gerhart Baum gemeint, auch eines der wenigen Kölner FDP-Mitglieder, zunächst Geschäftsführer des BDI und damals Bundesinnenminister, eine praktische Kombination übrigens. Natürlich geht es bei diesem Essen sehr gepflegt und südländisch zu. „Das Gespräch in dem schönen Haus mit italienischem Essen ist mehr ein Kennenlernen als ein konkretes Koalitionsgespräch, aber selbst dabei wird deutlich, wie gross das Interesse Baums ist," notiert der Kofferträger am 16. Februar 1981. Er will Neven Dumonts Umfallerpartei aus der Koalition mit der SPD loskaufen und zu seinem Herrn „Dr. K." herüberziehen. Er kennt den Herausgeber des „Kölner Stadt-Anzeiger" und des „Express" schon lange. Sein „liberales" Image hat sich Alfred Neven Dumont dadurch erworben, dass er mehr Interviews mit FDP-Funktionären abdrucken lässt als jede andere Zeitung in Deutschland.

Nachdem man sich zum Geburtstag bei Walter Scheel in Marienburg getroffen hat - natürlich war Oppenheim-Gesellschafter Kühnen dabei, ebenso Hans-Dietrich Genscher -, hatte der Tagebuchschreiber schon am 8. Juli 1974 für uns notiert: „Alfred Neven Dumont nimmt mich im Auto mit ins Bundeshaus. Dann kurz ins Konrad-Adenauer-Haus." Was ein Verleger so alles macht, in Verteidigung der geliebten Pressefreiheit, nicht wahr? Um hier einen Geldkoffer abzugeben? Undenkbar. Oppenheim würde den Kölner Oberstadtdirektor Ruschmeier doch erst 1996 einkaufen, um die „KölnArena" bauen zu lassen, und gar nicht mit Bargeld aus dem Koffer, sondern mit monatlicher Überweisung eines mehrfachen Geschäftsführergehalts. Jedenfalls, wie immer man es dreht und wendet: der Tagebuchschreiber wurde 1998 in den exklusiven Club des geschlossenen Oppenheim-Immobilienfonds „KölnArena" aufgenommen. Und da ist er noch heute und für dreissig Jahre, auch nachdem er ansonsten, zumindest scheinbar, von der Bildfläche verschwunden ist. Oppenheims und Dumonts vergessen keinen, der mit ihnen einmal die Weihe der Geldwäsche teilte.

Städtische Wohnungen als Renditeobjekt

„Die Unternehmerwitwe mit 200 Millionen ist uns lieber als der Kleinsparer mit fünf Millionen" - so umriss schon vor Jahren Karl-Otto Pöhl, damals Aktionärssprecher von Sal. Oppenheim & Cie. die „Philosophie" des diskreten Hauses. Bankpatriarch Alfred Freiherr von Oppenheim sekundierte kürzlich: „Wenn Sie eine Million haben, dann gehen Sie doch lieber zu Ihrer Sparkasse um die Ecke." Etwas wissenschaftlicher drückte es der gegenwärtige Juniorchef Graf von Krockow nun aus: „Unsere Zielgruppe sind die 10.000 vermögendsten Deutschen, die über 50 Prozent des Landesvermögens verfügen."

Diese anspruchsvolle Zielgruppe verlangt heute - man hat ja einen internationalen Überblick über die Konkurrenzangebote zwischen Genf, Luxemburg und London - eine jährliche Rendite deutlich über 10 Prozent. Gross-Immobilien in ganz Europa gehören seit einem guten Jahrzehnt zu den Anlageprojekten der Bank. Mitte der 90er Jahre erschloss man das Geschäftsfeld kommunale Grossimmobilien. Der erfolgreiche Start gelang mit der KölnArena.

Nach diesem Muster wurden weitere geschlossene Immobilienfonds von Esch/Oppenheim in der Stadt aktiv. So entstand, eingefädelt noch in der Ära des Oberstadtdirektors Ruschmeier, zum Beispiel das Bezirksrathaus in Köln-Nippes. Die Stadt ist Mieter. Dahinein wurde auch die Stadtteil-Bibliothek gezwungen. Weil sich die Miete dadurch für sie vervielfachte, müssen andere Stadtteil-Bibliotheken schliessen.

Als Ruschmeier 1998 seinen fliegenden Wechsel vom Oberstadtdirektor zu Esch/Oppenheim vollzog, hatte die CDU im Stadtrat und im Landtag Rabatz gemacht: Unzulässige Interessenkollision! Verstoss gegen das Beamtengesetz! Undsoweiter. Das ist längst vergessen, seit die CDU bei der letzten Wahl selber ans Ruder kam. So erklärt es sich, dass die neue „bürgerliche“ Ratsmehrheit aus CDU, FDP und Republikaner die Bank Oppenheim damit beauftragte, das Gutachten zum Verkauf der 42.000 Wohnungen der städtischen Wohungsgesellschaft GAG zu erstellen.

Wie rabiat das diskrete Bankhaus im Sinne seiner gierigen Zielgruppe und wohl vor allem im eigenen Interesse hier vorgeht, zeigte sich bei einem vorhergehenden Immobilien-Auftrag. Der damalige CDU-geführte Senat von Berlin engagierte Oppenheim als Consultant für den geplanten Verkauf der städtischen Wohnungsgesellschaft GSW. Oppenheim sollte einen Käufer finden. In einem vertraulichen Memorandem, das an alle Interessenten verschickt wurde, pries die Bank die Gewinnaussichten einer privatisierten GSW an, die keine Rücksicht mehr auf soziale Belange und extensive Mieterrechte nehmen müsse. Der Gewinn von gegenwärtig 16 Millionen Mark sei bis zum Jahre 2010 auf 77 Millionen zu steigern, da es bei 42 Prozent der insgesamt 69.000 Wohnungen einen Mieterhöhungsspielraum bis zu zwei Mark pro Quadratmeter, bei 9,5 Prozent einen Spielraum bis zu fünf Mark und bei 3,5 Prozent sogar über fünf Mark gebe. Ausserdem könne das GSW-Personal von 578 auf 469 abgebaut werden, also um ein Fünftel.

Da der Berliner „Tagesspiegel“ Teile dieses Memorandums veröffentlichte, geriet der Verkaufsprozess ins Schleudern. Störend, zumindest für die Absichten des Senats und der Bank, erwiesen sich die daraufhin vor allem von den Grünen organisierten Mieterversammlungen. Da wurden Forderungen erhoben, etwa dass die bisherigen Mietverträge um die Bestimmung ergänzt werden müssten, die eine Kündigung wegen Eigenbedarfs ausschliesst. Es stellte sich heraus, dass die von Oppenheim „gutachterlich“ für möglich gehaltenen Mieterhöhungen weit über dem Marktpreis lagen. Die Kaufinteressenten blickten selbst in die GSW-Bücher und fanden Schulden in Millionenhöhe, die den hochkarätigen Immobilienexperten von Oppenheim „nicht aufgefallen“ waren. Der Wert der GSW sank so von den ursprünglich „geschätzten“ 2 Milliarden Mark auf 560 Millionen. Das ganze war deshalb selbst den raffgierigsten Interessenten wie WCM nicht geheuer. Der Verkauf kam nicht zustande.

Das alles ist in Köln nicht bekannt, jedenfalls nicht in der Öffentlichkeit. So darf also die „renommierte“ Privatbank gegen ein Honorar von „mindestens“ 3 Millionen Euro den besten Käufer aussuchen. Im vorher erstellten Gutachten, das CDU-Fraktionschef Rolf Bietmann mit der von ihm geführten Ratsmehrheit natürlich auch schon niemand anderem als dieser Bank zugeschustert hatte, hatte diese sich schon mal damit qualifiziert, dass sie vor den „sehr negativen Auswirkungen auf den Kaufpreis“ warnte, wenn den gegenwärtigen Beschäftigten der GAG der Ausschluss betriebsbedingter Kündigungen garantiert werde. Weiter gutachtete Oppenheim, „dass Sozialklauseln für den Erwerber grundsätzlich Beschränkungen der Vermarktungsmöglichkeiten bzw. der operativen und gesellschaftsrechtlichen Handlungsfreiheiten“ darstellen.

Ohne Behauptung eines Zusammenhangs, aber einfach der Vollständigkeit halber sei angemerkt, dass eine der zahlreichen Immobilienfirmen des Bankhauses, die Neptuno Verwaltungs- und Treuhandgesellschaft, der CDU im Vorfeld des GAG-Verkaufs 200.000 DM spendete.

„What the Hell, Mister, where is your dammned Cologne?"
Städtisches Vermögen als Spielmaterial unbekannter US-Investoren

Man stelle sich folgendes vor: ein „US-Investor" schicke seine Beauftragten nach Sizilien, um mit Bürgermeistern und Stadträten milliardenschwere „Leasingverträge" über ihre Strassenbahnen, Wasser- und Klärwerke, Messehallen und Talsperren abzuschliessen. Die Verträge hätten eine Laufzeit von 100 Jahren, aber angeblich ändere sich für die Städte nichts, zur Belohnung bekämen sie aber am ersten Tag cash mehrere Millionen Dollar ausgezahlt. Der „US-Investor" würde seinen Namen nie nennen, die Stadträte würden den Verträgen zustimmen, ohne sie je gelesen zu haben. Was würde dazu der aufgeklärte Europäer sagen? „Das ist doch Mafia pur!" Wie aber, wenn solche Verträge seit einem halben Jahrzehnt überall in Westeuropa abgeschlossen würden? Ganz normal, in Dresden, Zürich und Amsterdam?

„Legale amerikanische Gesetze, an die wir uns streng gehalten haben"

Seit einigen Jahren rennen Grossbanken, Landesbanken und Finanztöcher von Grosskonzernen den europäischen Kommunen die Türen ein. Das heisse Sonderangebot heisst „Cross Border Leasing" (CBL). Dabei werden städtische Anlagen wie Klärwerke, Kanalnetze, Messehallen, Müllverbrennungsöfen und Strassenbahnen einem „US-Investor" vermietet und wieder zurückgemietet, angeblich. In den USA entsteht dabei ein Steuervorteil, von dem der Investor der Kommune einen kleinen Teil, den sogenannten „Barwertvorteil", abgibt, sozusagen als Belohnung für das Mittun in einem globalen Steuerbetrug. Der Anteil für die Kommune beträgt je nach Grösse der Anlage zwischen 10 und 30 Millionen Dollar. Er ist für die Kommunen auch deshalb attraktiv, weil er cash am ersten Tag zur Auszahlung kommt und die Kommunen mit dem höchst komplizierten Vertrag (scheinbar) nichts weiter zu tun haben. Nicht nur deutsche Finanzinstitute sind mit diesem Angebot erfolgreich, auch Grossbanken in der Schweiz, in den Niederlanden, in Belgien usw. bringen Grossstädte überall in ihren Ländern dazu, sich auf CBL-Deals einzulassen. Die fragwürdigen Rechtsgrundlagen und die Risiken werden Ratsmitgliedern und Öffentlichkeit dabei verschwiegen.

Beispiel Köln: Am 29. Februar 2000 beschloss der Kölner Stadtrat im nichtöffentlichen Teil seiner Sitzung mit grosser Mehrheit ein „Grenzüberschreitendes US-Leasinggeschäft für Klärwerke der Stadt Köln". CDU, FDP, Republikaner, SPD und die meisten Grünen waren dafür, die beiden Abgeordneten der PDS und zwei Grüne waren dagegen. In den lokalen Tageszeitungen wurde folgende Pressemitteilung der Stadtverwaltung verbreitet: „Der Rat gab in seiner gestrigen Sitzung grünes Licht für eine grenzüberschreitende US-Leasing-Transaktion. Damit werden das Grossklärwerk Stammheim, die Klärwerke Langel, Weiden und Rodenkirchen sowie Teile des Kanalnetzes zu einem Wert von 600 Millionen $ an einen US-Investor vermietet und von der Stadt gleich wieder zurückgemietet. Der Vertrag läuft 24 Jahre. Der Steuervorteil, der dabei in den USA entsteht, wird unter den Leasingpartnern aufgeteilt. Auf die Stadt entfallen etwa 26 Millionen $ als sogenannter Barwertvorteil."

Zum „Investor" wurden folgende Angaben gemacht: „Investor ist ein von der First Union Gruppe aus den USA bonitätsmässig abgesichertes Unternehmen. Es ist die First Fidelity Bank. Die First Union Gruppe ist mit einer Bilanzsumme von 237 Milliarden Dollar im Jahre 1998 die sechstgrösste Bankengruppe in den USA. Eingeschaltet als Abwickler ist die Deutsche Bank." Was der Öffentlichkeit verschwiegen wurde, was aber immerhin in der Beschlussvorlage des Rates stand: 1. Die Laufzeit beträgt nicht 24 Jahre,

Der schwitzende Kämmerer

Meine Anfrage an den Kölner Kämmerer um ein Rundfunkinterview wurde nach mehreren Anläufen im März 2001 so beschieden: Herr Böllinger sei zu einem Interview bereit, zu folgenden Bedingungen: Die Fragen sind vorher schriftlich einzureichen. Weitere Fragen dürfen nicht gestellt werden. Konkrete Fragen zum Investor und zum Namen der Zwischengesellschaft auf den Cayman Islands sind unzulässig.

Es war eine kuriose Begegnung. Werner Böllinger betonte, dass er lange gezögert habe, mir das Interview zu geben. Ich wollte den Grund sowohl für das Zögern wie auch für das schliessliche Einverständnis wissen. Böllinger blickte vielsagend und unbestimmt in seinem grossen, modernen Büro herum. „Ja, wissen Sie..." begann er und brach wieder ab. Er setzte sich, zog ein Manuskript heran, das als einziges Schriftstück auf seinem grossen, abgeräumten Schreibtisch lag. Er blickte mich an. „So, es kann losgehn," sagte er wie mechanisch. Ich sah, dass auf dem Manuskript meine Fragen standen und darunter seine Antworten. Er las sie ab wie ein Schuljunge. Schweissperlen standen auf seiner Stirn.

Erst später sollte mir das Schwitzen des Kämmerers verständlich werden: Er durfte sich nicht verplappern, denn seine Äusserungen könnten in den USA bekannt werden. Wenn er beispielsweise gesagt hätte, dass die 100 Jahre Laufzeit gar nicht ernst gemeint sind ...

sondern 100 Jahre, 2. der unmittelbare Vertragspartner der Stadt ist eine „Special Purpose Company" (SPC, Gesellschaft für besondere Zwecke) auf den Cayman Islands, sie war vom „Investor" und der Deutschen Bank auf der Karibikinsel eigens und ausschliesslich für diesen Vertrag gegründet worden.

Den Bürgern erklärte der damalige Kölner Stadtkämmerer Werner Böllinger: „Es ging alles mit rechten Dingen zu. Es sind legale amerikanische Gesetze, an die wir uns auch streng gehalten haben." „Legale Gesetze"? Gibt es also auch illegale Gesetze? Woher kommt diese ängstliche und unsinnige Überbetonung des Legalen? Oder enthält die Verbindung „legale *amerikanische* Gesetze" ein Geheimnis oder eine Erklärung?

Den „Investor" gibt es nicht

Genaues über den „US-Investor" erfährt die Öffentlichkeit bei keinem dieser Verträge. Das hat seinen guten bzw. schlechten Grund. Den „US-Investor" gibt es nämlich gar nicht, jedenfalls nicht in der Form, wie sich Bürger und Ratsmitglieder gemeinhin einen Investor vorstellen. Begibt man sich im Falle der Kölner Klärwerke auf seine Spur, stösst man auf Erstaunliches. Die First Union Bank als diejenige, die den „Investor bonitätsmässig absichert", lässt sich im Internet leicht finden. Auf der website lächelt werbend der US-amerikanische Aussenminister Colin Powell.

Das Headquarter der First Union steht in Charlotte, North Carolina. In Hamburg unterhält die sechstgrösste Bank der Vereinigten Staaten eine Repräsentanz. Eine Nachfrage per Brief, Telefon, Fax und e-mail gleichzeitig an Edward Crutchfield, den Vorstandschef in Charlotte, an Virginia Mackin von der Presseabteilung, an Mike Taylor von der Leasing-Abteilung und auch noch an die Hamburger Repräsentanz wird nicht beantwortet. Auf die Frage, ob es überhaupt einen Leasing-Vertrag mit der Stadt Köln gibt und wer der Investor First Fidelity Bank ist, erfolgt trotz mehrmaliger Nachfragen im Zeitraum eines Jahres keine wie auch immer geartete Reaktion. Die Bank schweigt, sie schickt lediglich einen aufwendigen Jahresbericht, in dem aber von Leasing-Verträgen mit europäischen Kommunen und von der First Fidelity Bank keine Rede ist.

Im Internet und in spezialisierten Bankverzeichnissen kann man herausfinden, dass es in den USA etwa ein gutes halbes Dutzend Banken gibt, die „First Fidelity Bank" heissen. Es sind regionale Kleinbanken, die mit dem damals offensichtlich glaubwürdigen Versprechen eheähnlicher Treue (fidelity) zu Beginn des letzten Jahrhunderts gegründet wurden. Heute gibt es sie etwa (noch) in North Carolina, Delaware, New Jersey, New York, South Dakota und Oklahoma, jeweils mit einigen Filialen. Die meisten wurden von der First Union Gruppe aufgekauft, existieren aber unter ihrem alten Namen weiter.

Bei allen endet die Anfrage, ob sie der „Investor" der Kölner Kläranlagen sind, ergebnislos. Zur Illustration sei eine dieser Banken kurz vorgestellt: Die First Fidelity Bank in Oklahoma City. Sie präsentiert sich auf ihrer website mit Fotos von zehn gemütlichen alten Herren. Sie sind der Vorstand. Auf einer weiteren Seite steht verloren das Foto einer kleinen ebenerdigen Filiale, die vor kurzem im Städtchen Noble bei Oklahoma eröffnet wurde, wie stolz berichtet wird. Die Filiale sieht aus wie eine Mischung aus Gartenhaus und Tankstelle. Hier könnte ein mittelmässiger Held aus einem mittelmässigen Westernfilm einen verunglückten Banküberfall begehen, und niemand würde es bemerken ausser dem Bankdirektor. Auf der Seite „Wir über uns" preist sich die Bank patriotisch an: „Jedermann bei First Fidelity ist erfüllt von den Interessen Oklahomas. Vom Chef bis zum einfachen Angestellten am Bankschalter: Wir leben in Oklahoma, wir arbeiten in Oklahoma, wir erziehen unsere Kinder in Oklahoma!"

Als Bilanzsumme weist die First Fidelity etwas über einer halben Milliarde $ aus, nicht gerade viel. Ob die Patrioten von Oklahoma schon einmal etwas von einer Stadt namens Cologne in Germany gehört haben? Eine telefonische Anfrage führt bei Lee Symcox, dem Präsidenten der Bank, zu dem sympathischen und zugleich aufklärenden Fluch: „What the hell, Mister, where is your dammned Cologne?"

Gleichgültig, welche der First Fidelity Banken nun von der First Union Bank* als Briefkasten bzw. als „Investor" benutzt wird, er bringt laut den Schaubildern, die den Ratsmitgliedern vorgelegt werden, ohnehin nur 10 bis 15 Prozent der Investitionssumme für das Leasing-Geschäft auf. Auch in weiterer Hinsicht handelt es sich nicht um einen Investor nach üblicher Vorstellung. Die Anlagen, um die es geht - Klärwerke, Kanalnetze, Messehallen usw. - sind ja schon vollständig vorhanden. Sie sind funktionstüchtig, bevor der „Investor" auftaucht. Und der, wie immer er heissen mag, investiert keinen einzigen Dollar und keinen einzigen Euro in die Anlagen selbst. Keine Schraube, kein einziger Meter Kanal wird vom Investor bezahlt. Der Investor schafft keinen einzigen Arbeitsplatz, er bringt kein Geld mit, sondern er kassiert seine 600 Millionen $ am ersten Tag schon wieder ein, abzüglich der 26 Millionen peanuts „Barwertvorteil", die in der Kölner Stadtkasse verbleiben. Der Investor übernimmt keinerlei Risiko und keinerlei Verantwortung für die Anlagen.

* Anfang 2002 fusionierte die First Union Bank mit der Bank gleichen Namens zur Wachovia Bank

Arrangeure von „Cross Border Leasing" (Auswahl)
Die Arrangeure von „Cross Border Leasing" sind Banken, Industrie- und Versicherungsunternehmen bzw. deren Tochterunternehmen. Ihre Aufgabe ist es unter anderem, für die Mutterunternehmen weltweit steuermindernde Finanzanlagen zu realisieren.
Deutsche Bank
Citibank
Westdeutsche Landesbank
DaimlerChrysler Financial Services (debis)
Babcock & Brown
Global Capital Finance Europe
Zu den Arrangeuren treten als Kreditgeber und Schuldübernehmer weitere Banken hinzu, insbesondere öffentlich-rechtliche Landesbanken

Ein Wanderbriefkasten der Deutschen Bank

Die treibende Kraft bei den CBL sind die Banken und die Finanztöchter grosser Konzerne. In Köln war es die Deutsche Bank. Sie hat für solche „Sonderfinanzierungen" in Frankfurt die Deutsche Bank Export Leasing GmbH (DB Export) und arbeitet mit der australischen Allco Finance Group zusammen. Bei der DB Export sitzt das „Transaktorenteam", das wie für jeden solcher Leasingverträge so auch für den Kölner Vertrag gebildet wurde. Diese „Transaktoren" erklären dem Medienvertreter in stundenlangen Gesprächen, warum sie kein Interview geben können. Wiederkehrendes Argument: „Der Investor hat sich Vertraulichkeit ausbedungen, sonst platzt das Geschäft." Selbst die Adresse des Investors und des von ihm zusammen mit der First Union Bank und der DB Export für diesen Vertrag gegründeten „US-Trust" und seiner SPC dürfen die Transaktoren nicht in den Mund nehmen. Diese beiden Briefkastenfirmen sind nämlich der geheimnisvolle „Investor".

Den Kölner Ratsmitgliedern war die Drucksache 1243/000 ausgehändigt worden, eine kurze Zusammenfassung des Vertragswerks, verfasst von der Deutschen Bank. An der Abfassung beteiligt war die von der Bank regelmässig beauftragte Anwaltskanzlei Allen & Overy. Diese Kanzlei hat an ihrem Sitz in der zweitgrössten Finanzoase der Erde, London, als erste solche „Leasing"-Verträge entwickelt. Für den Kölner Vertrag hat sie ein paar Millionen $ bekommen. Das Vertragswerk hat, wie zu erfahren ist, einen Umfang von 800 Seiten. Die Deutsche Bank hat für das Arrangieren des Vertrages ebenfalls einen Millionenbetrag in zweistelliger Höhe bekommen.

Da der unbekannte „Investor" nur 10 bis 15 Prozent beiträgt, sind es andere Akteure, die die restlichen 85 bis 90 Prozent der „Investition" aufbringen. Neben der Deutschen Bank als führender „Arrangeur" sind weitere deutsche Banken beteiligt. Sie statten zusammen mit der Deutschen Bank und der First Union Group ihren „Investor" mit dem Milliardenkredit aus: Baden-Württembergische Landesbank, Norddeutsche Landesbank Luxemburg sowie die Sächsische Landesbank über ihre Düsseldorfer Tochter East Merchant. Selbstverständlich hüllen sich auch diese Banken gegenüber anfragenden Ratsmitgliedern in Schweigen. Auch hier das Standardargument: „Der Investor wünscht Stillschweigen, sonst platzt das Geschäft."

Die Banken spielen eine Art Illusions-Theater: Das Stück heisst „Wir mieten und vermieten kommunale Anlagen in Europa". Die Banken schicken bei jeder Aufführung eine Strohpuppe auf die Bühne, nämlich den jeweils von ihnen selbst gegründeten Briefkasten-Trust, der irgendwo in einem US-Bundesstaat - vorzugsweise in den solcherart „steuerfreundlichen" Delaware, North Carolina oder New Jersey - in ein Handelsregister eingetragen wird. Da macht es gar nichts, dass das Handelsregister von ähnlichen Briefkastenfirmen bereits überquillt - dazu ist es schliesslich da. Solche Konstrukte sind bereits auf Vorrat gegründet und liegen abrufbereit in der Schublade der DB Export und der anderen Arrangeure.

Mit der auf den Cayman Islands angesiedelten SPC-„Zwischengesellschaft" wird dem Illusionstheater ein weiterer doppelter Boden eingezogen („zweistufiges Modell"), der die Bewegungsfreiheit und die Sicherheit vor dem doch irgendwie möglichen Zugriff des US-Fiskus erhöht. In der Kölner Ratsvorlage preist die Deutsche Bank die karibische SPC wegen ihrer „schnelleren und kostengünstigeren Verlagerbarkeit in ein anderes Sitzland im Falle einer Rechts- oder Steueränderung in den USA".

Der Standort Cayman Islands ist aber nicht nur für solche Wanderbriefkästen ideal, sondern noch in einer weiteren Hinsicht. Die SPC dient auch als Schwarzgeldsammelstelle. Mit unversteuertem Schwarzgeld kann man günstigere Kredite vergeben als anderswo (der Preis für die Annahme von Schwarzgeld ist ein Zins, der z.B. ein Prozent niedriger ist als sont). Das weiss jeder Banker in Luxemburg und in der Schweiz. Die Senatskommission „Bekämpfung der Geldwäsche" in Washington hat die Dienste des offshore-Paradieses in der Karibik für den Finanzplatz New York umfangreich dokumentiert.

So sagte im März 2001 der ehemalige Inhaber einer Bank auf den Cayman Islands, wie scharenweise amerikanische Zahnärzte und Geschäftsleute mit Geldkoffern bei ihm in der Cayman-Hauptstadt Georgetown ankamen und ein Konto einrichteten. Es war fast immer unversteuertes Schwarzgeld. Wenn es auf das Konto der Cayman-Bank eingezahlt war, war es schon gewaschen. Die Kunden konnten es einschliesslich der Gewinne später mit ihrer Scheckkarte bei jeder beliebigen Bank in New York oder North Carolina abheben. War das Konto einmal eingerichtet, schickten die Kunden aus den USA ihre Schecks zu ihrer Bank auf den Cayman Islands. Von dort wurden die Schecks zur Geldanlage an eine US-Bank geschickt, zum Beispiel an die First Union Bank.

Die Puppe „US-Investor" wird also mithilfe der SPC von den deutschen Banken mit dem 600 Millionen $-Kredit eingekleidet. Ein Vorstandsmitglied der Puppe, ein amerikanischer Angestellter der Deutschen Bank/Allco Finance, Vertreter des „Investors", setzt sich in New York mit dem Kämmerer der deutschen Stadt hin und unterschreibt einen Vertrag. Die Banken überweisen an ihre Puppe regelmässige Leasingraten für die Anmietung (headlease), die Puppe überweist diese Beträge im selben Rythmus für die Rückmietung (sublease) zurück. 24 oder 100 Jahre lang, so lange die Verträge laufen. So fingieren die Banken gegenüber dem amerikanischen Finanzamt einen hundertjährigen Leasingvertrag.

Diese an sich unsinnig lange Laufzeit wird in den USA als Eigentumsübergang an den US-Investor interpretiert. Das wirtschaftliche Eigentum am Kölner Klärwerk ist die Voraussetzung für die steuerliche Abschreibung. Obwohl ja nichts verkauft wird und die Klärwerke fest im Eigentum der Stadt Köln bleiben, angeblich. Und die 100 Jahre sind zwischen den Leasingpartnern auch nicht so ernst gemeint wie gegenüber dem US-Finanzamt. Denn die Vertragspartner sind sich einig, dass die Stadt nach 24 Jahren eine „Beendigungsoption" hat, die auf jeden Fall wahrgenommen wird. Der Kölner Rat hat das schon so beschlossen. Das darf nur das Finanzamt in den USA nicht erfahren. Und eigentlich ist ein Leasing-Vertrag ein Leasing-Vertrag, und kein Kaufvertrag. Macht aber nichts, angeblich.

Europäische Städte mit „Cross Border Leasing"-Verträgen (Auswahl)

Das Transaktionsvolumen beträgt mindestens 150 Millionen Dollar; das grösste bisher bekannt gewordene Transaktionsvolumen beträgt für einen Einzelvertrag bisher 1,5 Mrd. Dollar. Einige Kommunen haben bis zu drei verschiedene Verträge abgeschlossen.

Strassenbahnwagen und Schienennetze: München, Kassel, Würzburg, Dresden, Köln, Zürich, Bielefeld, Dortmund, Rostock
Kläranlagen und Kanalnetz: Dresden, Düsseldorf, Köln, Herford, Wittenberg, Ruhrverband, Rijnlanden (NL)
Messehallen: Essen
Müllverbrennungsanlage: Ulm, Wuppertal, Hausmüllzentrale Nordholland
Talsperren: Wupperverband
Wasserwerke: Stuttgart

So werden dem Publikum zwei verschiedene Versionen vorgespielt: Die deutsche Öffentlichkeit soll glauben, dass die Sache nur einen Tag lang dauert, an dem der Kommune der Barwertvorteil ausgezahlt wird; dass die Laufzeit nur 24 Jahre beträgt; dass es sich um einen Leasingvertrag ohne Eigentumsübertragung handelt; und dass das Eigentum ganz bei der Stadt verbleibt. Im Gegensatz dazu wird dem US-amerikanischen Finanzamt eine ganz andere Version vorgespielt: dass der Vertrag 100 Jahre läuft; dass es sich um einen Kaufvertrag handelt und dass das Eigentum an den „Investor" übergeht.

Die Gewinner dieser juristischen Schmierenkomödie sind vor allem die deutschen und andere europäische Banken. Sie haben sich in den letzten Jahren in den Finanzplatz USA eingekauft, um dessen „unbegrenzte Möglichkeiten" zu nutzen. Sie sparen mithilfe ihrer Strohpuppe namens „Investor" erstens Steuern in den USA. Dieser Steuervorteil des „Investors" beträgt zwischen 10 und 35 Prozent der Investitionssumme, im Falle des Kölner Vertrages also zwischen 60 und 210 Millionen $. Die Banken belasten den US-amerikanischen Steuerzahler. Und sie vermindern zweitens durch diese „Auslandsinvestition" gleichzeitig noch ihre Steuerlast in Deutschland. Sie ziehen Gewinn aus der Belastung zweier steuerlicher Solidargemeinschaften. Dagegen sind die 26 Millionen „Barwertvorteil" für die Kommunen nur peanuts.

Drittens verdienen die Banken an den Krediten, viertens erweitern sie ihr Eigenkapital und ihr Kreditvolumen. Soweit in manchen Fällen ein US-amerikanisches Unternehmen beteiligt ist, erweitert es zusätzlich durch das neuerworbene „Eigentum" seine Bilanzsumme und kann an der Börse glänzen. Die Banken halten damit zwei Staaten im Würgegriff und saugen sie aus. Der deutsche Staat bietet darüberhinaus eine Sicherheit, die im Dschungel der internationalen Finanztricksereien sonst niemand bieten kann. Die Kommunen bieten ein hohes Sicherheitspotential, sie können nach deutschem Recht nicht pleite gehen (auch wenn in der Öffentlichkeit gern von „bankrotten Kommunen" die Rede ist), es haften Land und Bund.

Dirty tricks

Zur Schmierenkomödie gehören ein paar weitere dirty tricks. Sie spielen sich natürlich auf hohem Niveau ab. Nicht umsonst sind die Verträge viele hundert Seiten dick und werden den Anwaltskanzleien hoch vergütet. Es soll hier ja etwas möglich gemacht werden, was es eigentlich und logischerweise gerade in der auf das Privateigentum gegründeten Wirtschafts- und Gesellschaftsordnung nicht gibt, nicht geben kann, nämlich dass ein einziges Wirtschaftsgut zwei verschiedenen Eigentümern gehört, jeweils vollständig und gleichzeitig zu 100 Prozent. Einerseits soll sich für die Kommune in Deutschland nichts ändern – sie bleibt Eigentümerin ihrer Kläranlage mit allen Rechten und

Pflichten. Gleichzeitig soll in den USA ein weiterer Eigentümer hinzukommen, dem die Kölner Kläranlage ebenfalls gehört, mit allen Rechten und Pflichten, damit er die Anlage seinem Finanzamt gegenüber steuermindernd abschreiben kann.

Die wundersame und für die Banken so profitable Verdoppelung des Eigentümers muss möglichst geheimgehalten werden. Zugleich aber legt der „Investor" natürlich Wert darauf, dass er zur Absicherung des hundertjährigen Theaters Zugriff auf die Kläranlage im fernen Germany hat. Deshalb werden mit der Kommune dingliche Sicherheiten vereinbart. Sie müssten nach deutschem Recht ins Grundbuch eingetragen werden. Das aber würde die Gefahr beinhalten, dass sie der Öffentlichkeit bekannt werden. Deshalb werden die Vereinbarungen im Tresor eines New Yorker Treuhänders hinterlegt - im Konfliktfall aber sind sie plötzlich da.

Der Konfliktfall ist in den Verträgen umfangreich beschrieben. Der „Investor" weiss über jeden Kanalmeter im Kölner Untergrund und über jedes Rührwerk, jedes Abwasserbecken und jeden Reinigungsfilter in den Klärwerken Stammheim, Langel, Weiden und Rodenkirchen genau Bescheid. Wertgutachter und Ingenieure etwa von US-Firmen wie Deloitte & Touche oder Duke Engineering haben umfangreiche technische und Bestandsverzeichnisse erstellt. Sie sind Vertragsbestandteil. Die Anlage muss in vollem Umfang funktionstüchtig gehalten werden. Rechtlich kann der „Investor" bei längerer Betriebsunterbrechung oder der Undichtigkeit eines grossen Kanals den Vertrag kündigen. Stillegung einer überdimensionierten Müllverbrennungsanlage, unreparierte Strassenbahnwagen im Depot, leerstehende Messehallen: all dies sind seitens des „Investors" Kündigungsgründe - mit der Folge eines hohen Schadenersatzes, der ein Vielfaches des Barwertvorteils betragen kann.

Darin könnte sogar der Reiz für den „Investor" liegen, die Kommune abzukassieren. Seine Zugriffsmöglichkeit auf das Vermögen der Stadt sind zusätzlich dadurch gegeben, dass die Verträge amerikanischem Recht unterliegen. Rechtlich verbindlich ist nicht die für Laien vereinfachte, deutschsprachige Kurzdarstellung für die Ratsmitglieder in Köln, sondern der ausführliche englischsprachige Vertragstext, der in New York unterschrieben wird. Der Gerichtsstand ist nicht Köln oder Zürich, sondern New York. Nach amerikanischem Recht können Anwälte vor amerikanischen Gerichten bekanntlich enorme Schadenersatzsummen herausholen. Auch wenn die deutsche oder schweizerische Kommune darauf besteht, nach ihrem nationalen Recht gehöre ihr die Anlage, so ist dies im Konfliktfall bedeutungslos. Denn dann gilt das Recht der USA. Und danach gehören die Anlagen dem „US-Investor".

Einen Vorgeschmack auf die Härte des Gesetzes und die mit CBL verbundenen Risiken hat die Stadt Aachen bekommen. Sie hat ein Jahr lang über einen

Leasingvertrag für ihre Müllverbrennungsanlage verhandelt. Man hatte sich einen „Barwertvorteil" von 30 Millionen Mark erhofft. Ende 2001 scheiterten die Verhandlungen. Aber allein für die etwa einjährigen Verhandlungen soll Aachen an Banken, Anwaltskanzleien und weitere Berater 19 Millionen bezahlen.

Verheimlichte Rechtsbrüche, verheimlichte Risiken

Den Banken-Initiatoren und den Kommunalverantwortlichen sind die Risiken bewusst. Nicht ohne Grund beharren sie auf der Vertraulichkeit, die dem „Investor" zugesichert werden müsse. Die CBL leben auch in den USA von der Heimlichkeit. In keiner einzigen Tageszeitung Nordamerikas wurde im Laufe des letzten Jahrzehnts ein Artikel über die immer zahlreicheren Verträge mit deutschen und europäischen Kommunen veröffentlicht – mit einer Ausnahme: eines Artikel in der New York Times. Ist das nicht erstaunlich bei einem so boomenden Geschäftszweig? Und wo doch gerade jetzt die US-Wirtschaft jede Erfolgsmeldung dringend brauchen könnte? Gleichzeitig hat auch keine deutsche Tages- und Wochenzeitung über die dirty tricks, über die Steuerhinterziehungen in jeweils zwei Staaten und über die Tatsache informiert, dass nach geltendem US-Steuerrecht der Steuervorteil in den USA gar nicht zulässig ist.

Die oberste Steuerbehörde in Washington, der Internal Revenue Service (IRS), ist am 11. März 1999 im Revenue Ruling 99/14 auf die Leasing-Verträge eingegangen. In der Verfügung, die im Amtsblatt der Regierung veröffentlicht wurde, wird klargemacht, dass die CBL Scheingeschäfte darstellen, die keinen wirtschaftlichen Sinn haben und allein der Steuergestaltung dienen; ihnen sei deshalb die steuerliche Anerkennung zu versagen. „Die Verpflichtung des Investors, sein Darlehen zurückzuzahlen, wird vollständig durch die Zahlungen der Kommune ausgeglichen... Wegen des zirkulären Charakters der Zahlungen entsteht kein wirtschaftlicher Effekt. Das einzige Ziel ist die Erreichung von Steuervorteilen."

Schlussfolgerung: „Diese Leasingverträge haben keine wirtschaftliche Substanz. Deshalb können sie nicht zu den erhofften Steuervorteilen führen." Ein Sprecher des IRS bestätigte, dass sich an der Auffassung der Behörde auch unter der neuen Regierung von George Bush nichts geändert habe.

Nach dem Revenue Ruling 99/14 hat die Leasing-Branche an den Verträgen juristisch nachgebessert, etwa durch die Verlängerung der Vertragslaufzeit auf 100 Jahre (allerdings trickreich relativiert durch die „Beendigungsoption" nach 24 Jahren), aber die Kriterien der mangelnden wirtschaftlichen Substanz sind dadurch nicht ausgehebelt. Dass die „Investoren" bisher dennoch ihre Abschreibung erhalten, geht am Gesetz vorbei. Das wird dadurch möglich, dass die US-Regierung die Investitionstätigkeit fördert, und sei sie fiktiv und durch die Gesetzeslage nicht gedeckt. Die amerikanischen Auslandsinvestitionen wachsen auf diese Weise, das Bruttosozialprodukt wächst, die US- und europäischen Banken verdienen, und alle, die nicht wissen, wie das zustandekommt, glauben an die erfolgreiche US-Wirtschaft.

Dennoch besteht die Möglichkeit, dass bei einer Reform des internationalen Finanzsystems in Zukunft solche Praktiken abgeschafft werden und dass auch die US-Regierung zur Einhaltung westlicher Standards - die schliesslich auch ihre eigenen sind, jedenfalls theoretisch - gezwungen werden kann. Das Urteil der Welthandelsorganisation WTO vom 24. Februar 2000 (bestätigt im Januar 2002) über die Unzulässigkeit der US-Exportförderung über Briefkastenfirmen auf den Cayman Islands und andere mit den USA eng verbundene Finanzoasen könnte ein Signal in diese Richtung sein.

Selbst wenn eine solche rechtsstaatliche Entwicklung in den USA nicht eintritt - und dafür macht sich die Regierung Bush stark - enthalten die Verträge neben den genannten Risiken weitere Nachteile, die den „Barwertvorteil" weit übersteigen können. Die Kommunen sind nämlich für mindestens 24 oder auch 100 Jahre unwiderruflich an das jetzt festgestellte Wertvolumen ihrer Anlagen gefesselt. Die Anlage darf also nicht billiger werden. So müsste etwa die Messe Essen ihre gegenwärtig gerade noch ausgelasteten Messehallen bis zum Jahre 2026 oder gar 2102 im vollen Umfang betreiben, selbst wenn sich herausstellen sollte, dass die Messe der Ruhrgebietsstadt im weltweiten Konkurrenzkampf der Messen doch nicht mehr so attraktiv ist und die Hallen im Jahre 2016 nur noch zur Hälfte ausgelastet sind.

Dramatischer ist die Lage bei den Abwasseranlagen. Hier steht im Unterschied zur traditionellen Technologie die dezentrale Lösung an, die inzwi-

Deutsche Aufsichtsorgane: nichts wissen, alles decken

Antworten auf die Frage nach der Rechtmässigkeit kommunaler „Cross-Border-Leasing-Verträge"

Regierungspräsident Köln (Kommunalaufsicht): „Die Gemeindeordnung verbietet es den Kommunen keineswegs, Verträge abzuschliessen, die Risiken beinhalten."

Bundesaufsichtsamt für das Kreditwesen: „Auf solche Leasingverträge sind wir im Rahmen unserer Bankenaufsicht bisher nicht gestossen. Im übrigen sind Banken berechtigt, Gesetzeslücken auszunutzen."

Europäische Kommission: „Eine Befragung aller Kommissare hat ergeben, dass keine europäische Zuständigkeit besteht. Zuständig ist der deutsche Finanzminister."

Bundesfinanzministerium: „Wir kennen solche Leasingverträge nicht. Darüberhinaus sind wir für Verluste des amerikanischen Steuerzahlers nicht zuständig. Zuständig ist die Steuerbehörde IRS in Washington."

schen ingenieurtechnisch ausgereift ist: Regenwasser muss nicht mehr vollständig in die Kanäle geleitet werden, wo es dann die Klärwerke ohnehin überschwemmt und funktionsuntüchtig macht. Vielmehr kann Regenwasser dezentral auf Park- und Wiesenflächen versickert werden. Die Industrieunternehmen können ihre Abwässer selbst reinigen, zumindest vorreinigen. Privathaushalte mit ausreichendem Grundstück können ihre eigne Reinigungsanlage bauen. Das alles wäre billiger, und es wäre besser für die Regeneration des immer knapper werdenden Grund- und Trinkwassers.

Aber der Rat der Stadt könnte eine solche Lösung nicht beschliessen, weil der Leasingvertrag das Wertvolumen von 600 Millionen $ für die Abwasseranlagen ebenso festschreibt wie deren zentrale Grundstruktur. Hier wird den Kommunen eine hundertjährige rechtliche und technologische Daumenschraube angesetzt: welch ein Irrsinn!

Perversion der Begriffe und Organisation des Schweigens

Der Abschluss von CBL wird regelmässig als eine Massnahme gegen die Verschuldung der Kommunen begründet. Das ist eine Irreführung. Denn Gegenstand solcher „Leasing"-Verträge sind niemals Teile der Kommune, die aus dem allgemeinen Haushalt bezahlt werden, sondern immer kommunale Wirtschaftseinheiten (ob rechtlich selbständig oder nicht), die ihre Finanzierung selbst erwirtschaften. Wie im Falle der Abwasserentsorgung, die vollständig über die Gebühren finanziert wird.

Ein halbes Dutzend US-amerikanischer Grosskanzleien hat in Zusammenarbeit mit weltweit exportierenden US-Unternehmen wie Philipp Morris, Microsoft und DaimlerChrysler diese Art „Leasing"-Verträge entwickelt. Neuerdings haben sich deutsche und europäische Banken in diese Möglichkeiten des US-Finanzplatzes eingeklinkt. Diese Leasingbranche operiert ausserhalb der Legalität - ohne nennenswerten Widerstand. Der globale Isolationismus der Regierung Bush ist für sie eine feste Geschäftsgrundlage.

Mithilfe von CBL konnten die Gewinne der US-Unternehmen in den 90er Jahren steigen, und gleichzeitig sanken ihre Steuern. Die CBL mit europäischen Städten führen nach einer Schätzung des US-Finanzministeriums aus dem Jahre 1999 zu einem jährlichen Steuerverlust für die öffentlichen US-Haushalte von 10,2 Mrd. Dollar. Die gleichzeitigen Verluste der europäischen Staaten sind gegenwärtig schwer abschätzbar.

Die Begriffe werden umgewertet und pervertiert. Der „Investor", ansonsten als Heilsbringer gelobt, bleibt anonym und investiert keinen einzigen Cent in das Wirtschaftsgut, um das es geht. Der „Leasing"-Vertrag ist kein Leasing-Vertrag, sondern „eigentlich" ein Kaufvertrag, jedenfalls für die US-Seite. Der angebliche „Leasing"-Vertrag ermöglicht es, dass es plötzlich zwei Eigentümer der selben Anlagen gibt. Die Laufzeit von 100 Jahren gilt nur auf der US-Seite, für die deutsche Kommune ist die reale Laufzeit ein einziger Tag.

Mithilfe der fiktiv-realen Milliardengeschäfte wird das Investitionsvolumen von Grossunternehmen und Banken ebenso wie das Bruttosozialprodukt von Staaten aufgebläht. Die Wirtschaft „wächst" in Milliardenschritten, aber kein einziger Arbeitsplatz entsteht. Wie sich auch hier zeigt, ist das Gerede von der unausweichlichen Globalisierung unwahr. Denn diese Art Globalisierung saugt ihre heimlichen Gewinne ja gerade aus der Tatsache, dass die nationalen Wirtschafts- und Steuersysteme beibehalten werden müssen und nur auf diese Weise profitabel ausgesaugt werden können, in diesem Falle sogar zwei steuerliche Solidargemeinschaften gleichzeitig.

Im Sumpf dieser Begriffsverwirrung stammelt dann der Kämmerer einer deutschen Millionenstadt von „legalen Gesetzen" und „legalen amerikanischen Gesetzen", an die man sich „streng" gehalten habe. Für das Linsengericht ihres kurzfristigen, kümmerlichen Barwertvorteils machen die Kommunal-„Verantwortlichen" ihre Städte zum Mitspieler eines globalen Mechanismus, der die Kommunen auf Dauer finanziell weiter aussaugt und politisch entmündigt.

Den Akteuren ist die Unrechtmässigkeit ihres Handelns bewusst, deshalb organisieren sie das öffentliche Schweigen. Nichts fürchten die „Globalisierer" so sehr wie die demokratische Globalisierung der Politik und der Öffentlichkeit.

Sozis auf der Höhe der Macht

Der Abfall- Schaffer

Verzögerte Mitteilungen einer behinderten ABM-Kraft

I.

Sie werden es sicher verstehen, daß ich erst jetzt mit der Wahrheit herausrücke. Ich hatte Angst. Da ich meine Arbeit nun los bin, brauche ich einige Ängste nicht mehr zu haben. Dafür habe ich neue. Aber lassen wir das jetzt. Ich wollte sofort raus damit, an die sogenannte Öffentlichkeit, damals vor einem Jahr, oder dann vor einem halben Jahr, als Kollege Papenhorst fristlos gekündigt wurde, weil er dem Vorstand seinen Verdacht mitgeteilt hatte.

Aber wer würde mir helfen, mir glauben? Papenhorst hatte sich sofort nach einer neuen Arbeit umgesehen, und er fand tatsächlich eine, in Leipzig. Mit unserem Institut wollte er nichts mehr zu tun haben. Er ist weit weg und froh, daß er den Ärger los ist, und aufregen will er sich nicht mehr, auch wenn er im Recht ist, er hat es am Herzen. Kollege Krautkrämer rechnete sich als einziger von uns die Chance aus, damals jedenfalls, nach dem Ende der Arbeitsbeschaffungs-Maßnahme im Institut übernommen zu werden, vielleicht auch deswegen, weil er am meisten in dem Klüngel mit drinsteckte. Am Anfang hatten wir uns doch so gut verstanden, aber dann hat er mir mitgeteilt: „Wenn es zum Gerichtsverfahren kommt, werde ich bestimmt nicht lügen, aber an vieles werde ich mich einfach nicht erinnern, ich hab's ja jetzt schon fast vergessen."

Ich war damals zum Arbeitsamt gegangen, zu meinem Arbeitsberater, und hatte versucht, ihn über die Zweckentfremdung von mehreren hunderttausend DM für ABM in unserem Institut zu informieren. Er tat uninteressiert und raunzte mich an: „Seien Sie froh, daß Sie endlich einen Arbeitsplatz haben." Ich bat ihn: „Geben Sie mir die Namen der Ausschußmitglieder, die im Arbeitsamt die ABM bewilligen." Mein Berater sah mich freundlich an: „Die kann ich Ihnen nicht geben – Datenschutz, Sie verstehen."

Dann hatte ich mir einen Rechtsanwalt, Spezialist für Arbeitsrecht, gesucht. Der machte mir klar: „Wenn Sie durch solche Aufklärungsaktivitäten nachhaltig den Betriebsfrieden stören, dann können Sie erstmal nichts gegen die Kündigung machen, auch wenn Sie vielleicht im Recht sind. So ist das nun mal im Arbeitsrecht". Da ich nach meiner Arbeitslosigkeit endlich wieder einen Arbeitsplatz hatte, wollte ich den bis zum Ende des Zweijahresvertrages nicht gefährden. Und ich mußte mich bis mindestens 1. Dezember des Jahres halten, sonst war mein dreizehntes Monatsgehalt gefährdet, auf das ich zum ersten Mal in meinem Leben Anrecht hatte. Sowas konnte ich bestimmt gut gebrauchen, wenn ich wieder arbeitslos sein würde.

II.

Er ist Mitglied im Rat unserer Stadt. Ich hatte ihn nicht gekannt, nicht einmal seinen Namen, obwohl ich ziemlich aufmerksam den Kommunalteil der örtlichen Zeitung lese. Nennen wir ihn Ernst Schaffer, weil er ein ernster Schaffer ist, wie Sie noch sehen werden. Ernst Schaffer war mir vor zwei Jahren wie ein rettender Engel erschienen.

Schaffer ist Vorsitzender eines Vereins, der ein Institut betreibt. Der Verein heißt Dom-Instituts-Verein oder Rhein-Instituts-Verein oder Prinzengarden-Instituts-Verein, das tut nichts zur Sache. Belassen wir es bei Rhein-Instituts-Verein, das klingt unverfänglich, denn Köln liegt nun mal am Rhein. Schaffer hatte mich zuhause angerufen, mit einer überaus freundlichen, ja einschmeichelnden Stimme, obwohl wir uns gar nicht kannten: „Ja, wir haben es geschafft, wir haben Ihre Stelle durch, Sie können kommen, in drei Wochen fangen Sie an. Ich freue mich ganz besonders für Sie persönlich."

Ich war durch lange Arbeitslosigkeit zermürbt; und nun sollte ich in seinem Institut eine Arbeit bekommen, die mich sofort faszinierte: Wir sollten alle Einleitungen sogenannter wassergefährdender Stoffe aus Gewerbebetrieben in die öffentliche Kanalisation im ganzen Stadtgebiet erkunden. Und den Betrieben sollten Rat und Hilfe bei der Rückhaltung, Vermeidung oder Vorbehandlung der Schadstoffe gegeben werden. Denn die Schwermetalle, AOX, PAK, Chlorverbindungen, Dioxin undsoweiter, davon haben Sie gewiß gehört, sie machen die Kanalrohre kaputt, machen das Klärwerk immer teurer und landen am Ende, auf Umwegen, doch im Klärschlamm und im Grundwasser. Hier etwas zu verändern: Das schien mir der Umweltschutz zu sein, den wir heute brauchen.

Das ganze Projekt trug den schönen Titel „Rheinischer Umwelt-Lotse". Es sollte ein Modell auch für andere Städte in unserem Bundesland sein, in dem die Gewässer durch die traditionelle Industriedichte stärker belastet sind als in anderen Bundesländern. Das Umwelt-Ministerium in der Landeshauptstadt förderte das Projekt. Der Kölner Stadtverwaltung fehlte es an Personal und Geräten. Schaffer und seine Freunde wußten das und wollten tatkräftig zupakken. Im Rathaus der Stadt gründeten sie ihr Rhein-Institut.

Zunächst sollten am Institut neun Leute angestellt werden. Es war zwar kein Geld da, aber das war auch nicht nötig. Beim Arbeitsamt hatte der Verein den Antrag gestellt, sie alle über ABM zu finanzieren. Das war schon damals wegen der Kürzungen nicht leicht, und bei dem praktisch nicht vorhandenen Eigenanteil... Das widersprach so mancher Bestimmung für die Durchführung von ABM. Aber Schaffer schaffte es: die neun Stellen wurden vom Arbeitsamt bewilligt, und zwar, ganz unüblicherweise, zu 100 Prozent und sofort für zwei Jahre.

Da hatte sich die erste unauffällige Eigenschaft unseres ernsten Schaffers ausgezahlt: er ist nicht nur Vorsitzender des Vereins, der die neun Stellen beantragt hatte, sondern auch Mitglied im Bewilligungsausschuß des Arbeitsamtes, der über den Antrag zu beschließen hatte.

Daß die Arbeitsbeschaffungsmaßnahmen beim Arbeitsamt so günstig ausgestattet wurden, hing damit zusammen, daß wir neun alle schwerbehindert waren. Wir vermuteten, daß das von Schaffer und seinen Freunden nicht aus humanitären oder gar humanen Gründen so beantragt worden war, aber wir waren damit einverstanden, denn wir hatten ja schließlich etwas davon, nicht wahr? Unsere erste Arbeit bestand darin, unsere Schwerbehinderung genau - oder auch nicht so genau - aufzuschreiben. Der Geschäftsführer appellierte an unsere Kreativität.

So kreierten wir auf der Grundlage unserer mehr oder weniger behinderten Körper einen vielfältigen Geräte- und Möbelbedarf. Kollege Müntefering brauchte wegen eines blinden Auges einen großen und teuren Bildschirm. Kollegin Förster beispielsweise brauchte wegen ihrer Pollenallergie unbedingt einen tragbaren Computer, einen laptop, damit sie bei Pollenwarnung zuhause arbeiten könne. Wir strengten unsere Kreativität an, wir waren noch in der Probezeit und freuten uns, daß wir unserem Arbeitgeber gefällig sein konnten, der schon angedeutet hatte, daß er uns ohne Begründung kündigen könne.

Mit unseren kreativ gewendeten Behinderungen stellte das Institut einen Antrag auf Bezuschussung behindertengerechter Arbeitsplätze beim Landschaftsverband Rheinland. Das Institut bekam die Mittel rasch und unbürokratisch bewilligt; daß der aufgeblähte Antrag von 200.000 DM auf 120.000 DM zurechtgestutzt wurde, gehörte zum Betriebsgeräusch und störte Ernst Schaffer und seine Freunde nicht. Das bedeutete Highscreen statt IBM, aber damit hatten wir gerechnet.

Ein zweiter unauffälliger Umstand hatte sich ausgewirkt: unser Ratsmitglied schafft nicht nur als Vorsitzender des Instituts-Vereins, der die Zuschüsse beantragt hatte, sondern auch als Mitglied im Aufsichtsgremium des Landschaftsverbands, der die Zuschüsse zu bewilligen hatte. Die neuesten Computer und der laptop, der große Bildschirm und die sechs anderen Bildschirme, Drucker und Graphik-Software blühten uns ins Haus, Stühle und Schreibtische, ein Konferenztisch, Regale, Diktiergeräte, Büroschränke, Aktenordner und Kugelschreiber und Textmarker und Radiergummis und schließlich gerahmte und verglaste Van-Gogh-Nachdrucke von IKEA regneten mit Hilfe unseres weißhaarigen, goldrandbebrillten Wohltäters aus öffentlichen Mitteln auf uns herab.

Unsere Gehälter bekamen wir drei Wochen später als üblich. Schaffer schützte technische Probleme vor, bis uns durch einen Hinweis der behinderten ABM-Buchhalterin klar wurde: die anfangs in die Hunderttausende gehenden Vorauszahlungen des Arbeitsamtes parkte das Institut auf Festgeldkonten, um die eigene Kasse aufzufüllen. Obwohl insbesondere Kollege Papenhorst dagegen protestierte, änderte es sich nicht. „Wenn Ihr hier einen Personalrat gründen wollt, kann ich sehr unangenehm werden", drohte Schaffer einmal leutselig, aber streng, nachdem er wohl mitgekriegt hatte, worüber wir so diskutierten.

III.

Jetzt hätten wir arbeiten können. Das taten wir zunächst auch. Wir errechneten, daß wir nach den Vorgaben unseres Rechtsstaates auf dem Gebiet unserer Großstadt ungefähr 6.000 Betriebsstätten erfassen müßten, die Schadstoffe in die öffentliche Kanalisation einleiten. Das hätte auch dem notleidenden Stadtsäckel etwas eingebracht: Gebühren wegen Belastung des Abwassers einerseits, geringere Aufwendungen für Kanalsystem und Klärwerke andererseits. Wieviele hunderte von Millionen DM das sein könnten, das konnten wir dann leider nicht mehr ausrechnen.

Das zuständige Amt für Stadtentwässerung hatte bis zu seinem 42. demokratischen Nachkriegsarbeitsjahr erst 524 solcher Betriebsstätten erfaßt, wie uns zögernd mitgeteilt wurde. Da hätten wir also eine Menge zu tun gehabt. Aber irgendetwas fing an zu haken. Einmal waren wir mit Schaffer in dem Amt, das die 2.200 Kilometer des öffentlichen Kanalnetzes und die fünf städtischen Klärwerke betreibt. Wir legten das Landeswassergesetz auf den Tisch und lasen Paragraph 59, Absatz 2 vor. Darin werden die Ämter für Stadtentwässerung verpflichtet, alle Betriebe zu ermitteln und zu kontrollieren, die Schadstoffe in die Kanalisation und damit in die Klärwerke und damit schließlich auch in den Wasserkreislauf einleiten.

Der städtische Abwasserchef guckte ungläubig seinen guten alten Freund Ernst Schaffer an: welche Leute hatte er ihm da mitgebracht? Von diesen Paragraphen habe er noch nie etwas gehört, und das könne doch da gar nicht drinstehn, stotterte er. Einen solchen Aufruhr könne man doch der Industrie nicht zumuten. Was würden die Freunde von der IHK sagen? Schaffer lächelte gefroren in die Runde. Seitdem hatten wir auf unseren gut ausgestatteten Arbeitsplätzen nicht mehr viel zu tun.

Schaffer und seine Freunde hatten alles nicht so ernst gemeint. Unsere Vorschläge, wie man das Projekt anders durchführen könne, würgten sie ab. Sie hatten anderes für uns zu tun, nachdem wir mit dem guten Zweck erst einmal bewilligt waren. Wir sollten Fortbildungsseminare organisieren. Das Institut wollte sowieso schon länger sein Geld mit Fortbildungsseminaren für kommunale Bedienstete verdienen.

Ein Tag Fortbildung kostet der entsendenden Kommune pro Teilnehmer ein paar hundert Mark. Das ist in diesem Geschäft vergleichsweise wenig. Die enge Verbindung mit der Stadtverwaltung verschafft unserem Volksvertreter zudem so manchen Vorteil. Weil er Ratsmitglied ist, bekommt sein Institut Räume im Rathaus umsonst, auch mal den Ratssaal.

Weil der Ratssaal im Rathaus ist, ist es dann zum Beispiel für die Dezernenten für Abfall und Abwasser einfacher, bei diesen Fortbildungsseminaren ihre Referate zu halten. Dann ist der Dienstweg aus ihrem Dienstzimmer zum Seminar kurz, und das knappe Honorar von 500 DM, das ihnen das Institut für ihre einstündigen dienstlichen Äußerungen vor ihren Angestellten in der Dienstzeit bezahlt, läßt sich rechtfertigen.

Die Fortbildungsseminare wurden aber noch auf anderen Wegen gefördert. Eines Tages machte eine frohe Botschaft die Runde durch unsere behinderten Dienstzimmer: „Trienekens spendet 5.000 Mark." Damit könne das Institut die Seminargebühren für solche Teilnehmer finanzieren, deren städtische Behörden gerade kein Geld mehr in ihrem einschlägigen Budget haben. Der Geschäftsführer erklärte uns freudestrahlend, das hätten wir Schaffer zu verdanken, er sei vor kurzem Mitglied im Aufsichtsrat der neuen Müllgesellschaft geworden. Er habe schon mit Herrn Trienekens gesprochen. „Jetzt geht es aufwärts," strahlte der Geschäftsführer. So konnten wir in den folgenden Tagen die noch etwas magere Teilnehmerliste des nächsten Fortbildungsseminars um weitere Namen erweitern und freuten uns des verheissungsvollen Spenders, von dem wir schon in der Zeitung gelesen hatten.

IV.

Wir hatten uns anfangs gewundert, warum das Institut auf dem Gelände der Fleischversorgung Köln GmbH untergebracht ist. Der Geschäftsführer murmelte etwas von „günstiger Miete". Schließlich stellte sich bei einem der eiligen Besuche unseres Arbeitsgebers am Institut eine seiner weiteren unauffälligen, nützlichen Eigenschaften heraus. Er müsse an dem Tage noch nach „nebenan", bemerkte Schaffer nebenbei, es sei Aufsichtsratssitzung. Auf unsere verwunderte Frage antwortete er, der, wie im Bilderbuch, sich vor uns in seinem fernsehgerechten dunkelblauen Zweireiher mit dem taubenblauen Hemd und der gedeckt-bunten Krawatte gönnerhaft in Positur warf: „Wußten Sie denn nicht, daß ich im Aufsichtsrat des Schlachthofs bin?"

Zu jener Zeit stellte sich heraus, daß die Freunde von „nebenan" Hilfe brauchten. Die kommunale Abwassersatzung schreibt vor, daß von den Betrieben, die das öffentliche Abwasser weit über dem Durchschnitt des Verschmutzungsgrades häuslicher Abwässer belasten, ein sogenannter Starkverschmutzerzuschlag zu erheben ist. Damit sollen die Mehraufwendungen für die Klärwerkskosten gedeckt werden. Das leuchtet Ihnen sicher genau so ein wie den Mitgliedern unseres Stadtrates, als sie die Satzung beschlossen.

Was aus täglich 600 geschlachteten Rindern oder Schweinen an Blut, Magen- und Panseninhalten, Borsten, Pisse und Fetten in das öffentliche Abwasser geschwemmt wird, ist nicht wenig. Wenn Sie jetzt noch dazurechnen, was aus den jeweils paar hundert zwecks Entfettung und Entwässerung eingesalzenen Rinderhäuten an Lake heraustropft und in die Kanalisation abgeht und wenn Sie noch das dazurechnen, was an scharfen Reinigungsmitteln täglich hinterherläuft - der Schlachthof muß schließlich sauber bleiben -, dann werden Sie es wahrscheinlich spontan für naheliegend halten, daß der Starkverschmutzerzuschlag von der Schlachthofgesellschaft erhoben wird.

Unserem fernsehgerecht herausgeputzen Schaffer war aber das blaue Hemd des Mitglieds im Aufsichtsrat des Schlachthofs näher als der finanziell dürftige Ratsrock. Im Aufsichtsrat des Schlachthofs bekommt er eine zusätzliche steuerfreie Aufwandsentschädigung und die günstige Miete für sein Institut.

Der Schlachthof gab beim Rhein-Institut ein wissenschaftliches Gutachten in Auftrag. Dafür stand ein alter Freund Schaffers zur Verfügung, nennen wir ihn Dr. Möpken, bis zu seiner Pensionierung Leiter des städtischen Abwasserlabors. Er nahm mithilfe chemischer Formeln kreativ die Kurve und argumentierte: Gerade heute, wo die öffentlichen Abwässer mit industriellen Schadstoffen so stark belastet sind, sei eine regelmäßige biologische Beigabe, seien ein paar Tausend tägliche Liter natürlichen warmen Blutes wie aus dem Schlachthof geradezu eine ideale Ergänzung... Man müsse auf diesem Gebiet jetzt auch ökologische Gesichtspunkte einbeziehen... Und da die internationale Klärwerkstechnologie gerade im Übergang zur dritten biologischen Klärstufe...

Fleißige „ABM-Kräfte" übernahmen das Abtippen, Gestalten und Vervielfältigen des umfangreichen Gutachtens. Es wurde mit Schaffers eigener Hand auf dem kurzen Dienstweg allen einschlägigen Amtsleitern und Dezernenten auf den Tisch gelegt. Die 50.000 DM Gutachter-Honorar für das Schaffer-Institut und für Dr. Möpken konnten die Freunde von nebenan umso mehr mit Freuden löhnen als sie nunmehr und ohne lästige Diskussion im Rat von der jährlichen Zahlung von etwa 500.000 DM Starkverschmutzerzuschlag ganz unbürokratisch entbunden waren.

Wenn Sie nun meinen, daß unser Ihnen unbekannter Hinterbänkler Ihre und unsere Stadt etwas teuer zu stehen komme, dann haben Sie zwar recht, aber wenn Sie annehmen, das sei schon alles, dann sind Sie vielleicht doch noch etwas naiv: Die Brauereien z.B. müßten eigentlich auch einen Starkverschmutzerzuschlag bezahlen. Das Bierbrauen ist leider keine so saubere Angelegenheit, wie Sie vielleicht bisher im nüchternen oder angenehm angeschickerten Zustand gedacht haben, wenn Sie das örtliche Obergärige genießerisch in sich hineinschütten.

Die Brauereien hatten sich derweil hinter dem Schlachthof verschanzt und die Zahlung ihres Starkverschmutzerzuschlags mit Hinweis auf die dort anstehende Entscheidung ausgesetzt. Nach der Schlachthofentscheidung war dann auch dem Oberstadtdirektor klar, daß er den Rat Ihrer und meiner Stadt gar nicht mehr zu fragen brauchte, um die wissenschaftlich schlüssige Entscheidung auch für die Brauereien zu fällen. Ich erwähne nur der Ordnung halber, daß per Ratsentscheid vom 17.12. 1992 die bereits seit neun Jahren unveränderten Nutzungsgebühren des Schlachthofs für das städtische Gelände für ein weiteres Jahr genehmigt wurden, selbstverständlich mit Zustimmung unserer nichtsahnenden Umweltfreunde, der Grünen.

V.

Wer gedacht hätte, daß das vorzeitige Ende des beim Arbeitsamt beantragten „Rheinischen Umweltlotsen" irgendeinen der Verantwortlichen am Institut gestört hätte, lag schief. Im Gegenteil, jetzt kamen ihre Interessen deutlicher zum Vorschein. Dr. Möpken holte sich eigenhändig den laptop ab, den der Landschaftsverband für Kollegin Försters pollenallergische ABM-Kraft bewilligt hatte - der agile Pensionär war technischen Neuerungen gegenüber schon immer aufgeschlossen. Er widmet sich mithilfe des Gerätes seitdem zuhause einträglich der Erstellung weiterer Gutachten, die nun von weiteren um die Umwelt besorgten Schlachthöfen aufgrund des domstädtischen Erfolges bei ihm angefordert werden.

Vorstandsmitglied Professor Willermann - so könnte er heißen - vom örtlichen Lehrstuhl für Siedlungswasserbau an der Fachhochschule Köln-Deutz, der sein Zubrot in seiner knapp bemessenen Beamtenfreizeit nicht nur an rheinischen, sondern auch neuseeländischen Klärwerken verdienen muß, pflegte in verbindlichem, aber offenbar langjährig geübtem Kommandoton per Telefon nun häufiger durchzugeben, daß das von ihm im Intercity nuschelig besprochene Band mit seinem nächsten Referat über die „Feststsoffretention in Nachklärbecken" am Bahnsteig 6, Abschnitt A, vor der Abfahrt um 16 Uhr 29 nach München abzuholen und sauber abgetippt am übernächsten Tag, mit Ausdruck in doppelter Ausfertigung und auf Diskette gespeichert, am Bahnsteig 4, Abschnitt B, vor der Abfahrt nach Dresden um 12 Uhr 54 „von einer der ABM-Kräfte" ihm pünktlich auszuhändigen sei. „Eine andere ABM-Kraft" könne mittlerweile das Referat ins Englische übersetzen, damit es ihm bei seiner Rückkunft aus Dresden am Bahnsteig soundso überreicht werde, sodaß er es endlich der führenden Fachzeitschrift in den USA für die Unterrichtung der schon ungeduldig wartenden transatlantischen Klärschlammszene zuschicken könne.

Auch Dr.-Ing. Trauernicht - nennen wir ihn einmal so - trat nun stärker in Erscheinung. Graue Eminenz des Instituts, ist er Vorsitzender von dessen unvermeidlichem wissenschaftlichem Beirat und zugleich Ministerialrat in der Abteilung IV B „Wasserwirtschaft und Gewässerschutz" im Ministerium für Umwelt, Wasserordnung und Abfallwirtschaft in der nahen Landeshauptstadt. Trauernicht hatte das Projekt des Rheinischen Umwelt-Lotsen eingefädelt, denn er hat so manchen Einblick in die giftigen Abwässer des Bundeslandes; über das Ende des Projekts trauerte er nicht, auch wenn damit die Verordnungen, die aus seiner Abteilung stammen, Makulatur blieben. Dieser nur scheinbare Widerspruch war für ihn Routine.

Er ließ dem Institut seine Möglichkeiten in anderer Weise zugute kommen. Weil die Gewässer und Kanäle unseres Bundeslandes wirklich nicht in bestem Zustand sind, muß Dr.-Ing. Trauernicht im Auftrag seines nordrhein-westfälischen Umwelt-Ministers ständig neue Verordnungen entwerfen. Weil aber alle nicht eingehalten werden, ist in den zuständigen Ämtern der Kreise und kreisfreien Städte eine gewisse „Rechtsunsicherheit" entstanden, wie sein sozialdemokratischer Minister das gewöhnlich umschreibt. Um nun schon im Vorfeld die rechtsverunsicherten Beamten in die neue und voraussehbar wieder nicht einzuhaltende Verordnung - nehmen wir als Beispiele die Verordnung über die Niederschlagsentwässerung im kommunalen Mischsystem - einzubeziehen, damit sie nachher wissen, was sie trotz Verordnung (nicht) zu tun haben, machte das Institut dazu eine seiner inzwischen bewährten Fortbildungsmaßnahmen.

Ministerialrat Trauernicht hätte die einschlägig befaßten Beamten der Unteren Wasserbehörden, der Ämter für Stadtentwässserung, der Regierungspräsidenten und der Abwasserverbände zu einer Dienstbesprechung einladen können. Eigentlich. Dann aber hätten weder er noch das Institut etwas daran verdient. So aber lud das Rhein-Institut für den vergleichsweise günstigen Preis von 425 DM pro Teilnehmer zu einer eintägigen Fortbildung ins Rathaus unserer Stadt ein. Die Behörden und Verbände, die gut 200 fortbildungsverdonnerte Beamte entsandten, zahlten damit für eine Veranstaltung, die sie auch umsonst hätten haben können; und Trauernicht konnte für das von ihm in dienstlicher Eigenschaft und während der Dienstzeit gehaltene Referat das Honorar einstreichen, das ihm sein eigenes Institut dafür zahlte und das er sonst nicht bekommen hätte. So waren auch die Aufwandsentschädigung für Geschäftsführer Krummer und seine inzwischen zu überhöhtem Gehalt eingestellte Ehefrau gesichert, bis zur nächsten Fortbildung, die von uns behinderten „ABM-Kräften" schon geplant wurde.

Der Geschäftsführer, nennen wir ihn also Krummer, kümmerte sich sowieso nur etwas widerwillig um das Institut. Die 9.000 DM Aufwandsentschädigung im Monat, die ihm Schaffer und der Vorstand für seine nebenamtliche Geschäftsführertätigkeit genehmigten, konnten ihn nicht zufriedenstellen. Er wollte sich als Umwelt-Consulter selbständig machen. In einigen Räumen auf dem Schlachthofgelände, die praktischerweise mit dem Institut verbunden waren, betrieb er seine Selbständigkeit. Die bestand zunehmend darin, die nicht ausgelasteten Kapazitäten der ABM-Kräfte für seine Privatfirma zu nutzen.

Mithilfe des ministerialen Förderers aus der Abt. IV B erhielt sie den Auftrag des Ministers, ein Klärschlammentsorgungskonzept für das Bundesland zu entwickeln. Die Landwirte nehmen den Schlamm kaum mehr als Dünger ab, und die kommunalen Deponien sind voll. Krummer soll die Bauern von der Unschädlichkeit der giftstoffhaltigen Abwasserrückstände überzeugen. Weitsichtig hat er auch einen Vertrag mit der unerfahrenen Regierung eines neuen Bundeslandes namens Thüringen entworfen, wo der Klärschlamm bereits unruhig seiner rheinischen Entsorgung entgegenharrt.

Auch diesen Auftrag brachte Krummer unter das Dach des „Rheinischen Umweltlotsen". Krummer machte sich bzw. seine billigen „ABM-Kräfte" an die Arbeit. Der grosse Bildschirm mit dem Laserdrucker aus der öffentlichen Wundertüte kamen dem freien Unternehmer gut zupaß.

Nun stehen die Klär-, Kompostier- und Verbrennungs-Anlagen, die Krummer aufzusuchen hat, weit verstreut im Bundesland. Mit der Begründung, am Institut seien die vielen Schwerbehinderten beschäftigt und müßten neuerdings wegen schwerer Erkrankungen von zuhause zur Arbeitsstelle und zurück transportiert werden, wurden beim Landschaftsverband diesmal zwei Autos für Krankentransporte beantragt.

Sie wurden unbürokratisch bewilligt. Bald standen zwei dunkelblaue VW Polo Caravan mit grünen Autokennzeichen vor der Institutstür. Krummer hatte sie mit großen Schriftzügen „Rheinischer Umweltlotse", mit Institutsadresse, Telefon- und Faxnummer versehen lassen. Das grüne Kennzeichen hat nicht unmittelbar mit Ökologie zu tun, wie Sie vielleicht vermuten, sondern mit Steuerhinterziehung. Das Finanzamt hatte auf Schaffers Antrag wegen des guten menschlichen Zwecks die beiden Autos von der Kfz-Steuer befreit. Da es aber keine Beschäftigen am Institut gab, auf die die Zweckbestimmung zutraf, konnten Krummer und seine Ehefrau und als besondere Vergünstigung auch mal eine behinderte ABM-Kraft die beiden Fahrzeuge frei benutzen, für das Institut, privat oder für die Consulting-Firma.

Krummer, einmal in Fahrt, war der Meinung, als freier Unternehmer mit einem in die notleidenden neuen Bundesländer ausgreifenden Aktionsradius müsse er ein standesgemäßes standing haben. Da die pollenallergische ABM-

Kraft nicht so viel zu tun hatte, aber, wie sich herausstellte, die französische Sprache in Wort und Schrift beherrschte, ließ Krummer die Kollegin Förster nun in der Dienstzeit den Kauf eines Bungalows nebst Grundstück auf der Ile d' Oléron an der französischen Atlantikküste abwickeln.

Da waren Bauzeichnungen und Notariatsverträge vom Französischen ins Deutsche und wieder zurück zu übersetzen. Krummers Sonderwünsche nach Erweiterung der Terrasse, nach Verlegung der Steckdose für den Waschmaschinenanschluß, nach Einbau einer zusätzlichen Balkontür mußten in unmißverständliche französische Fachausdrücke gebracht werden, damit keine Mißverständnisse oder Mehrkosten entstünden. Hilfsbereit wie er war, brachte Krummer der Kollegin ein Lexikon ins Büro mit.

Ich kann zu unserer teilweisen Ehrenrettung sagen, daß uns allmählich Bedenken kamen. Gemotzt und uns beim Kaffeetrinken über den Klüngelsverein lustig gemacht - das hatten wir von Anfang an. Zwei von uns teilten dem Vorsitzenden Schaffer in einem Brief mit, daß wir am Institut Zweckentfremdung öffentlicher Mittel und Betrug vermuten, daß das aufhören sollte und daß wir ihm das bei Interesse gerne genauer darlegen wollten.

Der gewählte Volksvertreter und seine Freunde hatten kein Interesse. Die zwei Briefschreiber wurden fristlos entlassen. Der eine wurde mit einer Änderungskündigung wieder eingestellt, die eine monatliche Gehaltsrückstufung von 1.000 DM beinhaltete. Die Gehaltsrückstufung brachte dem Institut darüberhinaus den Vorteil, daß dem Arbeitsamt gegenüber das höhere Gehalt abgerechnet und der „ABM-Kraft" das niedrigere ausgezahlt wurde.

Hier flossen die einschlägigen Erfahrungen des verdienten Arbeiterfunktionärs ein, denn Schaffer ist nicht nur vom Rat der Stadt in den Verwaltungsausschuß und den ABM-Bewilligungsauschuß des Arbeitsamtes gewählt worden, sondern noch in einen anderen Ausschuß des Arbeitsamtes: in den Ausschuß für anzeigepflichtige Entlassungen. Falls, wie zu erwarten, das Arbeitsgericht die fristlose Kündigung für nichtig erklärt, braucht Schaffer wegen der Nachzahlung keine Angst zu haben: die 30.000 DM übernimmt ja „sein" Arbeitsamt.

VI.

Wie war er doch so freudestrahlend damals ins Institut gekommen, als wir arbeitslosigkeitserlösten Schwerbehinderten erwartungsfroh auf unseren schönen Arbeitsplätzen saßen und arbeiten wollten! „Wissen Sie", erzählte uns Schaffer während seiner ersten Besuche volksnah und ungebeten immer wieder, wenn wir im Empfangsraum um ihn herumstanden, „ich habe ein neues Leben angefangen. Ich war über dreißig Jahre verheiratet. Jetzt lebe ich mit meiner neuen Lebensgefährtin in Mannheim, weit weg von dem Trubel hier.

Sie arbeitet und ich bin Hausmann. Das tut gut." Schaffer strahlte und wollte Zustimmung hören.

Wir fanden es nicht besonders befremdlich, daß der Edelproletarier der sozialen Ratsfraktion bei seinen eiligen Besuchen im Institut sich nicht weiter nach uns Beschäftigten erkundigte. Leutselig belästigte er uns aber ausführlich mit den Umständen seiner nachholenden Individualemanzipation. „An meine Frau muß ich 1.800 Mark im Monat zahlen. Das will verdient sein. Viel mehr als 2.000 Mark bringt mir das Ratsmandat auch nicht ein", berichtete er in einer Mischung zwischen Verbitterung und Stolz.

Die monatliche Aufwandsentschädigung von 631 DM für das Ratsmandat bessert der Hinterbänkler durch Fraktions-, Rats- und Ausschußsitzungen auf, die jeweils 26 DM einbringen. Er sitzt für seine Fraktion in den Ratsausschüssen Umweltschutz, Allgemeine Verwaltung und Rechtsfragen und als stellvertretender Vorsitzender im Ausschuß Öffentliche Einrichtungen und Abfallwirtschaft: Da gibt es schon was zum Aus- und Absitzen. Ein größerer Batzen kommt durch die Aufsichtsgremien zustande, in die der emanzipationshungrige Frührentner von seinen Parteifreunden und vom Rat plaziert wurde. Zu den schon erwähnten Gremien nenne ich Ihnen der Vollständigkeit halber noch die Tätigkeit Schaffers im Aufsichtsrat der KölnMesse GmbH, im Kreispolizeibeirat (deren Vorsitzender er ist), im Beirat der Westdeutschen Landesbank und im Aufsichtsrat der kürzlich mit des Genossen Oberstadtdirektors Hilfe gegründeten Abfallverwertungs- und Entsorgungs GmbH Köln (AVG), die eine grosse Müllverbrennungsanlage bauen will.

VII.

Wir schwerbehinderten Naivlinge hätten alles schon vorher wissen können. Wie sich als gängige Münze über „Abfall-Schaffer" bei unseren Nachfragen in der politischen Szene herausstellte, hatte er sein Modell des der Stadt so teuren Umweltschutzes schon Jahre vorher erfolgreich erprobt.

Er hatte als Werkzeugmacher im drittgrößten Betrieb der Stadt angefangen, in dem Motoren für Traktoren und Schiffe und Panzer hergestellt werden. Der Fleißige war dann zum Betriebsrat und schließlich zum Umweltschutzbeauftragten von KHD aufgestiegen. Er wußte, wovon er sprach, wenn er uns, was gelegentlich vorkam, begeistert von den Tonnen giftiger Karbidschlämme berichtete, die da einfach aufs Gelände nahe am Rhein gekippt worden seien, damals in der seligen Zeit, als es den modernen Quatsch mit den grünen Umweltgesetzen noch nicht gegeben hat

1985 hatte er dann, nachdem er den unvermeidlichen Trend der Zeit erkannt und die Funktion des betrieblichen Umweltschutzbeauftragten der Motorenfabrik übernommen hatte, in dieser und in seiner gleichzeitigen Eigenschaft als Vorsitzender des Ratsausschusses für Öffentliche Einrichtungen und Abfallwirtschaft seinem Brötchengeber einen Vertrag mit dreijähriger Laufzeit eingefädelt: Die beim Guß der Motorblöcke mit Phenol und Kohlenwasserstoff verseuchten Gießereischlämme in der Jahresmenge von 35.000 Tonnen wurden nun, als Hausmüll deklariert, für 9 DM pro Tonne auf der Vereinigten Deponie Ville abgelagert, obwohl sie laut der im Rat von Schaffer mitbeschlossenen Entgeltordnung als Sondermüll für mindestens 36 DM pro Tonne hätten bezahlt werden müssen. Laut Bericht des städtischen Rechnungsprüfungsamts von 1987 gingen damit dem städtischen Haushalt Gebühren in Höhe von 3,8 Millionen DM verloren, was freilich eine sehr nachsichtige Berechnung darstellte, aus welchen Gründen auch immer. Übrigens waren die Verträge zwischen KHD und der Stadt nicht mehr aufzufinden gewesen.

Schaffer hatte sich mit der Aktion von Seiten der sogenannten Öffentlichkeit und der Gewerkschaften soviel Kritik bzw. von Seiten der Unternehmensleitung soviel Lob eingehandelt, daß er mit guter Abfindung und Rente das Arbeitsleben hinter sich lassen konnte. Mit seinem verdienstvollen Kavaliersdelikt hatte er sich in seiner Partei endgültig als Abfallautorität durchgesetzt. Er hatte dann das Rhein-Institut gegründet , wurde abfallpolitischer Sprecher der SPD-Ratsfraktion und stieg endgültig in die erste Reihe der Hinterbänkler auf.

VIII.

Der jungverliebte Hausmann hatte uns eingeschärft, daß wir ihn in den Sitzungswochen von Dienstag (Fraktion und Ausschüsse) bis spätestens Donnerstag (Stadtrat) unter seiner Fraktionsadresse, ansonsten zuhause in Mannheim erreichen. Er bedauerte, daß er vom Rat die Fahrkarte nur für diese Tage ausgestellt bekomme und deshalb immer nur kurz im Institut sein könne.

Naturgemäß beschäftigt ihn die Tatsache, daß er sein Ratsmandat laut Kommunalwahlgesetz unberechtigt ausübt, denn er müsste in der Domstadt wohnen. Aber es ist ihm nicht wirklich ein Problem. Niemand vermißt ihn in der SPD-Hochburg im rechtsrheinischen Buchheim, wo er bei der letzten Kommunalwahl im Jahre 1989 noch die dort übliche lustlose absolute Mehrheit bekam, heruntergeronnen auf 50,2 Prozent. Die Wahlbeteiligung war dort mit 54,3 Prozent, wie in sozialdemokratisch dominierten Arbeiterstadtteilen üblich, sehr niedrig geworden, und die Republikaner hatten mit 8,3 Prozent ein gutes Ergebnis erzielt. Da fällt es außer dem eisern schweigenden Vorstand des dahindämmernden Ortsvereins niemandem auf, daß der Gewählte den Wahlkreis seitdem nicht mehr von innen gesehen hat.

Unter der falschen Telefonnummer, die man beim SPD-Unterbezirk, in der Fraktion und im Handbuch für Rat und Verwaltung erfährt, wird unser in südliche Gefilde hinwegemanzipierter Volksvertreter von einer gequälten Frauenstimme als unbekannt verzogen bezeichnet. Der letzte irrtümliche Anruf für den Abgeordneten, so die Stimme, sei vor einem Jahr gekommen, vielleicht auch vor zwei. Das kann der Stimme und ihm nur recht sein, finden Sie nicht?

Chronik einer korruptionsschonenden Abwicklung

Der Artikel führt am 27.5.1993 zu einer von Bärbel Höhn/Grüne beantragten Aktuellen Stunde im NRW-Landtag. Umweltminister Matthiesen: „Dieser dubiose Artikel ist Gegenstand von 28 Unterlassungs- und Widerrufserklärungen geworden. Ich bin sehr gespannt, wie der jetzt Beschuldigte reagieren wird. Weitere Klagen der im Artikel genannten Personen werden folgen..." Der SPD-Fraktionsvorsitzende im Kölner Rat und Landtagsabgeordnete Klaus Heugel bekräftigt in der selben Sitzung, dass der verdiente Betriebsrat Erich Schäfer, der bei KHD schon erfolgreich gegen kommunistische Funktionäre gekämpft habe, sich von solchen Anwürfen nicht unterkriegen lasse. Oberbürgermeister Burger teilt den Grünen im Kölner Rat mit: „Erich Schäfer wird Herrn Rügemer auf 28 Unterlassungs- und Widerrufserklärungen verklagen."

Davon bleibt zwei Wochen später eine Klage von Schäfer/Schaffer mit 6 Punkten übrig, verbunden mit der Forderung nach 500.000 Mark Ordnungsgeld, ersatzweise zwei Jahre Haft. Die anderen im Artikel genannten Personen verzichten auf eine Klage. Schäfer verliert die Klage und bezeichnet sich aufgrund der Verfahrens- und Rechtsanwaltskosten als „ruiniert".

Das Rhein-Institut des ehemaligen Betriebsrats verliert fünf Arbeitsgerichtsprozesse, die NRW-Regierung muss ihre Aufträge zurückziehen, das Institut löst sich auf.

Das von Schäfer wegen seines Wohnsitzes in Süddeutschland unberechtigt wahrgenommene Kölner Ratsmandat wird ihm von der Verwaltung als ordnungsgemäss bestätigt. Oberstadtdirektor Ruschmeier am 20.7.1993: „Herr Schäfer ist mit alleiniger Wohnung für die Adresse Annabergstr. 11, 5000 Köln 80 gemeldet. Das Bestehen dieser im Einwohnergrunddatensatz gespeicherten Meldeverhältnisse hat mir Herr Schäfer bestätigt."

Kurt Holl, Mitglied im Kölner Polizeibeirat, verlangt am 18.6.93 den Rücktritt Schäfers vom Vorsitz des Beirats - keine Reaktion.

Der Landschaftsverband Rheinland holt still und leise die bezuschussten Autos, Computer und Möbel aus dem Rhein-Insitut ab. Direktor Dr. Fuchs am 31.8.93: „Ich bitte um Verständnis, daß ich über Einzelheiten keine Auskunft erteilen darf."

Der EXPRESS stellt am 8.9.93 das „Enthüllungsbuch" von Henning Venske vor: „Korruption, Klüngel und Filz in Deutschland", mit Beispielen aus Düs-

seldorf und anderen Städten. Unterschlagen wird, daß auch „Der Abfall-Schaffer" enthalten ist.

Bundesministerium für Arbeit und Sozialordnung am 9.11.93: „... liegen der Abschlußbericht des Arbeitsamtes Köln und die Stellungnahme des Präsidenten der Bundesanstalt für Arbeit vor. Danach ist es bei der Bewilligung und Durchführung der ABM zu Verfahrensmängeln gekommen. ... ließ sich jedoch ein Leistungsmißbrauch in nennenswertem Umfang nicht feststellen."

Direktor Manstetten, Arbeitsamt Köln, am 22.11.93, nachdem er eine angekündigte Pressekonferenz abgesagt hat: „An den Vorwürfen ist nichts dran. Wir fordern aber 10.000 DM zurück. Das sind Zinsgewinne mit ABM-Geldern, die den Beschäftigten vom Rhein-Institut zu spät ausgezahlt wurden."

November 1993: Der Gerichtsvollzieher will 25.000 DM eintreiben, die das Rhein-Institut laut Arbeitsgerichtsurteil an einen zu unrecht fristlos Entlassenen zahlen muß. Schäfer hat jedoch die Räume im Schlachthof fluchtartig ohne Angabe einer Adresse verlassen.

Die Staatsanwaltschaft geht den Angaben wegen des unberechtigten Ratsmandats ebensowenig nach wie die örtlichen Tagespresse. Schäfer wird ein Jahr später ohne Angabe von Gründen von der Kandidatenliste der Kommunalwahl gestrichen, behält aber seine Mitgliedschaften in den Gremien der KölnMesse, des Schlachthofs, des Arbeitsamtes, der Westdeutschen Landesbank und des Polizeibeirats usw.

Als Bericht über die von Schäfer, Matthiesen usw. zunächst im Rhein-Institut begonnene, gesetzlich vorgeschriebene, dann aber abgebrochene Erfassung der industriellen Abwassereinleitungen in die Kölner Kanalisation entsteht das Buch „Staatsgeheimnis Abwasser" (1995).

Der Regierungspräsident als politischer Ersatz-Schaupieler

„Antwerpes ist der mediengeilste Politiker Nordrhein-Westfalens", schrieb der Kölner Stadt-Anzeiger über Deutschlands bekanntesten Regierungspräsidenten. Dieselbe Zeitung ist wie andere Medien voller liebedienerischer Interviews mit eben diesem Franz-Josef Antwerpes. Die Bürger aber kommen ins Stottern, wenn sie gefragt werden: Was macht die Bezirksregierung mit 1.400 Beschäftigten, deren Leiter Antwerpes ist? Dann kommen Dönekes zu Antwerpes wie „Der macht Alkoholkontrollen nachts auf der Autobahn" oder „Der ist für die Müllverbrennung".

Der Regierungspräsident, der nach Gesetz richtigerweise „Leiter der Bezirksregierung" heisst, soll darauf achten, daß die Kommunen die Gesetze und Verordnungen, insbesondere des Bundeslandes, einhalten. Zur Kommunalaufsicht gehören die Bereiche Abfall und Abwasser. Sie sind im Regierungsbezirk Köln besonders wichtig, da hier die weltweit größte Konzentration von Chemieindustrie beheimatet ist.

Umwelt – was ist das?

Nun ein Beispiel aus der „Arbeit" der Bezirksregierung: Alle Sonderabfälle unterliegen einer genauen Kontrolle. Alle Transporte in einem Regierungsbezirk werden durch „Abfallbegleitscheine" dokumentiert: Der Verursacher bekommt eine Kopie, der Transporteur, die Sondermülldeponie, das Umweltamt der Kommune - und die Bezirksregierung: sie soll kontrollieren, ob der Sondermüll richtig entsorgt wurde. In den Jahren 1983 bis 1988 passierte unter Antwerpes folgendes: 502 mal fuhren Saugwagen verschiedener Abfalltransporteure zum Klärwerk Köln-Stammheim. Ihre Sonderabfälle kamen von BASF-Bickendorf, Bayer und KHD und enthielten Zink-, Lack- und Gummischlämme. Die Transporteure bestachen einige Beschäftigte und pumpten die 8.048 Kubikmeter giftigen Abfälle ins Klärwerk. Das Dezernat 52 (Abfallwirtschaft) der Bezirksregierung heftete die Abfallbegleitscheine ab und tat so, als wäre nichts. Das Umweltamt der Stadt Köln heftete die Begleitscheine ebenfalls ab und tat so, als wäre nichts. Der Regierungspräsident ließ die illegale Einleitung fünf Jahre lang gewähren.

Darüber hinaus hätte er folgende Aufsichtspflicht gehabt: Da er für das Klärwerk die Genehmigung dafür ausstellt, was in den Rhein eingeleitet werden darf, muß er auch die Einhaltung dieser Genehmigung überwachen. Durch die Sonderabfälle wurden die Grenzwerte überschritten. Auch das ließ die Bezirksregierung durchgehen. Die Einzelheiten stellten sich in einigen Gerichtsverfahren heraus, die sich bis Ende 1994 hinzogen; die Gerichtsverfahren und die spärlichen Medienberichte sparten die Rolle des Regierungspräsidenten aus; der verhielt sich mucksmäuschenstill.

Ein anderes Beispiel: Nach den Vorgaben der Bundes- und Landesregierung hätten bis zum 31.12.1990 alle grösseren Gewerbebetriebe eine Genehmigung zur Einleitung ihrer Produktionsabwässer in die örtliche Kanalisation beantragen müssen. Bis zum März 1994 hatten von den gut 6.000 Betrieben aber nur 1.076 einen solchen Antrag gestellt. Das Dezernat 54 der Bezirksregierung (Wasserwirtschaft) hätte die Einhaltung der Gesetze anmahnen bzw. durchsetzen müssen. Nichts dergleichen war der Fall. Daß die Ford AG jahrelang Dioxin in die Kölner Kanalisation eingeleitet hat, mit Folgen für Abwassergebühren und Landwirtschaft: Antwerpes schwieg. Daß andere Firmen wie die Monheimer Textilbleiche weiter Dioxin einleiten: Antwerpes schweigt. Der lasche Umgang mit Recht und Gesetz - in ausgewählten Fällen - bereitet dem Rechtsfanatiker keine Schwierigkeiten.

Antwerpes und RWE

Neben der Chemieindustrie trägt eine weitere Industrie dazu bei, daß die Bezirksregierung Köln für die Landespolitik besonders wichtig ist: Zwischen Aachen, Mönchengladbach und Frechen liegt das wichtigste Braunkohle-Abbaugebiet Deutschlands. Die Rheinisch-Westfälischen Elektrizitätswerke AG (RWE), der die Rheinbraun AG gehört, ist nicht nur das größte Unternehmen, sondern auch die heimlich-unheimliche Nebenregierung des Bundeslandes.

Über einzelne Massnahmen des Braunkohleabbaus, Umsiedlungen usw. wird im „Braunkohlenausschuß“ (BKA) der Bezirksregierung Köln entschieden. Die Entscheidungen des Landtags sind eher Fensterveranstaltungen für das Publikum. Der Ausschuss führt ein verborgenes Leben, was aber weniger damit zusammenhängt, daß seine 41 Mitglieder gelegentlich von der Rheinbraun AG zu kostenlosen Auslandsreisen verschickt werden. Der Amtsantritt von Anwerpes fällt mit dem Beginn von „Garzweiler I“ zusammen. 1979 wurde der BKA, vorher ein Landesgremium, in die Bezirksregierung Köln verlagert. Bei „Garzweiler II“ wurde vieles im BKA vorentschieden, er tauchte aber in der öffentlichen Auseinandersetzung nie auf.

Auf ähnlich diskrete Weise sichert Antwerpes den Einfluß der RWE auch auf anderen Gebieten ab. Er hat als langjähriger Vorsitzender der energiepolitischen Kommission im Landesvorstand der SPD eine Art Verbindungsoffizier zu RWE gespielt. 1990 gründete das größte Unternehmen des Bundeslandes den neuen Konzernbereich „RWE Entsorgung“. Anlagen- und Baufirmen wie

Hochtief, Holzmann, Steinmüller, Trienekens und viele andere wurden aufgekauft. Der damalige Umweltminister Matthiesen entwickelte sich zum „Verbrennungsminister“ und versuchte die Gesetzgebung des Bundes zu beieinflussen. Antwerpes sorgte im Abfall-Entsorgungsplan der Bezirksregierung dafür, daß die geplanten Müllmengen möglichst hoch ausfielen.

Im März 1996 wandten sich die Umweltdezernenten von Bonn und Düsseldorf, Tondorf und Friege, sowie die Geschäftsführer der Abfallwirtschafts-Gesellschaften Aachen und Leverkusen in einem gemeinsamen Schreiben hilfesuchend an den Umweltausschuß des Landtages. Sie beklagten sich über den Regierungspräsidenten, der „einen ganz enormen Druck“ auf einzelne Kommunen ausgeübt habe, um MVAs zu bauen. Dabei hat Antwerpes auch mit falschen Behauptungen agiert: Ab dem Jahre 2000 dürfe nur noch thermisch behandelter Müll deponiert werden, das schreibe die Technische Anleitung Siedlungsabfall vor. Daß Ausnahmen bis 2020 möglich sind, verschwieg der glühende Verbrennungsfetischist, widerrechtlich. Nach EU-Recht sind Ausnahmen und Verlängerungen leicht möglich, vor allem, wenn bestimmte Entsorgungsformen - etwa eine MVA - zu teuer sind.

So sind allein in den vier MVAs von Bonn, Düsseldorf, Leverkusen und Aachen/Weisweiler Überkapazitäten für etwa 400.000 Tonnen jährlich entstanden. Die Müllgebühren steigen, dreissig Jahre lang. Gleichzeitig tun sich problematische neue „Entsorgungswege“ auf: Klärschlamm wird in Braunkohlekraftwerken mitverbrannt, Mülltransporte gehen in die Ukraine. Das ist „abgaberechtlich und ökologisch bedenklich“, wie es im Klagebrief an den Landtag heißt. Die Standards der Technischen Anleitung Siedlungsabfall und des Abfallgesetzes werden nicht eingehalten - doch das kümmert den Westenaschenstalinisten in der Kölner Bezirksregierung nicht.

Vorbei an Gesetz und Recht, ein Jahr vor der Ausschreibung, die dann ohnehin nicht erfolgte, empfahl Antwerpes bekanntlich 1992 dem Kölner Oberstadtdirektor, beim Bau der Müllverbrennungsanlage „besonders die Firma Steinmüller aus Gummersbach zu berücksichtigen“. Dass Antwerpes bewusst gesetzwidrig handelte, wird daraus ersichtlich, dass er im selben Zeitraum an die Oberstadtdirektoren in einem Rundschreiben die Europäische Richtlinie verschickte - sie bestimmt europaweite Ausschreibung bei Großprojekten - und zur Einhaltung aufforderte.

Steinmüller, eine international tätige Anlagenfirma - von Südafrika und USA über Südkorea bis Frimmersdorf, also in Gebieten mit niedrigem Umwelt- und hohem Korruptionsstandard -, suchte damals nach neuen Großprojekten. Der Kölner Müllofen wäre ein begehrtes Referenzprojekt, mit dem im In- und Ausland um Folgeprojekte geworben werden könnte, erklärte Antwerpes. Im Steinmüller-Geschäftsbericht 1994 heisst es: „Die Müllmengen gehen zurück"; gleichzeitig treten „neue Anbieter mit technischen Alternativen" auf, die der traditionellen Technik von Steinmüller - Rostfeuerung - Konkurrenz machen. Aber wundersam, so der Geschäftsbericht: „Als Generalunternehmer erhielten wir den Planungsaufatrag für eine vierlinige Müllverbrennungsanlage in Köln". Das war vor der Genehmigung, die kein anderer als der Regierungspräsident von Köln im Jahre 1995 erst noch zu vollziehen hatte, was er denn mit allen Mitteln auch tat.

Die Regierungspräsidenten in Nordrhein-Westfalen, allen voran Antwerpes, bekommen immer mehr die Aufgabe eines Bollwerks: gegen die „grüne Gefahr", gegen neue Firmen und Technologien, die nicht zum alten SPD/CDU/RWE-Filz gehören. Zu diesem Filz gehört übrigens auch die Hausbank der Landesregierung, die WestLB. Antwerpes verpflichtet so manche verschuldete Gemeinde, ihre RWE-Aktien um 10 % unter Börsenpreis an die WestLB zu verkaufen.

Ökospinner mit Staatspension

Antwerpes stammt aus Viersen, dem Stammsitz der für die Landespolitik so wichtigen Mittelstandsmaske Trienekens. Er war von 1965 bis 1970 Landesvorsitzender der Jungsozialisten, später Landtagsabgeordneter, bevor er 1978 von der Landesregierung zum Regierungspräsidenten in Köln ernannt wurde. Er will eine „moderne Verwaltung", aber die Lebenszeit-Verbeamtung und alle früheren Pensionsansprüche, die gehören dazu: sozialdemokratische Beamten- und Staatsvariante der Modernisierung, ohne persönliches Risiko, aber so tun, als sei man immer noch der Jungsozialist von damals ...

Von den 348 Presseartikeln, die das WDR-Archiv zwei Jahrzehnte lang über den Regierungspräsidenten gesammelt hat, befassen sich 97 mit dem „Ökologen" Antwerpes - ein lehrreicher Einblick in die Öde insbesondere der Kölner Presse; „Zeit", „Welt" und „taz" stehen aber keineswegs nach: „Antwerpes moderierte in Turnschuhen Philharmonie-Konzert"... „Antwerpes will Bäume statt Stellflächen!"..."Antwerpes stellte drei Schafe in Dienst: sie sollen die Wildkräuter-Wiese im Innenhof des Regierungspräsidiums abweiden".

In seiner Dienstzeit züchtet und hegt der gehätschelte Ersatzschauspieler an der Südseite seines Dienstsitzes in der Zeughausstrasse einige Spätburgunder-Reben und läßt sie im Staatsgut an der Ahr zu 40 Flaschen „Kleinkölnhausener Zuckerberg" keltern. Mit der gnadenlosen Präzision des rheinischen Karnevals kehrt in den örtlichen Medien das jährliche Foto des RP wieder, der in Jeans und Pullover seine Trauben höchstpersönlich während der Dienstzeit von der Rebe schneidet.

Auch sonst geht in der Bezirksregierung und im Privathaushalt alles ökologisch zu. Der „passionierte Radfahrer" traktiert seine Untergebenen im Amt in jeder Dienststube mit vier verschiednen Eimerchen zum Sortieren ihres Dienstmülls. Zuhause kocht er die Brombeermarmelade selbst ein. Das Teewasser läßt sich der gepflegte Feinschmecker aus der Eifel heranschaffen. Das Fleisch holt er sich vom Biohof, den Thunfisch aus Belgien, die Kartoffeln vom Niederrhein, der Honig kommt aus Neuseeland usw. usf.

Den wilden Garten mit Froschteich, Grünkohl, Feldsalat und zwanzig Kräutern hinter seiner Dienstwohnung im Lindenthaler Jugendstilhaus hegt der Lebenszeit-Ökologe liebevoll für seine dritte Kleinfamilie (weder Pressestelle noch Liegenschaftsamt seiner Behörde sind in der Lage, den Mietpreis mitzuteilen). Und wenn seine dritte Ehefrau Elfi Scho-Antwerpes öffentlich mit blanker Brust den gemeinsamen Nachwuchs säugt, dann ist die mediale Trokkenzeit zwischen der vergangenen und der nächsten Karnevalssaison erfolgreich überbrückt.

Politischer Analphabetismus

Aus der Jungsozialistenzeit ist was übriggeblieben: Antwerpes versteht sich als „Anwalt der kleinen Leute", der den „oberen zehntausend" in die Parade fährt. Das jüngste derartige Opfer aus der „high society" ist der 14jährige Angelo Kelly: Mit viel Medienrummel will der Regierungspräsident das Mitglied der irischen Sängerfamilie Kelly zum Schulbesuch zwingen. Daß einige zehntausend Kölner Kinder und Jugendliche seit Jahren in schadstoffbelasteten Schulcontainern hausen müssen, Lehrer an Krebs erkranken - das kümmert den „Highlander vom Rhein" (Express) dagegen nicht. Daß Mitglieder der Kölner high society hunderte von Millionen DM außer Landes bringen und gewerbsmäßig Steuern hinterziehen - das ist dem Wächter über die Kommunalhaushalte egal.

Den falschen Konflikt an der richtigen Stelle, Antwerpes tritt ihn mit Medienhilfe los: die endlosen Kämpfe um das „Flügelauto" auf dem Turm des Stadtmuseums, um die Zulässigkeit des theatralischen Frohsinns am Karfreitag usw. usf. Im Kampf gegen die ungefährliche Scheisse der Kelly-Familie, die mit ihrem Hausboot am Rheinufer ankert, spielt der Regierungspräsident den unbeugsamen Ökologen und Rechtswahrer, bei den gefährlichen Industriegiften sind ihm Ökologie und Recht scheißegal.

Der auf Lebenszeit ernannte Regierungspräsident wächst aus der Zerstörung der Politik heraus in die Rolle des politischen Ersatz-Schauspielers. Er kann als Ökospinner, Autobahnpolizist und Rächer der Enterbten ein bißchen Farbe in die geschwätzige Sprachlosigkeit der Politik und die (scheinbar) gesichtslose Klüngelei bringen. Hinter dieser Nebenbühne für politisch-mediale Analphabeten exekutiert er eine Politik, die in gewählten Räten und im Landesparlament nicht begründet werden muß.

Der Fisch fängt am Kopf zu stinken an: Das wußten schon die Franzosen 1794 und die Amerikaner, als sie 1945 einmarschieren mussten, um für Recht und Gesetz zu sorgen. Wer marschiert heute ein?

Nachsatz im Jahre 2002: Nach dem Ende der Amtszeit wechselte Antwerpes übergangslos zum Westdeutschen Rundfunk als Moderator. Seine Tätigkeit scheint sich dadurch nicht wesentlich geändert zu haben.

Vorfluter Süd

Im Jahre 1993 kündigte Regierungspräsident Antwerpes den Beamten Ulrich Meyer-Steinhaus fristlos. Das war die erste von insgesamt vier fristlosen Kündigungen in gleicher Sache. Der Wasserbauingenieur hatte 17 Jahre in der Bezirksregierung gearbeitet. In seine Zuständigkeit gehörte der „Vorfluter Süd"; dieses „Jahrhundertprojekt" sollte im Süden Kölns als vier Meter dickes Kanalrohr quer durch die Landschaft gebaut werden und Regenwasser aus den Gebieten der südwestlich an Köln angrenzenden Orte Hürth und Frechen in den Rhein leiten.

Meyer-Steinhaus hatte das Projekt abgelehnt: es sei ökologisch unsinnig, es widerspreche dem Landeswassergesetz (§ 100: Verbot der Verrohrung von Wasserläufen), Steuergelder würden verschwendet. Die Gesamtkosten waren einschliesslich der 50 Jahre laufenden Zinszahlungen auf 450 Millionen Mark angesetzt. Der Ingenieur forderte dann noch etwas, was ihn bei seinem Dienstherrn unbeliebt machte, nämlich die gesetzlich vorgeschriebene Umweltverträglichkeitsprüfung.

Antwerpes verbot dem Ingenieur die dienstliche Befassung mit dem Projekt. Aus einer öffentlichen Anhörung wurde Meyer-Steinhaus gewaltsam entfernt. Der Kurfürst von Köln ordnete eine psychiatrische Untersuchung des aufmüpfigen Untergebenen an. Der fand das eine Unverschämtheit und ignorierte die dreimalige Aufforderung zur Untersuchung, zumal Amtsärztin und Personalrat auch keinen Grund dafür sahen.

Der Vorfluter Süd wurde gebaut, 1998 war er fertig. Nicht zuletzt dank der Kritik von Meyer-Steinhaus wurde der Durchmesser des Rohres von 4,20 auf 3,60 Meter verkleinert - das war aber das einzige Zugeständnis. So können pro Sekunde 20 Kubikmeter Regenwasser bei Köln-Marienburg in den Rhein fliessen, theoretisch jedenfalls. Das Beton-Ungetüm kostet die Gemeinden Hürth, Frechen und Köln im Laufe eines halben Jahrhunderts eine halbe Milliarde Mark, wie geplant.

Ein besonderer Irrwitz besteht aber darin, dass die Betonröhre gar nicht so funktioniert wie sie soll. Sie soll ja bei starkem Regen das Wasser aus den Gewerbegebieten südlich von Köln ableiten, und zwar in den Rhein. Wenn es aber stark regnet, passiert Folgendes: Hat der Rhein erst noch ein geringes Hochwasser, dann wird durch die Einleitung das Hochwasser verstärkt. Aber das macht ja nichts, da kann man dann am Rhein eben noch höhere und teurere Schutzbauten bauen. Holzmann und Hochtief, die den Vorfluter gebaut haben, warten schon. Hat der Rhein aber schon starkes Hochwasser, dann staut es in die Röhre zurück. Aus dem Vorfluter Süd kann dann das Regenwasser aus der Gegend von Hürth und Frechen gar nicht ablaufen, und zwar gerade dann, wenn es besonders notwendig wäre.

Inzwischen hat der gewaltsam von der Arbeit ferngehaltene Ingenieur in mehr als einem Dutzend Gerichtsverfahren die vier fristlosen Kündigungen erfolgreich abgewehrt, zweimal ging er bis zum Landesarbeitsgericht, einmal zum Bundesarbeitsgericht. Jedesmal erlangte Meyer-Steinhaus ein Urteil, nie musste er einem Vergleich zustimmen. Sobald Antwerpes einen Prozess verloren hatte, kündigte er aufs neue. Viermal. Das gute Dutzend absurder und verlorener Gerichtsverfahren kostete den Staat mehr als eine Million Mark. Die kurfürstliche Behörde musste dem siegreichen Untergebenen inzwischen einige Jahre Gehalt nachzahlen.

Der Ingenieur wurde aus der Dienststelle Köln nach Aachen abgeordnet und muss dort seitdem eine ganz andere Arbeit tun. Er blieb in der Sache aktiv. Er möchte die Genehmigung und die Auftragsvergabe rekonstruieren, aber ihm wird bis heute die Akteneinsicht verweigert, die er nach dem Umweltinformations-Gesetz beantragt hat. Er klagt vor Gericht gegen die Abwassergebühr, denn darin werden ja die Kosten für den Vorfluter Süd eingerechnet. Weiter klagt der vorbildliche, den Rechtsstaat verteidigende Beamte gegen die Stadt Köln wegen Untreue.

Es bleibt anzumerken, dass die liebedienerische Kölner Afterpresse, die sich als frei und unabhängig preist, über die teure und gesetzwidrige Provinzposse ihres Lieblings nie informiert hat.

Von Arschlöchern, Sozialmietern und anderen Demokraten

„Das sind so große Arschlöcher, da kann ein ganzer Lkw durchfahren" – das war eine der kurfürstlichen Unappetitlichkeiten, die von den rheinischen Großmedien quotengeil aufgeschnappt und unters demokratiemüde Publikum gejubelt werden. Diesmal durfte mit „Arschlöchern" der höchstbezahlte Unterhaltungsbeamte Deutschlands jene Kritiker bezeichnen, die auf einen Umstand hingewiesen hatten, den sie schon 18 Jahre lang geduldet hatten, daß der Herr Antwerpes nämlich im Kölner Nobelviertel Lindenthal eine 170 Quadratmeter große Wohnung in einer Gründerzeitvilla bewohne und dafür an seinen Staat, der Eigentümer und Vermieter ist, seit 1994 nur eine Sozialmiete von 9,42 Mark pro Quadratmeter bezahle. Bei seinem Einzug 1980 habe er sogar nur 5,73 Mark bezahlt. Das sei doch bei einem Monatseinkommen von 14.000 Mark aufreizend wenig.

Dabei hatten es die genannten Kritiker gnädigerweise schon unterlassen zu erwähnen, daß der Herr Antwerpes das genannte Einkommen ja dreizehnmal im Jahr bezieht, während er ganz bürgernah die Sozialmiete nur zwölfmal im Jahr bezahlt. Davon abgesehen, daß die genannten Kritiker unerwähnt gelassen hatten, daß zum kurfürstlichen Einkommen noch Ortszuschlag, Unkostenpauschale, Urlaubsgeld und Nebeneinkünfte zu rechnen wären. Auch hatten die Kritiker davon abgesehen darauf hinzuweisen, daß, wenn man so korrekt sein wollte wie der Herr Antwerpes ansonsten dienstlich immer behaupte vorzugehen, man auf jeden Fall zum Beispiel auch geldwerte Dienstvergünstigungen einrechnen müsse, etwa wenn der staatsbeamtete Chauffeur während der Dienstzeit im Dienstwagen die Hemden des Herrn aus der Reinigung hole und dann bei der kurfürstlichen Gattin in der Max-Bruch-Straße Nr. 8 abgebe. Übrigens hatten die gnädigen Kritiker schließlich auch davon abgesehen zu erwähnen, daß zu der 170-Quadratmeter-Wohnung im Erdgeschoß noch ein standesgemäßer 600 Quadratmeter großer Garten gehört, in dem der fürstliche Sozialmieter nach Dienst- und Schimpfschluß im frischen Hemd die Seele baumeln lassen kann.

Nachdem einer seiner Kritiker im Fernsehn das mit den Arschlöchern und der Sozialmiete bundesweit bekannt gemacht hatte, zog der Herr Antwerpes vor Gericht: Er wollte verbieten lassen, daß die 5,73- bzw. 9,42-Mark-Miete öffentlich als „Sozialmiete“ bezeichnet wird. Obwohl es sich dabei gewiß nicht um einen juristisch korrekten Begriff handelt und außerdem Mietpreise für Sozialwohnungen etwa in der verkommenen SPD-Vorzeigesiedlung Köln-Chorweiler auch schon bei 14 Mark pro Quadratmeter liegen können (zudem bei Wohnungen ohne Garten), kam der „Rächer aus der Zeughausstraße“ (EXPRESS) mit seiner Klage nicht durch, und so hatte er, so schien es, ein Einsehen. Er entschuldigte sich: „Ich entschuldige mich bei allen, die sich angesprochen fühlten, mit dem Ausdruck des höchsten Bedauerns. Da ist die Contenance mit mir durchgegangen.“ Sowas kann ein solcher sich schon mal leisten, und da die „Arschlöcher“ sich offensichtlich auch gar nicht beleidigt gefühlt und den Herrn Antwerpes nicht wegen Beleidigung verklagt hatten, was eigentlich nahegelegen hätte, war die Sache damit erledigt.

Ein Teil der gnädigen Kritiker, die mit Bezug auf die ortsübliche Vergleichsmiete den kurfürstlichen Mietvorteil seit 1980 auf etwa 200.000 Mark und die von den steuerzahlenden „Arschlöchern“ und anderen Demokraten bezahlten Ausstattungs- und Renovierungsarbeiten an der Villa mit rund einer Million errechnet hatten, brachten „den Skandal“, wie sie das nannten, vor den Landtag des Landes Nordrhein-Westfalen. Warum sie die Ministrantenkorruption des Leiters der Bezirksregierung so aufblähten, ist unersichtlich. Der Staatssekretär Gerlach vom Finanzministerium, ein aufstrebender guter Genosse aus der regierenden Staatspartei, wies aber gewichtig irgendein gemutmaßtes Klüngelverhalten zugunsten ihres obersten Kölner Sozialmieters schon deshalb weit von sich, weil „das Mietverhältnis vom stellvertretenden Regierungspräsidenten Steup betreut worden ist, und Herr Steup ist ja immerhin ein CDU-Mann." Als hätte die Kontrolle eines hochrangigen SPD-Beamten durch einen hochrangigen CDU-Beamten jemals stattgefunden, jedenfalls in der neueren Demokratiegeschichte und schon gar im Reiche der Bibel- und Wirtschaftsprediger Rau und Clement. Es handelt sich ja schließlich nicht um eine Kontrolle, sondern, wie der aufstrebende Gerlach sich ja schon ziemlich deutlich ausdrückte, um eine „Betreuung".

Der Express, der jeden Furz des bekanntesten deutschen Sozialmieters zum medialen Großereignis aufbläht, titelte nach dem Ende der Arschlöcher-Affäre: „Endlich! Stadt jagt Sozialschmarotzer!" Natürlich enttäuschte der EXPRESS seine Leser und Leserinnen, zitiert wurde Sozialdezernentin Ursula Christiansen, die von ihrer konsequenten Jagd auf Sozialhilfeempfänger zurückkam: „Der Schaden beläuft sich pro Fall im Schnitt auf 200 bis 500 Mark." Da wissen wir nun wenigstens, warum das Sozialamt bei seiner Jagd auf Sozialschmarotzer nie richtig zu Geld kommt.

Der Oberbürgermeister mit den fünf Einkommen

Die folgend genannten Tätigkeiten, Funktionen, Einkünfte usw. des ehemaligen Kölner Oberbürgermeisters Norbert Burger, Präsident des Deutschen Städtetages, zugleich Landtagsabgeordneter, Rechtsanwalt und Ministerialdirektor im einstweiligen Ruhestand, geben den Stand von Mitte 1994 wieder. SPD-Mitglied Burger schied nach 19 Jahren 1999 als längstgedienter Kölner Oberbürgermeister des 20.Jahrhunderts aus dem Amt.

Niemand ist für seine Kindheit verantwortlich. Lassen wir also der Jugend lange nach Ehrenfeld (Arbeiterstadtteil in Köln 1900 ff.) ihren Lauf. Sagen wir so: Der verstaatlichte Mensch beginnt mit dem Rechtsrat, zum Beispiel. Da war der aufstrebende Sozialdemokrat 33 Jahre alt und Leiter des Schulverwaltungsamtes. Mit 37 Jahren wurde er Stadtverwaltungsdirektor. Seit 1993 ist er Präsident des Deutschen Städtetages - unser aller Ober-Bürgermeister, alte und neue deutsche Bundesländer. Erkenne deinen Bürgermeister - erkenne dich selbst!

In den wilden Zeiten 1968 ff. hatte sich, o Graus, die Interessengemeinschaft Obdachlosigkeit gegründet. Und die Projektgruppe „Sozialpädagogische Sondermaßnahmen Köln" (SSK) wollte die Fürsorgeerziehung umkrempeln. Im Szenemilieu der Kölner Südstadt besetzten Eltern öffentliche Gebäude, um Kindergärten zu erzwingen. Notstand in Alten- und Pflegeheimen, das „Drogenproblem": Immer mehr „Randgruppen" tauchten auf, wurden größer und rebellisch. Die konfessionelle Sozialfürsorge im hillige Kölle, wie in anderen Städten, war erschüttert. Im Januar 1970 wurde der christliche Sozialdezernent im blühenden Alter von 44 Jahren in Pension geschickt, denn er wurde mit all diesen neuen Problemen nicht fertig.

Sein Nachfolger war der Jurist aus dem Schulverwaltungsamt, der eine Ehefrau vorweisen konnte, die Sozialarbeiterin gewesen war und die beiden gemeinsamen Kinder zeitgemäss „weitgehend antiautoritär" erzog. Staatliches Sozialmanagement war sein Programm, Sozialarbeiter wurden eingestellt. Fragte der Kölner Stadt-Anzeiger zögerlich vermittelnd: „Herr Burger, die Obdachlosen wollen auch im Rat mitsprechen und -bestimmen, wenn es um ihre Belange geht." Antwortete der neue Dezernent hart-weich: „Wieweit derartige Modelle der Rätedemokratie in unserer sehr komplizierten Gesellschaft zu verwirklichen sind, wage ich nicht zu entscheiden." Fragte der Stadt-Anzeiger in vorauseilender Unterwürfigkeit nach: Ob der neue Dezernent ein Anhänger der „heute wieder so gern propagierten Revolution" sei? Die überflüssige Frage ermöglichte die Antwort des 68er-Gewinnlers: „Wenn Sie so wollen, betreiben wir Gesellschaftsveränderung jeden Tag."

100 Millionen DM hatte der Rat allein für Programme gegen die Obdachlosigkeit beschlossen. 1973 tauchte eine neue Randgruppe auf und fragte der Stadt-Anzeiger: „Herr Burger, ein Problem, bei dem vorbeugend etwas zu tun dringend nötig erscheint, ist das der Gastarbeiter. Inzwischen leben 95.000 Ausländer in Köln, darunter viele Ehefrauen und Kinder." Antwort Burgers: „Man wird ihre Zahl kaum abbauen können, aber man wird die Einwanderung auf die Dauer nicht mehr unbeschränkt zulassen können. Ausländerrecht und Arbeitsmarktpolitik müssen neu gestaltet werden, dabei ist zu berücksichtigen, was wir überhaupt verkraften können." Die aufwendige sozialarbeiterische und sozialpolitische Lösung nach der verqueren 68er Methode warf die Schatten ihres Scheiterns voraus.

Burger setzte sich mit den noch leuchtenden Meriten rechtzeitig nach oben ab, 1973, zum Ende der Reformregierung Brandt, als stellvertretender Leiter des Presse- und Informationsamtes der Bundesregierung. Der Jurist kann alles und nichts, diesmal Medien. Er wurde Ministerialdirektor in Bonn. Bei damaligen Preisen kostete er den errungenen Staat ca. 10.000 pro Monat, 13 mal im Jahr, noch ohne den staatlich finanzierten Beitrag für Rente und Arbeitslosenversicherung, mit Anspruch auf Beihilfe im Krankheitsfall und auf Pension lebenslänglich.

Der Ministerialdirektor wurde ein Jahr später, 1974, Opfer des Parteienproporzes in der Regierung Schmidt. Rapportierte der Stadt-Anzeiger die Aussage des Opfers exklusiv aus Bonn: „Ich habe keine Sorge, daß ich arbeitslos werde. Ich habe Anspruch auf anderweitige Verwendung oder auf einstweiligen Ruhestand. Ich warte auf ein Angebot." Damals erweiterten SPD und CSU/CDU durch das neue Beamtengesetz die Gruppe der Beamten, die man in komfortablen „einstweiligen Ruhestand" schicken konnte, um die Ministerialdirektoren. Das neue Angebot müsse einiges bieten, so Burger, denn: „Ich habe gerade mit dem Bau eines Reihenbungalows begonnen, den ich natürlich auch gerne bezahlen möchte."

1974 wurde er im Ministerium für wirtschaftliche Zusammenarbeit (BMZ) Leiter der Abteilung „Sektorale Grundsätze und Ziele der Entwicklungspolitik". Davon verstand er nicht viel, aber deswegen war er auch nicht da. Er wurde Mitglied im Kölner Unterbezirksvorstand seiner Partei, Mitglied des Kölner Rats und des Fraktionsvorstands. Er packte in der liberalen Domstadt regelmäßig die drei Dutzend Juso-Blättchen in seine Beamtentasche und kontrollierte sie im Ministerium auf ihre Staatsverdrossenheit hin: Karikatur aus der Deutschen Volkszeitung nachgedruckt? Mit einem Mitglied der DKP auf dem selben Podium gesessen? In Dokumentation zum Stollwerck-Deal den überhöhten Kaufpreis der Stadt für Schokokönig Imhoff angeprangert? Insbesondere auf den Ortsverein Buchforst-Stegerwald paßte er auf: „Vorstand jusounterwandert"!

Kein Mitglied des damaligen Unterbezirksvorstands hat so viele Parteiordnungsverfahren gegen aufmüpfige Jusos in Gang gesetzt wie der unscheinbare Ministerialdirektor mit dem Anspruch auf anderweitige Verwendung. Er machte das penibel, ohne ideologischen Aufwand; wie ein Buchhalter, der regelmäßig seinen Reihenbungalow abbezahlt. Sein Bungalow steht allerdings in keiner Reihe, ist mit einer ca. 2,35 Meter hohen Mauer umgeben und sein Eigentümer warnt heute davor, „daß sich Arme-Leute-Siedlungen wie ein Gürtel um unsere Innenstädte legen und die Villenviertel der Begüterten abgeriegelt und von Privatpolizei streng bewacht werden."

Er kam zurück, als seine Partei am Boden lag. Hans Imhoff, der neue Eigentümer der Schokoladenfabrik Stollwerck, wollte das weltberühmte Unternehmen aus dem wertvoll gewordenen Grundstück der Kölner Südstadt herauslösen. „Die Rechten" in der SPD-Mehrheitsfraktion verdealten mithilfe eines gewissen Dr. Rüger, Immobilienhai, das Grundstück zulasten der Stadtkasse, bliesen Imhoff für die Neuansiedlung im Gewerbegebiet Porz Millionen in den Arsch, ließen ihn die Vereinbarung über die Zahl der zu erhaltenden Arbeitsplätze brechen, ließen schließlich mit Bagger und Polizei die besetzten Fabrikhallen in der Südstadt räumen.

Das störte die „Linken". Dergleichen Gerangel gab es noch zahlreich in den nachholenden und schon verspäteten städtebaulichen Modernisierungen der ausgehenden 70er Jahre, alte Bundesländer, um das Museum Ludwig zum Beispiel, das einem anderen Süßefabrikanten namens Ludwig hinsubventioniert wurde. Bei der Nominierung zum Oberbürgermeister im Jahre 1980 scheiterten deshalb in der zerstrittenen Partei sowohl der Kandidat der „Rechten" als auch der „Linken". Letztere und ihre entmutigten Südstadt-Sozialarbeiter aber verschafften dem unscheinbaren Aufsteiger und Jusokiller - der mit dem Sozialtouch aus früherer Zeit - die Mehrheit.

Als Oberbürgermeister standen Burger nach der Hauptsatzung der Stadt 75 Prozent einer Bundestagesabgeordneten-Diät zu, und zwar als Entschädigung, weil laut Kommunalverfassung des Landes der OB ein Ehrenamt ausübt und kein Einkommen bezieht. Burger ließ sich als Ministerialdirektor in Bonn beurlauben und durch den Oberstadtdirektor ein Gehalt in Verbindung mit Verdienstausfall in gleicher Höhe auszahlen (10.000 ohne Zulagen). Nach drei Jahren hatte der Genosse Innenminister des Bundeslandes herausgefunden, daß das gegen die Kommunalverfassung verstoße.

Der OB meldete sich deshalb als Ministerialdirektor 1983 im BMZ zum Dienst zurück. Er wurde umgehend in den „einstweiligen Ruhestand" versetzt und erhielt zunächst als Ruhegehalt fünf Jahre lang 75 Prozent seiner Bonner

Bezüge nach Gehaltsstufe B9, ca. 7.500 DM. Und natürlich auch noch die Entschädigung als Oberbürgermeister. Eine solche wird nach Beamtenversorgungsgesetz auf das Ruhegehalt nicht angerechnet. Inzwischen sind seine ruhegehaltsfähigen Dienstbezüge als Ministerialdirektor auf 13 X ca. 14.060,80 DM pro Jahr angestiegen; davon werden ihm als Ruhegehalt 65 Prozent ausgezahlt, also 13 X ca. 9.139,50 DM pro Jahr (und die Beihilfe deckt 70 %, nur 30 % seiner Krankenkassenkosten muß er selbst versichern). Das läßt den Schuldenbauch des Staates immer dicker werden, und Sie verstehen, warum unser Ruhestands-Bürger gegen Sozialmißbrauch und für „eisernes Sparen" seines Staates bei den (anderen) Bürgern eintritt.

Unser beispielhafter deutscher Oberbürgermeister, alte Bundesländer, gründete 1983 mit einem Kompagnon die Rechtsanwaltskanzlei Burger/Siep. Das war beamtenrechtlich möglich - eben wegen „einstweiligem Ruhestand". Da konnte er sich was dazuverdienen. In die standesgemäße Kanzlei am neuen Justizzentrum kamen auch Aufträge der Stadt Köln herein, auf dem kurzen Dienstweg. „Auf formelle Richtlinien für die Vergabe von Mandaten an Rechtsanwälte wird verzichtet", hatte der Rat der Stadt beschlossen. Wenn der OB „seine" Stadt als Rechtsanwalt z.B. gegen den Immobilienmakler Pütz verteidigte, lag der Streitwert bei 50.000 DM, was laut BRAO ein Honorar von ... - na, sehen Sie in der Tabelle selbst nach. Nach sich häufender Kritik ließ der Oberbürgermeister 1988 die Öffentlichkeit wissen, daß er aus der Kanzlei ausscheide, ließ sich aber im Verzeichnis der Rechtsanwaltskammer mit seiner Privatadresse und der Telefonnummer seiner alten Kanzlei neu eintragen, wo er heute noch steht.

Was meinen Sie z.B. als Bezieher von Arbeitslosengeld oder Rente: freute er sich, daß nach Beamtenversorgungsgesetz ein zusätzliches Erwerbseinkommen, etwa als Rechtsanwalt, erst dann angerechnet wird, wenn es zusammen mit dem Ruhegehalt die Höhe seiner ruhegehaltsfähigen Dienstbezüge um das Eineinviertelfache übersteigt? Und, so bestimmt es das Gesetz der legalisierten Korruption: „Die Anrechnung endet mit Ablauf des Monats, in dem das 65. Lebensjahr vollendet wird."

Als Erbhof seines Amtsvorgängers übernahm der Viel- bzw. Unterbeschäftigte 1985 noch ein Mandat im Landtag. Er ist zwar laut stolzer Klage pro Woche 100 Stunden als OB rund um die Uhr und die sozialen Klassen unterwegs, aber Politik ist gut, Versorgung besser. Entschädigung und Pauschalen für das Landtagsmandat in Höhe von ca. 11.500 DM werden - sie sind ja kein Erwerbseinkommen - ebenfalls nicht auf das Ruhegehalt angerechnet. Für Wahlkreisbetreuung erhält er vom Landtag die Pauschale von 2.191 DM. Wenn sein vom Landtag „in Vertretung des Abgeordneten" bezahlter hauptamtlicher Landtagsmitarbeiter im Landtag ein Büro benutzen würde, würden

Burger bis zu 500 DM von der Pauschale abgezogen. Aber da der Mitarbeiter im Landtag kein Büro benutzt (wozu auch?), bekommt Burger die volle Pauschale. Als Adresse seines Kölner Abgeordneten gibt der Landtag an: Postfach 103564, 50475 Köln. Das ist ein Postfach der Stadt Köln, Rathaus. Als Telefonnummer gibt der Landtag an: 0221 - 2212002; unter dieser Nummer meldet sich eine der 32 städtischen Angestellten des Kölner OB-Büros. Als Faxnummer gibt der Landtag 0221-2216571 an - das ist das Faxgerät im Büro des Kölner OB.

„Auch ich hatte als Junge ein Kaninchen in unserem Ehrenfelder Kaninchenzüchterverein": Die „Kaninchenrede", die OB Burger 1981 im festlich mit Kaninchenfellen dekorierten Bürgerhaus Stollwerck zum Jubiläum des Zollstocker Kaninchenzüchtervereins hielt, wurde weltberühmt. Sie intoniert den sozialarbeiterischen Traum „Seiet ruhig und fröhlich, denn ich bin bei Euch". Der Landtagsabgeordnete, Rechtsanwalt, ehemalige Kaninchenzüchter und Ministerialdirektor im einstweiligen Ruhestand begrüßt, bekölscht, empfängt, verabschiedet, dekoriert, beschenkt, bebüzt als ehrenamtlicher OB pro Stunde durchschnittlich je eine Gruppe von Rentnern, Schülern, Kaninchen- und Pferdezüchtern, ostdeutschen und chinesischen Journalisten, Bundesverdienstkreuzträgerinnen, Wirtschaftsführern, ehemaligen KZ-Häftlingen undsoweiter. In 150 Vereinen ist er Ehrenmitglied. Pro Jahr leert er im Dienst ca. 1.180 Glas Kölsch. Er büzt, was ihm vor die berufsmäßige Schnüss kommt, wenn nur Fernsehkameras und Dumont'sche Hofberichterstatter dabei sind: Tanzmariechen und Millowitsch, die rotbäckige Weinprinzessin und das nicht abgeschobene Ausländerkind. Aus Verneigungen, Handschlägen, Blicken, Füllfederhinhaltungen, Küssen, Fototerminen mit Woytila, Lady Di, Dalai Lama, dem jeweiligen Böll-Preisträger, Queen Elizabeth undsoweiter saugt und verstrahlt er die Substanz, die seine Partei der öffentlichen Selbstbedienstung nicht hat, aus anderen Quellen nie mehr haben wird.

Allen Glücklichen und allen Unglücklichen sagt er: Ich bin einer von euch. Er tritt natürlich bei jedem Umwelttag für die Umwelt ein, und als Vorsitzender des Aufsichtsrates der Flughafen Köln/Bonn GmbH läßt er sie kaputtmachen. Die Geschäftsführung der KölnMesse GmbH sorgt dafür, daß durch ungesicherte Arbeitsverhältnisse und Auslagerungen die Gesamtzahl der regulären Arbeitsplätze unter 500 bleibt, damit die gesetzlich vorgeschriebene Mitbestimmung nicht greift - und Burger als Vorsitzender des Aufsichtsrates sorgt nicht dafür, daß sich trotz Ratsbeschluß daran etwas ändert, - und natürlich ist er auch Mitglied der Gewerkschaft ÖTV, die sich in der KölnMesse GmbH gegen Auslagerungen, für gesicherte Arbeitsverhältnisse und die Mitbestimmung einsetzt (raten Sie mal, wieviel Gewerkschaftsbeitrag der Aufsichtsratsvorsitzende bezahlt). Er umarmt Diktatoren in Peking und 100jährige

Rentnerinnen in ihren kärglichen Wohnungen im rechtsrheinischen Arbeiterstadtteil Mülheim. Er tritt dafür ein, daß Sozialhilfeempfänger zur Gemeinschaft gehören, und als Mitglied im Verwaltungsrat der Stadtsparkasse trägt er mit, daß einem durch Gesichtskontrolle ausgewiesenen armen Teufel – entgegen dem Sparkassengesetz – die Einrichtung eines Kontos verweigert werden darf. Er ist Vorsitzender des Arbeitersamariterbundes Köln, er gibt sich als Anwalt der kleinen Leute und er ist strahlender Freund ihrer Feinde.

Diese unwahrscheinliche Leichtigkeit des infantilen Kommunalparadieses und der allgegenwärtigen Identitätslosigkeit ist ein menschenfernes und teures Kunstprodukt. Im Telefonbuch seiner Stadt ist der Bürger Burger nicht vertreten. In 12 Wochen Urlaub pro Jahr erholt er sich von den beglückten Seinen. 32 hauptamtliche Angestellte werden aus dem ach so verschuldeten Kommunalhaushalt für das Ehrenamt bezahlt: Chauffeure im Schichtdienst, persönlicher Referent und dessen Stellvertreter und deren Sekretärinnen, Redenschreiber, Schenkungsannehmer und Geschenkaussucher, Glückwunschschreiber, Amtskettennachträger, Terminbuchführerin I und II, Kölschglashalter, Presseberichtevorlegerin undsoweiter. „Die Stadt muß eisern sparen", predigt der Oberbürgermeister den Bürgern.

Zwischen „eisernem Sparen" in der Kommune und dem immer teureren Kunstprodukt „ehrenamtlicher Politiksimulant Oberbürgermeister" besteht ein Zusammenhang. Kein Amt hat in den Jahren des Sparens eine solche Stellenausweitung erfahren wie das seine. Die „sparwütige" Verwaltungsspitze hat das vorgeschlagen, die ehrenamtlichen Ratsmitglieder haben brav beschlossen. „Medienpolitik" ist für Politiksimulation wichtig. Der „Privatsender" Vox war eine Mitgründung der Stadtwerke Köln GmbH, Aufsichtsratsvorsitzender: Burger.

Im nordrhein-westfälischen *Landtag* hebt der Ehrenfelder Kaninchenzüchter brav sein Versorgungspfötchen, wenn seine Mehrheitsfraktion die finanzielle Belastung der Kommunen im Bundesland mal wieder erhöht. Zurück in seiner Stadt schimpft er mächtig wie ein Löwe gegen den *Bundestag*, der die Belastung der Kommunen in Deutschland mal wieder erhöht hat. Der Ehrenfelder Kaninchenzüchter kämpft natürlich wie ein Löwe im Dienste *Kölns* für den Erhalt der Arbeitsplätze der „Deutschen Welle", damit die nicht nach *Bonn* umzieht, denn *„Köln* braucht alle Arbeitsplätze". Im Deutschen Städtetag kämpft er für den Erhalt *aller* Arbeitsplätze in *allen* deutschen Städten. Als Präsident des Deutschen Städtetages ruft er die „Katastrophe der Kommunen" aus und droht mit dem „Aufstand der Städte". Natürlich gibt es keinen Aufstand. Der Ministerialdirektor im einstweiligen Ruhestand hat nachweislich noch nie in seinem Leben einen Aufstand gemacht und hat noch jeden Aufstand, den er dafür hielt, im Keim erstickt.

Die Kommunen haben nach dem Grundgesetz, im Unterschied zu Bund und Ländern, keine Staatsqualität. Dafür haben sie das, was zur Nostalgie verkommen ist und was sie nun erwürgt: „Selbstverwaltung“ und „Ehrenamt“. Von dieser Zweitklassigkeit und ihrem endlos verlängerten Protest lebt immer besser Bürger Burger, Hauptdarsteller dieser Farce in Deutschland. Ehrenamt, was kostet du uns, was bringst du mir ein? Dem interessierten Bürger wird darüber keine Auskunft erteilt. Nehme die Aufstellung als eine mit Deiner Hilfe zu korrigierende Skizze (alle genannten Beträge sind Monatsbeträge und legal; rege dich nicht über ihre Höhe auf - da gibt es ganz anderes; es geht um die Methode). Prüfe: Sind die Angaben korrekt und vollständig? Gibt es Doppelzahlungen der selben Leistung? Wird Leistung bezahlt oder anderes?

Als Ratsmitglied:	
* Allgemeine Aufwandsentschädigung	631,00 DM
* Sitzungsgeld von je 26 DM für Teilnahme an Sitzungen des Rates, der Fraktionen und Ratsausschüsse, ca.	600,00 DM
* Kostenlose Eintritte, Getränke, Essen, Fahrten	?
Als Oberbürgermeister:	
* Entschädigung: 75 % einer Bundestagsdiät	7.772,25 DM
* Sonderaufwandsentschädigung in Höhe der doppelten allgemeinen Aufwandsentschädigung	1.262,00 DM
* Aufsichtsratstantiemen bei Flughafen Köln/Bonn GmbH, Rheinbraun AG, KölnMesse, Stadtsparkasse, Stadtwerke usw.	ca. 2.000,00 DM
Als Landtagsabgeordneter:	
* Entschädigung	7.833,00 DM
* Pauschale „Mehraufwendungen am Sitz des Landtags“	499,00 DM
* Pauschale für Fahrtkosten- und Übernachtungen	712,00 DM
* Pauschale „Wahlkreisbetreuung“	2.191,00 DM
* Freifahrtenberechtigung u.ä.	?
* Übergangsgeld, Altersentschädigung, Versorgungsabfindung, Überbrückungsgeld, Hinterbliebenenversorgung bei Ausscheiden	?
Als Ministerialdirektor im einstweiligen Ruhestand:	
* Ruhegehalt (65 % nach B9, 13 mal pro Jahr, ca.)	9.139,50 DM
* Krankenkostenbeihilfe 70 %	?
* Anspruch auf Sterbegeld, Witwengeld, Witwenabfindung, Unterhalt für nicht witwengeldberechtigte Witwen und frühere Ehefrauen, Waisengeld	?
Als Rechtsanwalt:	
* Einkommen 1983 ff.	?

Wie sagte doch der Fünffachverdiener so schön in dem von ihm verfassten „Manifest der Oberbürgermeister": „Wir brauchen eine Gemeinsinn stiftende Politik... Uns bleibt nur eisernes Sparen auf allen Ebenen - Tabus darf es nicht geben." („Rettet unsere Städte jetzt", 1994)

Burger klagte nach Erscheinen des Artikels gegen die Kölner StadtRevue und den Autor wegen Verleumdung. Er verlangte 40.000 Mark Schmerzensgeld und führte dazu einige nebensächliche Punkte auf. Bezüglich seiner Einkommen stellte er nur die damals geschätzte Honorarsumme für seine Rechtsanwaltstätigkeit infrage. Das Verfahren wurde vom Oberlandesgericht eingestellt. Als einzig sichtbare Konsequenz schied Burger aus der Kölner Anwaltskammer aus. Der Geheimnistuer fand mit seinem berühmten Ausspruch „Klüngel ist das Ausräumen von Schwierigkeiten im Vorfeld von Entscheidungen" wohl nicht zufällig die Formel, mit der man das freundliche Stammtischgespräch und die Schmiergeldzahlung in der Schweiz auf einen gemeinsamen Nenner bringt.

Der Klüngel mit der Korruption

Die Großrazzia am 7. Dezember 1998 in der Kölner Stadtverwaltung hat einige Ergebnisse gebracht. Mehrere Wochen Untersuchungshaft machten den Bauunternehmer Heinz Plug weich. Er gab zu, das Bestechungssystem mit Namenslisten städtischer Bediensteter bereits von seinem Vater übernommen zu haben. Er habe nicht nur 74 Mitarbeiter des Straßenbau-, Liegenschafts- und Hochbauamts bestochen, sondern auch der Hochtief AG und der Landesentwicklungsgesellschaft. Der Metallbauunternehmer Jürgen Heyne gab ebenfalls zu, daß er seit Jahren Aufträge von verschiedenen Beamten gegen Bestechung bekommen hat. Bei einigen Beamten stellte sich heraus, daß sie nebenbei Firmen betreiben, denen sie Aufträge zuschanzen.

Mit einem Eingeständnis der besonderen Art brillierte der vom früheren Oberstadtdirektor Ruschmeier inthronisierte Entsorgungsmonopolist Trienekens. Die „renommierte" Firma zahlte einem angeblichen Detektiv 78.000 Mark Schweigegeld, allein auf dessen Behauptung hin, daß er über eidesstattliche Erklärungen von Beamten verfüge, die Schmiergeld von Trienekens erhielten. Erst als die Firma feststellte, daß die Erklärungen gefälscht waren, erstattete sie Strafanzeige.

Inzwischen wird auch gegen Mitarbeiter des Grünflächenamtes ermittelt: Sie meldeten sich krank, arbeiteten in dieser Zeit für private Firmen, klauten in ihrem Amt Bäume und verhökerten sie, so die Ermittler. Oberstaatsanwalt Jansen: „Pflanzen wurden unterschlagen und falsch abgerechnet. Die Dimensionen sind noch unklar." Weitere Ämter wie Tiefbau und Entsorgung und weitere Unternehmer stehen noch auf der Liste von Staatsanwaltschaft und Kripo. Die müssen sich Zeit lassen und sorgfältig arbeiten, denn das aufgescheuchte Korruptionsmilieu hat sich die besten Anwälte genommen und wartet auf die geringsten Fehler der Ermittlungsbehörden.

Die Bereitschaft der Verwaltungsspitze, zur Aufklärung beizutragen, ist gering. Oberstadtdirektor Klaus Heugel versuchte, die Herausgabe von Disketten des Hochbauamtes – Verzeichnis aller Firmen, mit denen die Stadt seit 1993 zusammenarbeitet – so lange wie möglich zu verzögern. Dafür wurde er vom Rechnungsprüfungsausschuss des Rates gerügt, er habe die Arbeit der Staatsanwaltschaft behindert.

Bremsen will Heugel auch mit der neu geschaffenen Stelle der „Anti-Korruptions-Beauftragten". Die Stelle sollte zuerst direkt ihm unterstellt werden, hatte Heugel gewünscht. Jetzt ist sie im Rechnungsprüfungsamt angesiedelt. Dennoch sind ihr die Hände gebunden: Wenn sie die Staatsanwaltschaft einschalten will, muß sie den Dienstweg einhalten: in letzter Instanz entscheidet, wie bisher, der Oberstadtdirektor.

Die 31jährige Juristin aus dem Personalamt soll einen „Katalog" entwikkeln: Welche Geschenke dürfen Beamte annehmen, welche nicht? Was für eine Farce! Anstelle dieses lächerlichen Katalogs, an dem die Stadtverwaltung übrigens schon seit Jahren „arbeitet", wäre z.B. folgende einfache Massnahme angebracht: die Beamten müssen rechtsverbindlich Auskunft darüber geben, ob sie nebenher eine Firma betreiben oder an einer beteiligt sind.

Aus der alten Korruption raus, in neue Korruption rein. „Die Korruption in den Griff bekommen" – man darf die hübsche Doppeldeutigkeit in dieser Formulierung Heugels wörtlich nehmen. Inzwischen lud die Kölner SPD zusammen mit dem nordrhein-westfälischen Ministerpräsidenten Wolfgang Clement „ausgewählte Kreise der verantwortlichen Bürgerschaft" zu einem Abendessen. Dafür wurde eine Spende von 1.000 DM pro Person für die Unterstützung des OB-Wahlkampfs von Klaus Heugel „erbeten". Da durfte man also in der Nähe der Paten den Hauch einer Versprechung spüren, in Reichweite der Fleischtöpfe lukrativer Aufträge, so ganz ohne öffentliche Ausschreibung, zwischen Vorspeise und Hauptgang.

Der Bürger Hanns-Eugen Helfrich bemerkte dazu in einem Leserbrief: „Wäre Dr. Heugel ein normaler Bewerber um das höchste Amt in unserer Stadt, säße er als Oberstadtdirektor nicht an den Vergabe-Schalthebeln, dann dürfte man sich allenfalls über eine weitere Amerikanisierung unseres politischen Lebens erregen. So aber bleibt die bittere Erfahrung, daß mehr als vier Jahrzehnte SPD in Köln den Genossen das Gefühl für Anstand und Moral getötet haben."

Die Zustimmung der Wähler schwindet, und die Genossen flüchten sich offen an die Seite des großen Geldes. Wer etwas gegen die Korruption unternehmen will, der darf diese Verwaltung und die Ratsparteien nicht alleine machen lassen. Notwendig wäre die Einrichtung einer unabhängigen Kontrollinstanz, bei der Bürger, städtische Angestellte und Unternehmer sich melden können, anonym oder mit Namen. Die „whistleblowers" („Ausplauderer", die geschützt werden) in angelsächsischen Ländern wären ein gutes Vorbild.

Insidergeschäfte oder mehr

Nun ist Klaus Heugel, der Kandidat der SPD für das Amt des Oberbürgermeisters, über sein kleines Insidergeschäft gestürzt. Er hatte als langjähriger Fraktionsvorsitzender der SPD und Aufsichtsratsmitglied der stadteigenen Gas-, Elektrizitäts- und Wasserwerke (GEW) sein Insiderwissen genützt. Früher als andere wusste er, dass die GEW ihr Aktienpaket am Kölner Elektrounternehmen Felten & Guilleaume (F&G) verkaufen wollten. Der Gewinn von 30.000 oder auch 60.000 Mark, aufgedeckt vom Bundesaufsichtsamt für den Wertpapierhandel, kosteten der SPD ihren sorgsam aufgebauten Kandidaten. Die CDU kann sich freuen, sie stellt mit Harry Blum nun nach vier Jahrzehnten SPD-Mehrheit erstmals den Oberbürgermeister. (Wie sich mittlerweile herausstellte, war der dann abgebrochene Wahlkampf Heugels auch aus Schmiergeldern für die Müllverbrennungsanlage finanziert worden).

Bei der medial-politischen Begeiferung des Insidergeschäfts wurden einige weitere Zusammenhänge in den Hintergrund gedrückt. Lassen wir einmal ausser acht, dass ein ehemaliger CDU-Funktionär und CDU-Grossspender im Vorfeld des Anteilsverkaufs die etwa zehnfache Menge an F&F-Aktien erwarb und dann ebenfalls verkaufte - dem wurde nicht weiter nachgegangen. Fragen wir aber einmal danach, warum die GEW ihr Aktienpaket überhaupt verkaufte, und zwar an die Moeller-Gruppe? Und um was es dabei eigentlich ging?

Im Jahr zuvor, 1997, hatte es schon Versuche gegeben, den GEW-Sperrminoritäten-Anteil an F&G zu übernehmen, und zwar durch ausländische Unternehmen: den italienischen Kabelhersteller Pirelli und den französischen Elektrokonzern Schneider. Daraufhin wurde beklagt, gewiss nicht ohne Grund, die Übernahme würde zu weiteren Arbeitsplatzverlusten bei F&G führen. Dies wiederum wäre für den SPD-Wahlkampf nicht gut gewesen, hat die sozialdemokratische Partei doch über Betriebsrat und Gewerkschaft im Kölner Traditionsunternehmen einigen Einfluss. Der Verlust von Arbeitsplätzen im Arbeiterstadtteil Mülheim würde gewiss zu starken Stimmenverlusten bei der Wahl führen.

Da wurde nun der Verkauf an die Bonner Moeller-Gruppe als bessere Lösung verkauft. Das deutsche Unternehmen würde gewiss nicht so rabiaten Arbeitsplatzabbau praktizieren. Der Ministerpräsident des Bundeslandes, Wolfgang Clement, und sein damaliger Wirtschaftsminister Bodo Hombach stilisierten den Verkauf an Moeller als „NRW-Rettungsaktion" hoch. Damit, so wurde den Arbeitnehmern versprochen, blieben ihre Arbeitsplätze erhalten. Dass im Kaufvertrag allerdings dann nur die „Erhaltung des Standorts" vereinbart wurde, sagte man den Arbeitnehmern nicht.

Die Hälfte des Verkaufserlöses von 100 Millionen Mark haben die GEW nach eigenen Angaben in die „GEW-Jugendstiftung" eingebracht. Wie und wo die 50 Millionen angelegt sind, mögen die karitativen Wohltäter allerdings nicht verraten. Auch auf die Frage, was mit den restlichen 50 Millionen geschehen soll, erhält man keine Antwort. Offensichtlich werden sie in die Kriegskasse für den Kampf auf dem liberalisierten Strom-, Gas- und Wassermarkt gesteckt: für das Anwerben von Grosskunden ausserhalb Kölns, für die Finanzierung von Dumpingpreisen und für den Aufkauf anderer Energie- und

Wasserversorger quer durch Deutschland. Das ist die andere Seite des F&G-Deals: die GEW verabschieden sich still und leise als kommunal verpflichtetes Unternehmen. Ganz im Sinne der Marktradikalinskis Clement und Hombach.

Durch die Sperrminorität hatten die GEW einen gewissen Einfluss bei F&G. Der war nicht gross, aber nun ist er ganz weg. Das erst ermöglicht den politisch reibungslosen Abbau von Arbeitsplätzen, wie er jetzt beim inzwischen schon weiterverkauften F&G-Kabelwerk stattfindet. Die „deutsche" oder „NRW-Lösung" kann sich ja nicht den „Markt-Gesetzen" entziehen, denen die Landesregierung offen und die Kölner SPD-Spitze insgeheim verpflichtet sind.

Die eigentliche „Gegenleistung" des Insiders Klaus Heugel zeigt sich schliesslich in folgendem Punkt: Die Umnutzung der grossen Industriebrachen auf dem F&G-Gelände war wesentlicher Bestandteil des Anteilsverkaufs. Die wertvollen, rheinnahen Flächen scheinen ja das eigentlich interessante Objekt des ganzen Geschäfts zu sein. Heugel, der zu diesem Zeitpunkt auch Oberstadtdirektor war, liess nicht, wie es seine Pflicht gewesen wäre, den Kaufvertrag mit Moeller hinsichtlich der Auswirkungen auf das betroffene Sanierungsgebiet Mülheim prüfen. Im Gegenteil, er war bereit, die Bauleitplanung an die Vorhaben interessierter Investoren anzupassen. Die „Bürgerdienste Mülheim" und das „Institut für Neue Arbeit" wollten prüfen lassen, ob der Kaufvertrag deshalb überhaupt rechtens ist. Aus der Prüfung wurde nichts.

Das Insidergeschäft Heugels war abgegeifert, die Folgen für Arbeitnehmer und Bevölkerung interessierten „niemanden".

Stadtverwaltung: unterirdische Subventionen

Ungenehmigte Grabungen in der Archäoszene

Seit ich aus dem Rechnungsprüfungsamt der Stadt rausgedrängt wurde, mit einer guten Abfindung, kann ich viel spazierengehen. Da kann man mal über die Vergangenheit nachdenken, über den ganzen Quatsch zum Beispiel, den man jahrelang mitgemacht hat. Und was einem dann die Leute so mitteilen, auch ehemalige Kollegen aus der Stadtverwaltung, die noch da arbeiten! Manchmal sprudelt es richtig. Da packt mich der alte Beruf, der übrigens viel mit Archäologie zu tun hat: Schicht um Schicht tiefer graben, Belege abkratzen, von allen Seiten begucken. Zum Beispiel neulich traf ich den Kollegen K. von der Bodendenkmalpflege. Ich ging gerade am Heumarkt spazieren. Das gucke ich mir gerne an, seit da wieder gegraben wird. Kollege K. ging auch da rum, etwas frustriert, wie mir schien, aber freundlicher als früher, als ich immer seine Abrechnungen prüfen mußte. Er hatte beruflich hier zu tun, er soll in Vertretung der Frau Spiegel in Fachaufsicht machen über die privaten Grabungsfirmen, die jetzt im Auftrag von Hochtief hier buddeln. Seitdem treffen Kollege K. und ich uns öfter am Heumarkt. Inzwischen kommen gelegentlich noch Kollege P. vom Stadtmuseum und Kollegin F. vom Römisch-Germanischen Museum dazu. Ob das alles stimmt, was die mir erzählen? Jedenfalls bilden wir in Dienst- und Freizeit eine lustig-frustrierte Hobby-Archäologen-Runde. Wir graben alles Mögliche aus. Manchmal ziehen wir uns in ein nahegelegenes Brauhaus zurück und halten unsere Erkenntnisse auf Stößen von Bierdeckeln fest.

Der Byzantinist

In der ersten Schicht unserer ungenehmigten Grabung haben wir zunächst einen leibhaftigen Professor aus der Jetztzeit freigelegt. Er steht voll im Saft der kleinen, aber feinen Kölner Archäoszene. Er ist der Chef und heißt Hellenkemper. Jeder richtige Klüngelant beginnt mit einer harschen Kritik des Klüngels. So auch Hellenkemper, als er noch nicht Direktor des Römisch-Germanischen Museums und Professor war. Schrieb der heiße Jungsporn damals in seinem Artikel „Archäologie und U-Bahn-Bau in Köln": „... hat die Kölner Archäologie fünf schwarze Jahre im Dienst des Fortschritts erlebt, von 1964 bis 1969... Um keine Mißverständnisse aufkommen zu lassen, hier wird nicht der U-Bahn-Bau beklagt, sondern die Versäumnisse der archäologischen

Bodendenkmalpflege... Eine mit dem Bauvorhaben abgestimmte Rettungsgrabung hätte einen bedeutenden wissenschaftlichen Ertrag für die Geschichte des römischen Köln erbracht."

Diese Kritik hinderte den Jungarchäologen nicht, danach nun selbst weitere schwarze Jahre im Dienst des Fortschritts zu organisieren. Als er ab 1981 verantwortlich war für die Grabungen beim Bau des Rheinufertunnels und der Philharmonie, ließ er hunderte von LKW-Ladungen mittelalterlicher Kölner Kulturschichten schnell auf diverse Müllkippen verteilen. Schulkinder fanden damals schöne Antiken auf der Müllkippe Immendorf, und das Stadtmuseum kaufte eine herrliche Bronzeschale, die Hellenkemper als Leiter der Abteilung Bodendenkmalpflege im Römisch-Germanischen Museum bei der gesetzlich vorgeschriebenen Ausgrabung hätte zutage fördern müssen.

An der Bonner Universität hat Hellenkemper seinen Doktor als historischer Geograph gemacht. In seiner Dienstzeit hielt er danach an der Kölner Universität Seminare in „Byzantinischer Archäologie", in einer Wissenschaft also, die es bis dato nicht gegeben hatte. Auf diesen Ausweg war er verfallen, da ihn das Archäologische Institut der Universität mit Seminaren nicht betraut hatte. Die Byzantinisten freuten sich über den kreativen Neuzugang. Zur Belohnung brauchte der Chef der Kölner Bodendenkmalpflege keine eigene Habilitationsschrift zu verfassen wie sonst üblich, um habilitiert zu werden. Es reichte die „wissenschaftliche Gesamtleistung" seiner Seminare. Und so wurde er als Nicht-Archäologe von Nicht-Archäologen schließlich noch zum Professor der „Byzantinischen Archäologie" ernannt.

Der Ministeriale

Die nächste Schicht unserer ungenehmigten Grabungen erschloß uns noch einen Professor. Heinz Günther Horn, Referent für Bodendenkmalpflege im Düsseldorfer Ministerium für Landesentwicklung, hat zehn Semester lang während seiner Dienstzeit den Weg von Düsseldorf nach Köln und zurück auf sich genommen, um an der Kölner Universität Seminare zum „Denkmalrecht in den römischen Provinzen" abzuhalten: Denkmalrecht I, im folgenden Semester Denkmalrecht II, dann Denkmalrecht III undsoweiter; danach im Zyklus „Was ist ein Bodendenkmal", „Was ist Bodendenkmalpflege" undsoweiter. Für seine dergestaltige „wissenschaftliche Gesamtleistung" während der Dienstzeit wurde er im Juni 1995 an der Kölner Universität habilitiert, und zwar von einem Gremium, dessen Mitglieder sämtlich von den finanziellen Zusatzmitteln abhängen, die der nunmehrige Professor Horn als zuständiger Referent des Düsseldorfer Ministeriums verteilt.

Bei wichtigen archäologischen Fragen tritt nun der akademisch geadelte Ministeriale in Köln als Gutachter auf. Dabei betrachtet es der oberste Archäologe des Bundeslandes als seine Aufgabe, mit der Ausweitung seines eigenen Arbeitsplatzes die Archäologie mehr oder weniger sanft zum Verschwinden zu bringen. So bezeichnete er beispielsweise die in einer Neubaugrube am Perlenpfuhl gefundenen zentnerschweren Pfeilerbasen und Säulenstümpfe aus römischer Zeit als „sensationellen Fund"; andererseits dürften „dem Investor keine Opfer in Sachen Denkmalschutz zugemutet" werden. Dabei geht die marktwirtschaftliche Radikalität bekehrter Sozis auch hier weiter als die Marktwirtschaft selbst: Hatte doch der Bauherr, die Richmodis-Grundstücksgesellschaft, angeboten, ein kleines archäologisches „Forum-Museum" unter dem Perlenpfuhl einzurichten, da dort noch weitere Funde zu erwarten sind. Der Byzantinist und der Ministeriale lehnten dankend ab.

Der Investor

Für die Freilegung der nächsten Schicht hatte unsere Grabungsrunde, die wiederum im Brauhaus Sion tagte, noch Zugang aus dem Büro des Oberstadtdirektors. Auch ein etwas geheimnisvoll tuendes Ratsmitglied der schwarzen Fraktion gesellte sich zeitweise dazu und brachte ein paar hochwichtige Unterlagen mit, die wir freilich selbst schon ausgegraben hatten.

Bekanntlich sind die Kassen der Stadt Köln leer. Das erzählen uns zumindest der Oberbügermeister Burger und der Oberstadtdirektor Ruschmeier, deren Taschen voll sind. In dieser Frage, der wir bei unseren Brauhausrunden später einmal auch noch nachbohren wollen - im Rahmen der Kölner Aktual-Archäologie - sind noch interessante Grabungsfunde zu erwarten. Weil die öffentlichen Kassen also leer sind, empfehlen uns die Herren mit den vollen Taschen neuerdings immer folgende Lösung: Ein privater Investor muß her. Der zahlt selbst, ist billiger, effizienter, flexibler undsoweiter. Im Falle des Heumarkts heißt der Investor Hochtief AG, ein alter Bekannter, der zur großen RWE-Familie gehört, die schon mit dem Milliarden-Müllofen undsoweiter zugange ist.

Nun schreibt glücklicher- oder auch unglücklicherweise die Landesbauordnung vor, daß pro soundsoviel Quadratmeter Büro-, Kneipen-, Wohnungs- usw. -Fläche in den Innenstädten ein Autostellplatz zur Verfügung zu stellen ist. Wer keine Stellplätze baut, muß eine Stellplatzabgabe an die Stadt bezahlen. Damit kann die Stadt dann zum Beispiel Tiefgaragen bauen. Sie kann das Geld, wie in diesem Falle 10 Millionen DM, auch an eine Firma verschenken, die sich zu diesem Zwecke Investor nennt. Was die Hochtief AG auch tat. Hochtief suchte sich dann ein schönes und rentierliches Plätzchen für die Tiefgarage aus, den nördlichen Heumarkt. Da dort aus zweitausendjähriger Kölner Altlast vielleicht der archäologisch interessanteste Platz Mitteleuropas liegt, ist der Investor gesetzlich verpflichtet, anstehende archäologische Grabungen zu bezahlen. Also beschloß der Kölner Rat: „Der Investor führt die erforderlichen Grabungen auf eigene Rechnung durch." Der mit 10 Millionen DM bereits beschenkte Investor wurde aber erwartungsgemäß - und vom Oberstadtdirektor unterstützt - frech und verlangte, daß die Stadt auch die Grabungen bezahlt.

Daraufhin beschloß die Ratsmehrheit, daß Hochtief aus der leeren Stadtkasse weitere 6,1 Millionen DM erhält. Folgenden herrlichen Satz haben wir aus der dazugehörigen Ratsvorlage ausgegraben: „Die unter Umständen erforderliche Anfinanzierung in Höhe von 300.000 DM wird in 1995 durch Haushaltsreste sichergestellt." Unter Umständen! Anfinanzierung! Haushaltsreste! Irgendwo sind in der leersten Stadtkasse immer schöne Reste zu finden, man muß nur suchen - eine alte Archäologenweisheit übrigens. Dem Investor wurde noch zugestanden, daß er ein Erbbaurecht auf 50 Jahre (mit Verlängerungsoption) hat, daß „der Erbbauzins bis zum Erreichen der Wirtschaftlichkeit ausgesetzt" wird und daß er die Tiefgarage nach Fertigstellung auch verkaufen darf, wenn er möchte.

Die Ausgräber

1992 begann unter Leitung von Sven Schütte, damals Leiter des Amtes für Bodendenkmalpflege, die Testausgrabung am nördlichen Heumarkt. Hellenkemper hatte die Leitung des Amtes abgegeben, weil er inzwischen zum Direktor des Römisch-Germanischen Museums geworden war. Sein Aufstieg fiel unglücklicherweise mit dem Abstieg des Museums zusammen. Es hatte in den 70er Jahren als vorbildlich in Deutschland gegolten und hatte zunächst 700.000 Besucher jährlich angezogen. Danach wurde auf diesem Gebiet in Köln nicht mehr viel getan, vielmehr setzte sich nun auf der anderen Seite des Doms der Schokoladenfabrikant mit seinem Kunstmuseum durch. Die Besucherzahlen fielen in Hellenkempers Zeit auf 300.000 im Jahr.

Byzantinist Hellenkemper, nun als Abwickler der Kölner Archäologie eingesetzt, erwartet von der zweitausendjährigen Altlast am Neumarkt archäologisch nichts: keine Kaiserköpfe, keine Goldsärge, nur Funde aus dem Alltag der handwerkelnden und handeltreibenden Kölner. Im Römisch-Germanischen Museum plaziert er nun Ausstellungen über „25 Jahre Sendung mit der Maus" und ähnlich Beliebiges. Hellenkemper setzte Schütte und die Testausgrabung ab, Schütte wurde ins Stadtmuseum strafversetzt. Hellenkemper bekam - zusätzlich zu seiner Direktorenstelle im Museum - wieder die Leitung des Amtes für Bodendenkmalpflege.

Zunächst beantragte er im Januar 1996 das wichtigste, nämlich eine Gehaltserhöhung für sich selbst. Dann sorgte er in Abstimmung mit dem Oberstadtdirektor und dem Investor dafür, daß mit den Ausgrabungen zwei Privatfirmen, nämlich die „Arbeitsgemeinschaft Heumarkt" beauftragt wurde. Die eine der beiden Firmen, die Land GmbH, ist die größte Grabungsfirma Deutschlands. Eine öffentliche Ausschreibung wurde dadurch umgangen, daß der Auftraggeber der Grabung eben ein privater Investor ist. Der Rat beschloß brav „die Reduzierung des Grabungsstandards" und drängt nach vier vertrödelten Jahren nun plötzlich auf Zeitersparnis. Ob Hochtief die 6,1 Millionen ganz für die Grabungen ausgibt, ist nicht verpflichtend festgelegt.

Der nördliche Heumarkt

In der letzten Schicht unserer ungenehmigten Grabungen kommen wir nun auf das sozusagen eigentliche Objekt. Köln stellt die größte kontinuierliche Ansiedlung seit der Römerzeit in Deutschland dar. Auf dem Heumarkt wurde von den Römern gebaut - die Mauern sind gut erhalten -, danach zweitausend Jahre nicht mehr. Der Bereich wurde aber die ganze Zeit über genutzt, als Markt, als Platz für Handwerkerbuden („Gademmen"). Köln als größte Stadt Mitteleuropas war Hansestadt und Umschlagplatz zwischen Nord und Süd, West und Ost. Noch in den 20er Jahren unseres Jahrhunderts wurden hier Kartoffeln, Kaninchen und Gemüse aus dem Vorgebirge verkauft. Da nicht neu gebaut wurde, sind die abgelagerten Reste all dieser Tätigkeiten chronologisch übereinander gelagert, nicht miteinander vermischt. Das ergäbe, bei sorgfältiger Grabung, beispielsweise die Möglichkeit, eine für ganz Mitteleuropa gültige Keramik-Chronologie zu erstellen.

Der Byzantinist aber, der die Fachaufsicht über die Grabungen hat, ist an einer schnellen Lösung interessiert, wie schon beim Rheintunnel und der Philharmonie. Der Byzantinist, der Ministeriale, die Kulturdezernentin Dittrich von Weringh sind dabei, eine gemeinsame Privatstiftung „Archäologie in Köln" zu gründen. Sie suchen mithilfe privater Investoren Spektakuläres, um den „Standort Köln" attraktiv zu machen. Unter ihrer Anleitung wird der ungeliebte Jahrtausendschutt vom Heumarkt fachaufsichtlich abgeräumt. Mit der unmittelbaren Fachaufsicht haben sie mit Elisabeth-Maria Spiegel sicher die richtige betraut: Sie hat keine einschlägige Berufsausbildung, ist aber Tochter des ehemaligen Diözesanbaumeisters Schlombs und Schwester der Direktorin eines Kölner Museums. Papa hat ihr damals die Stelle in der Bodendenkmalpflege verschafft. In Veröffentlichungen der kleinen, aber feinen Kölner Archäoszene darf sich die abgebrochene Archäologiestudentin auch schon mal als Wissenschaftlerin und Doktorin bezeichnen.

Die ansonsten nun weniger beschäftigten Mitarbeiter des Amts für Bodendenkmalpflege können während der Dienstzeit in Brauhäuser gehen, unserer frustiert-fröhlichen Runde mal Unterlagen mitbringen oder auch einer bezahlten Nebentätigkeit nachgehen - ein breites Spektrum dienstlicher Handlungen also, von denen ein Teil vielleicht dann doch letztendlich dem echten archäologischen Fortschritt dient. Die Bierdeckel mit unseren Brauhausprotokollen wollen wir in den Grundstein der Tiefgarage einschmuggeln. Vielleicht kommt ja irgendwann ein richtiger Klüngelarchäologe...

Zuschußmonster Klöckner-Humboldt-Deutz AG

Für Unternehmenskatastrophen sind Feiertage Gold wert. Termingerecht, einen Tag vor Pfingsten 1996, ging der Vorstand der KHD-Tochter Wedag zum Vorstand der Konzernholding und gestand, man habe jahrelang Bilanzen manipuliert, vor allem bei Großaufträgen für Zementfabriken in Saudi-Arabien. Es sei ein Schaden bis zu einer Milliarde entstanden, wenn man die von den Saudis drohende Konventionalstrafe von 300 Millionen einrechne, denn die Zementwerke würden nicht rechtzeitig fertig. Für KHD drohte nun der Konkurs, es geschah das Übliche: Der Kurs der Aktie wurde an den Börsen ausgesetzt, Hauptaktionäre und -gläubiger berieten sich in aller Ruhe während der Feiertage. Der „Held von Mogadischu", der ehemalige Kölner SPD-Bundestagsabgeordnete Wischnewski („Ben Wisch") wurde ins Flugzeug gesetzt und sollte die Saudis überreden, die Konventionalstrafe nicht einzufordern.

Sanierung als soap opera

Eine Woche später hieß es zum sechsten Mal in der KHD-Konkurs-& Rettungs-soap opera: „KHD gerettet." Die Wedag-Vorständler Hochscherf, Gärtner und Hartmann wurden entlassen und wegen Betrugs angezeigt. Banken, KHD-Vorstand, der Kölner Oberstadtdirektor Ruschmeier und NRW-Landeswirtschaftsminister Clement hatten wieder ein endgültiges „Rettungspaket" geschnürt (s. Kasten). Krisenmanager Ben Wisch hatte bei den Saudis nichts erreicht, sondern auftragsgemäß Teile seines Honorars in den Hotels von Riad versoffen (Kölner Express: „Abgekämpft steigt Ben Wisch aus dem Flieger aus Riad"). Von der Haltung der Zementfabrikenbesteller hing, so wurde bei der Vorstellung des Rettungspakets mitgeteilt, die Sanierung nicht ab.

Was ist bei KHD wirklich passiert? Wir wissen nur, daß die Medien folgsam eine Schmierenkomödie inszenierten, 6. Akt. Die Rechtsanwälte der Wedag-Vorständler teilten mit: „Die außer- und innerbetrieblichen Tatbestände, die die Entwicklung der Zementfabrikgeschäfte bestimmten, waren nicht das Geheimnis der ausgeschiedenen Vorstandsmitglieder. Vor allem darf der Versuch, die Krise mit fehlerhaften Mitteln zu bewältigen, nicht verwechselt werden mit den Gründen für deren Entstehen. Die vorgeworfenen Buchhaltungsmanipulationen - ein Jahresabschluß der KHD Humboldt Wedag liegt bis heute nicht vor - haben keinen Schaden verursacht, sondern dienten vordergründig der Vermeidung seiner Aufdeckung." Und KHD besteht - unter dem Dach einer Holding in Luxemburg und der Klöckner-Stiftung in Holland - aus weltweit „ungefähr“ 107 Firmen (wieviele es sind, weiß „man“ nicht genau): Es ist unwahrscheinlich, daß nur in der Wedag betrogen worden wäre – aber dieser Frage ging keiner der „Sanierer“ nach.

Mit der Sanierungssume von 1,062 Mrd. DM sind keinerlei Auflagen zur Verbesserung der Kontrolle im Konzern und zur Arbeitsplatzsicherung verbunden. Die Zahl der Beschäftigten wurde kräftig geschönt: Kölns Oberstadtdirektor Ruschmeier sprach von 5.500 Arbeitsplätzen in Köln, die es zu retten gelte, die Medien gaben die Zahl kritiklos wieder. Es sind aber nur 4.400 Arbeitsplätze. Saniert wurde jedenfalls einer: Oberstadtdirektor Ruschmeier ist nun im KHD-Vorstand.

Nach der Verabschiedung des Rettungspakets kamen (einige) weitere Tatsachen aus dem Sumpf KHD ans Tageslicht. Laut Mitteilung der Kölner Staatsanwaltschaft war bei den Zementfabriken in Saudi-Arabien ein deutscher Unternehmer als Vermittler eingeschaltet. Er war gleichzeitig Subunternehmer von KHD. Er erhielt von KHD 15 % der Auftragssumme als „Provision“ (ein Zementwerk für 250 Millionen DM ergab somit 37,5 Millionen DM „Provision“). Einen Teil davon bekamen üblicherweise Mitglieder der saudischen Regierung, einen Teil bekam Wedag-Vorstandsmitglied Gärtner als „kickback“ in die eigene Tasche. Das wurde auch so gehandhabt, wenn der Auftrag gar nicht zustandekam. Die Staatsanwaltschaft hat bisher Hinweise auf ein Gesamtvolumen der „Provisionen“ von 200 Millionen DM. Trotz alledem überstanden Vorstandsvorsitzender Schneider und Finanzchef Edelmann auch die mehrfach verschobene Aktionärsversammlung im September 1996: Sie haben von alledem natürlich nie etwas gemerkt und sind weiterhin im Amt.

Der KHD-Konzern

1864 wurde in Coeln-Deutz die erste Motorenfabrik der Welt gegründet. Nikolaus Otto baute hier mithilfe des Zuckerkapitalisten Eugen Langen den Otto-Gasmotor. Er löste als industrielle Antriebsmaschine weltweit die Watt’sche Dampfmaschine ab. Gottlieb Daimler arbeitete hier als Chefkonstrukteur, bevor er sich mit einer eignen Autofabrik selbständig machte. Ab 1885 wurde hier der ebenfalls von Otto erfundene Viertakt-Benzinmotor gebaut, dann der Dieselmotor. In Autos, LkWs, Schiffen, Bussen, Loks, Ölförderpumpen und Industrieanlagen trug die Kölner Deutz AG zur weltweiten Motorisierung bei.

Der Konzern KHD beginnt im Nationalsozialismus. Der Duisburger Industrielle Klöckner fusioniert bis 1938 die Humboldt AG Kalk (Aufbereitungsanlagen für Kohle, Erze, Zement), die Motorenfabrik Deutz, die Westwaggon AG und andere zur KHD AG. Hitler eilt zur Einweihung nach Köln. Es regnet Staatsaufträge. 8.000 Zwangs- und Billigstarbeiter werden von der Gauleitung

Das „Rettungspaket"

Die 1,062 Mrd. DM Verbindlichkeiten der KHD AG sollen durch folgende Maßnahmen ausgeglichen werden (Garantien über Arbeitsplätze oder Neuregelung der Kontrolle im Konzern gehören nicht dazu):

* Die Deutsche Bank verzichtet auf Forderungen von 300 Mio DM und gibt einen neuen Kredit über 250 Mio DM. Die übrigen Gläubigerbanken verzichten für 15 Monate auf Zinsen.
* Die Konzerntochter Humboldt-Wedag (es ist das größte KHD-Tochterunternehmen mit 3.200 Beschäftigten) wird verkauft.
* Den Beschäftigten werden die Löhne rückwirkend zum Jahresbeginn um fünf Prozent gekürzt, die Arbeitszeit um eine bis fünf Stunden pro Woche verlängert, Überstundenzuschläge werden gestrichen, Betriebsrenten werden eingefroren. Das ergibt zusammen 110 Mio DM.
* KHD verkauft für 378 Mio DM seine Tochterunternehmen Savor und Kopor, denen die KHD-Grundstücke in Köln-Kalk gehören. Die Laurenz KG, eine Tochterfirma der Stadtsparkasse Köln, tritt als Käufer auf. Die Stadtsparkasse gibt ihr dafür einen Kredit mit einer Laufzeit von 20 Jahren. Die KHD mietet die Grundstücke zurück
* Stadt Köln und Land NW finanzieren jeweils 89 Mio DM des Kredits der Stadtsparkasse an die Laurenz KG, da die von KHD gezahlten Mieten für die Tilgung nicht ausreichen. Für den Fall der Zahlungsunfähigkeit von KHD übernimmt die Stadt eine Ausfallbürgschaft über 200 Millionen DM.
* Die Stadt Mannheim und die städtische Wohnungsbaugesellschaft GBG kaufen für 30 Mio DM ein MWM-Grundstück.
* Der Pensionssicherungsverein (PSV) übernimmt 174 Mio DM an Pensions-Verpflichtungen der KHD. Für fünf Jahre wird ein Teil der

gestellt. Bis 1944 entwickelt KHD im „nationalsozialistischen Musterbetrieb" den luftgekühlten Dieselmotor, der im sibirischen Eis ebenso durchhält wie im afrikanischen Wüstensand. Die nachholende Motorisierung in sozialistischen und Entwicklungsländern ermöglicht die Fortsetzung der Erfolgsstory nach dem 2. Weltkrieg. 1964 ist der Höhepunkt erreicht: 32.000 Beschäftigte, Standorte in Köln, Mannheim, Ulm, Mainz, Oberursel, 135 Auslandsfilialen und -vertretungen.

Die internationale Konkurrenz, das Ende des Wirtschaftwunders und technische Neuentwicklungen (das wassergekühlte Motor ist besser und braucht weniger Energie) seit Mitte der 60er Jahre setzen dem deutschen KHD-Sonderweg ein Ende – eigentlich. Aber nun wird die Arroganz des politischen Sauriers ausgespielt, Banken und „Sanierer“ profitieren vom subventionierten Untergang. Seit 1965 wurden sechs „Sanierungskonzepte“ ingang gesetzt.

Sanierungsgewinnler

Die Verschleißzeit der Konzepte und Vorstände verkürzt sich von Mal zu Mal. Die Zahl der Beschäftigten wird schrittweise von 32.000 auf gegenwärtig 9.400 gedrückt (von den 9.400 Arbeitsplätzen befinden sich 8.000 in Deutschland, davon wiederum 4.400 in Köln, 1.400 in Mannheim, 340 in Ulm, 655 in Bochum, 406 in Dessau usw.). Die Deutsche Bank, die seit dem NS den Vorsitzenden des Aufsichtsrats stellt, verdient sich als größte der 20 Gläubigerbanken an den steigenden Sanierungskrediten einen vierstelligen Millionenbetrag. Ende der 80er Jahre wird die Deutsche Bank auch Hauptaktionär. Von der Dresdner Bank über die Westdeutsche Landesbank bis zum Bankhaus Oppenheim und den Stadtsparkassen in Mannheim und Köln leckt sich die deutsche Bankenwelt nach KHD-Krediten und flankierenden Staatsgarantien die Finger.

Mit nostalgischen Hoffnungen, wieder die Nummer eins zu werden, kaufen und verkaufen sich die wechselnden Sanierungsvorstände durch die internationale Unternehmenslandschaft bei Landmaschinen, LkWs, Anlagen- und Motorenherstellern. Neue und modernste Produktionsanlagen werden gebaut. Sie sollen jedesmal die besten auf der Welt sein, wie das 1991 für 600 Millionen DM fertiggestellte Motorenwerk Köln-Porz. Aber die Renommierprojekte erweisen sich regelmäßig als überdimensioniert und als Quelle neuer Verluste. Das Werk Porz ist für 130.000 Motoren pro Jahr ausgelegt, aber nur 58.000 werden hergestellt und verkauft.

In den „Sanierungen“ wird schrittweise das Tafelsilber verkauft. Milliarden kamen in die Kasse, die Substanz wurde ausgezehrt. 1995 wurde das Traktorenwerk Deutz-Fahr an die italienische Gruppe SAME verkauft; auch das rettet nicht den Standort Köln, denn SAME verlegt Deutz-Fahr ins süddeutsche Lauingen. Jetzt soll das verbliebene Kernstück, die Wedag mit 3.225 Beschäftigten, verkauft werden; einen Kaufinteressenten gibt es allerdings nicht.

Mit dem Verkauf des Restgrundstücks in Köln besitzt KHD nicht einmal mehr die Stühle, auf denen der Vorstand sitzt. Alle Räume und Grundstücke in Köln müssen geleast werden. Schon bisher fraßen die 460 Millionen Mark Leasingkosten pro Jahr die Kredite und Gewinne auf – Blindflug in die Sackgasse. Nur die Banken profitieren. Das gleiche System wird nun in Mannheim durchgezogen.

Freiwillige und unfreiwillige Subventionen von (fast) allen Seiten

Die „Sanierungsbeiträge" werden von allen (übrigen) Seiten geleistet. Seit 1972 wird den Aktionären nur noch in Ausnahmejahren eine Dividende gezahlt. Die Beschäftigten lassen sich zu zahlreichen Einkommenskürungen breitschlagen. Die „Standortsicherung" ist für den global player Deutsche Bank der Knüppel, der hilflose und demagogische Politiker zu steigenden staatlichen Zuschüssen treibt. Das Arbeitsamt finanziert Vorruhestandsprogramme. Wegen ständiger Verlustvorträge in der Größenordnung von mehreren hundert Millionen DM zahlt KHD kaum Steuern.

Aus dem verschuldeten Kölner Stadthaushalt wurden und werden Millionen in das marode Unternehmen gepumpt. Die Ratsmehrheit hat KHD 1991 für 150.000 Quadratmeter Industriefläche einen Gefälligkeitspreis von 58 Millionen DM bezahlt. 1995 wurde ein weiteres Grundstück für 11 Millionen DM erworben. Die städtische Messegesellschaft kaufte für 63 Millionen DM ein überteuertes Grundstück. Für die jetzige Subvention von 89 Millionen DM muß die Stadt einen Kredit aufnehmen, der jährlich 5 Millionen Zinsen kostet. 30 Millionen an geplanter Investition in den öffentlichen Nahverkehr werden dafür gestrichen.

Die verschuldete Stadt Mannheim und die städtische Wohnungsbaugesellschaft GBG zahlen 6,5 Mio DM für ein MWM-Grundstück (MWM = Motorenwerke Mannheim, Tochterunternehmen von KHD) auf der Friesenheimer Insel bzw. 23,5 Mio DM für ein weiteres MWM-Grundstück. Andere Sanierungsprogramme werden dafür gekippt. Drei Jahre Miete zum Nulltarif bekommt MWM auf diesem Grundstück zusätzlich geschenkt. KHD verpflichtet sich im Gegenzug, innerhalb von fünf Jahren 56 Mio DM am Standort Mannheim zu investieren. Das Versprechen zu dieser Investition war von KHD im Jahre 1995 schon einmal abgegeben worden. Wie in Köln hat auch die Stadtverwaltung Mannheim auf eine Garantie für eine bestimmte Anzahl von Arbeitsplätzen verzichtet.

Der Pensionssicherungsverein übernimmt nun mit dem gegenwärtigen Sanierungskonzept 174 Millionen an Zahlungen, die KHD für Betriebsrenten zahlen müßte. Der Pensionssicherungsverein muß aus diesen Gründen Pensionsleistungen an andere Empfänger kürzen. Man vergegenwärtige sich dabei eine andere teure Folge des subventionierten Untergangs: Heute hat KHD 12.500 Pensionäre, aber nur 9.400 Beschäftigte.

Ehrlicher Konkurs statt subventionierte Konkursverschleppung

Die endlos subventionierten, kreditfinanzierten und schließlich doch vernichteten Arbeitsplätze von KHD sind die teuersten Arbeitsplätze Kölns. Die für KHD in dreißig erfolglosen Sanierungsjahren verschleuderte Geldsumme hätte das Vier- bis Zehnfache neuer Arbeitsplätze – im Vergleich zu den bis heute erhaltenen Arbeitsplätzen – ergeben, wenn man nach Kriterien vorgegangen wäre, die beispielsweise der Kölner Unternehmensberater Michael Sallet skizziert:

„Firmen wie KHD zu stützen bringt bestenfalls Zeitaufschub (siehe Kohleförderung) für jene 20 Prozent der Firmen, die (noch) 80 Prozent der Umsätze machen. Zukunftsfirmen sind aber nicht dort, sondern unter jenen 20 Prozent zu suchen, die (noch) nur 20 Prozent der Umsätze machen. Der etwas genauere Blick z.B. in die USA zeigt, wie das Umfeld etwa der Neuengland-Universitäten nicht nur durch High-Tech, sondern auch durch innovatives Gewerbe in traditionellen Branchen gekennzeichnet ist. Handwerk und Kleingewerbe, die auch in Köln beste Beschäftigungspotentiale bieten, fallen aber im öffentlichen Spagat zwischen High-Tech und Altindustrie meist durch: effizient ja, aber zu unspektakulär."

Ein ehrlicher Konkurs käme billiger als die „Sanierung" nach Bankherrenart. Die Banken praktizieren – unter Beihilfe von Politikern und Stadtverwaltung – Konkursverschleppung. Bei einem ehrlichen Konkurs dagegen könnte für die bestehenden Aufträge eine Beschäftigungsgesellschaft und später – wenn sie sich als tragfähig erweist – ein neues Unternehmen gegründet werden. Nikolaus Otto, Gottlieb Daimler und Risikokapitalist Eugen Langen hätten ihre Freude daran.

Gebäudewirtschaft macht Gewinne, die Schulen verrotten

Vor dem nächsten Karnevalstermin nahm sich Oberbürgermeister Fritz Schramma zwei Minuten Zeit, um die Einwendungen der Kölner Schul-Pflegschaften gegen den Haushaltsplan 2001 entgegenzunehmen. Das 200 Seiten starke Paket hatte Josef Bünger, einer der Sprecher des Eltern-Bündnisses, überreicht. Darin wird dokumentiert, dass der Etat, wenn er im April vom Rat so beschlossen werden sollte, „keine ordnungsgemäße und vollständige Erfüllung der Pflichtaufgaben" zulässt. Täglich würden etwa 24.000 Schüler in 893 Baracken („Pavillons") unterrichtet, die zum Teil wegen Überalterung nicht mehr benutzt werden dürften. Vorschriften über Arbeits- und Gesundheitsschutz würden ignoriert. „Hier findet ein täglicher Gesetzesbruch statt", so Bünger.

„Aber wir geben doch jedes Jahr 80 Millionen Mark zur Instandhaltung der Schulen aus", verteidigte sich Schramma. Er kann darauf verweisen, dass er die beiden Fraktionen von CDU und SPD dabei voll hinter sich hat. Doch dieses Standardargument von Verwaltung und Ratsmehrheit ist falsch, so die Schulpflegschaften. Deren sorgsam zusammengestellte Unterlagen sind das

Ergebnis jahrelanger Arbeit. Der Rat beschließt zwar alljährlich, 63 Millionen Mark zur Instandhaltung auszugeben, tatsächlich ausgegeben wurden seit 1998 jährlich aber immer nur jeweils 39 Millionen. Durch Übertragung ins jeweils nächste Jahr werden aus den 63 Millionen 80 Millionen.

Aber selbst mit 80 Millionen Mark würde der marode Zustand der teilweise hundert Jahre alten Schulgebäude nicht beseitigt. Sie wurden seit der Sparpolitik der 80er Jahre häufig nicht mehr renoviert. Turnhallen sind unbenutzbar. Heizungen funktionieren nicht. Fenster sind undicht. Schimmelpilz vermehrt sich in feuchten Räumen. Außerdem fehlen zahlreiche Klassenzimmer, insbesondere Fachräume, es fehlen Schulärzte, Hausmeister und Sekretärinnen. Bünger: „Seit 1980 leidet der Schulbereich unter einer ständigen Unterfinanzierung. Der Investitionsstau beträgt eine Milliarde Mark."

Erleichtert wird diese dubiose Mittelverwendung durch die vor einigen Jahren gegründete „eigenbetriebsähnliche Einrichtung" namens „Gebäudewirtschaft". Sie ist eine GmbH. Ihr wurden mittlerweile alle Schulen und städtischen Gebäude „überschrieben". Inzwischen gehören fast alle Schulen und anderen Gebäude der Stadt bis hin zum neuen Technischen Rathaus neben der KölnArena diesem Privatunternehmen. Ohne dass es für die Gebäude einen einzigen Euro gezahlt hätte. Aber für die Schulen etwa zahlt die Stadt aus ihrem Haushalt Schulen und Bildung 241 Millionen Mark Miete im Jahr an die Gebäudewirtschaft GmbH.

Die Gebäudewirtschaft soll aber auch Gewinn machen. Denn wenn man privatisiert, dann ist das ja immer die bessere, wirtschaftlichere Lösung. Damit das nun auch wirklich so ist, wird manipuliert, was das Zeug hält. Deshalb werden weder die Mieten noch die zusätzlich bewilligten 80 Instandhaltungsmillionen ganz für Schulzwecke investiert. Die Gebäudewirtschaft schleust jährlich etwa 100 Millionen an den allgemeinen Haushalt zurück. Der Einzelplan Schule mit seinen 382 Millionen stellt somit eine trickreiche Täuschung dar. Die vielen schönen Millionen, die von den bildungseifrigen Ratsmitgliedern für die Schulen beschlossen werden, werden gar nicht alle für die Schulen ausgegeben, aber das wissen die Ratsmitglieder nicht, noch weniger die Öffentlichkeit.

Seit 1997 rühmt sich die Stadt Köln ihres Modellversuches „schulische Girokonten". Sie gehören zum hochtrabenden Modellprojekt „selbständige Schule". Aus einem Gesamttopf von 5,9 Millionen Mark erhält jede Schule je nach Schülerzahl einen bestimmten Betrag zur Erfüllung laufender Ausgaben. Die darf sie jetzt selbständig beschliessen. Sehr fortschrittlich. Doch da kann Seltsames passieren. Im Jahr 1999 standen etwa der Hauptschule Brehmstrasse 13.000 Mark zu. Am Ende des Jahres waren, wie Elternvertreter Ralph Bickel auf mehrfaches Nachfragen beim Direktor erfuhr, 9.800 Mark nicht ausgegeben. Dafür kaufte der Direktor einen Satz Geschichtsbücher. „Das ist Zweckentfremdung und widerspricht dem Lernmittelfreiheits-Gesetz. Damit spart die Stadt an ihren Pflichtaufgaben“, kritisiert Bickel.

Die Elternpflegschaften kritisieren weiter, dass der Haushaltsentwurf in vieler Hinsicht formal gegen die Gemeindehaushaltsverordnung verstößt. Sie verlangen einen 5-Jahres-Plan, mit dem der Investitionsstau abgebaut wird. Sie prüfen auch die Möglichkeit, wegen der ständigen Rechtsverletzungen gerichtliche Klage gegen die Stadt einzureichen. Da könnte dem Lateinlehrer Schramma das Jägerlatein ausgehen. Aber dafür bräuchte man erstmal ein Gericht, das eine solche Klage annimmt. In Köln dürfte das schwer werden...

Profitwacht am Rhein

Der erneute Aufstieg des Medienmonopols Dumont*

1994, im vierten Jahre des neudeutschen Heils, erhielt ein gewisser Alfred Neven Dumont aus Köln den Nobelpreis. Wiewohl damit ein langgehegter Wunsch und auch Anspruch des Gewürdigten sich erfüllte, nahmen nur wenige aufmerksame Leser dieses Ereignis wahr. Dem Gewürdigten selbst wurde die Sache etwas peinlich. Und das kam so: 1994 erschien im *Mitteldeutschen Verlag*, beheimatet im sachsen-anhaltinischen Halle, ein Roman, nämlich „Abels Traum - Roman einer Jugend". Geschrieben hatte ihn ein gewisser Franz Nedum.

Von Asuntas Hinterteil ...

Der Roman-plot besteht in Folgendem: Abel aus „gutbürgerlichem Hause" rebelliert, standesgemäss. Er rast wie weiland Goethen gegen „die bürgerliche Umgebung mit ihren Festlegungen, die zur unerträglichen Kontrolle gerät!" Kontrolle, zudem unerträgliche, nein das mag der gutbürgerliche Sohn überhaupt nicht. Deshalb bricht Abel aus, weit hinweg ins bürgerlich jungfräuliche Spanien. Geld steht freilich immer zur Verfügung, wobei uns der Autor über die Quellen diskret im Dunkeln lässt. Im „Nobelhotel", in dem er natürlich absteigt, stürzt der Spätpubertant sich zunächst nur blickmässig auf die Massagefrau Asunta, begiert sie von hinten: „... eine Stellung, die durchaus den Rundungen ihres Hinterteils zum Vorteil gereichte".

Dann im swimming pool wagt er sich, frecher geworden, schon weiter vor: Er schleicht sich unter Wasser an die selig planschenden Töchter des US-Botschafters und Präsidentschaftkandidaten heran, der standesgemäss im selben Hotel logiert. Der gewichtige, berühmte Mann, die dicke Havanna im Mundwinkel, winkt den geilen Rebellen wohlwollend zu sich heran und weist ihn unter Männern in die Geheimnisse des wirklichen Lebens ein. Bequem am Rande des swimming pools in dicken Sesseln sitzend, während die beiden Töchter weiter neckisch im Wasser planschen, spricht der amerikanische Zigarrenmann zu Abel Gewichtiges: „Die Welt benötigt dringend eine Elite,

---

* Unternehmen und Beteiligungen des Konzerns werden der Lesbarkeit halber kursiv geschrieben und meist ohne die zum Teil sehr komplizierte Rechtsform genannt. Es handelt sich um eine Auswahl. Die Angaben sind aber auch deshalb unvollständig, weil der Konzern sehr öffentlichkeitsscheu ist.

wenn Sie bedenken, was es alles noch unter den Menschen zu regeln gibt. Der Weg nach oben lohnt die Mühe: Da ist mehr Platz. Wie wäre es mit dem Nobelpreis?“

Abel blickt auf die Zigarre und hat verstanden. Er wirft einen letzten Blick auf Asuntas verblassendes Hinterteil und auf des Präsidentenkandidaten planschende Töchter. Von seiner Rebellion zurückkehrend, entjungfert er zuhause endlich und mit Geschrei seine heimische Maria. Die Geschichte nimmt nun ihren unvermeidlichen Lauf. Das Paar zeugt brav vier Kinder. Abel nimmt den Weg nach oben und regelt alles Mögliche unter den Menschen. So endet der Hauptteil des gutbürgerliches Entwicklungsromans.

Im Schlusskapitel dürfen wir miterleben, wie sich die Weissagung des Zigarrenmannes dreißig Jahre später erfüllt: „Wir flogen erster Klasse und tranken Champagner“, dichtet beziehungsweise berichtet unser Autor Franz Nedum, der ja den Roman über sich selbst schreibt, wie sich jetzt herausstellt. Weil es nämlich so ist: „Der schwedische König überreichte mir die Urkunde zur Verleihung des Nobelpreises.“

Zu diesem Höhepunkt konnte der *Mitteldeutsche Verlag* aus Halle ein altes Bedürfnis seines Aufsichtsratsvorsitzenden dann nicht halten. Weil der Verlag vom Autor in einem der ersten neudeutschen Heilsjahre praktischerweise selbst gegründet worden war, enthüllt er uns also auf dem hinteren Klappentext dieses: Franz, das ist Alfred; Nedum, das ist Neven Dumont. Nun hat der rebelliert habende Großbürger vier Kinder und eine postliberale Milliarde im Rücken, hat endlich auch den Nobelpreis, wie ihm gebührt, und sitzt in der Badewanne seines Kölner Penthouse mit Domblick. Wie sieht nun sein – jedenfalls vorläufiger – Erfolg aus?

... zum regionalen Porno-Monopol

Alfreds erstes verlegerisches Experiment als Jungchef des Verlages Dumont Schauberg hatte 1959 der Sex-Mode-Polit-Zeitschrift *TWEN* gegolten. Das war noch halb die rebellische Stimmung, die ihn vor Asuntas Hinterteil geführt hatte. Doch er erinnerte sich alsbald an den Zigarrenmann, schon ein Jahr später verkaufte er das pubertäre Blättchen, das doch noch zuviel politische Rebellion enthielt. Danach wurde er richtig erwachsen: 1964 gründete er zusammen mit der Westdeutschen Zeitung den *EXPRESS* nach dem Vorbild von BILD – im Hause Springer hatte Alfred seine postrebellische Ausbildung absolviert

Dann „1968“, Rebellionsjahr: Gewerkschafter und Antiautoritäre blockierten die Druckerei des *Kölner Stadt-Anzeigers*, weil dort neben dem *EXPRESS* auch einträglich BILD gedruckt wurde. Sie wollten die Auslieferung verhindern, weil BILD gegen die Außerparlamentarische Opposition hetze. Jungchef

Alfred begab sich zu den Blockierern, redete mit ihnen, weil er gehörte ja zum ehemals und neuerdings wieder liberalen Kölner Verlagshaus derer von Dumont und Schauberg. Und redete mit ihnen verständnisvoll, weil das eigne Boulevardblatt *EXPRESS* sollte wachsen und blühen. BILD war Konkurrenz, obwohl oder weil im *EXPRESS* bis heute nicht viel anderes drinsteht als in BILD. Springer kündigte den Druckvertrag. Der *EXPRESS* stieg 1968 ff. auf, auch der *Kölner Stadt-Anzeiger,* denn es waren wieder Zeiten mit Bedürfnis nach Liberalität, nach den „unerträglichen Kontrollen" des christlich beherrschten Wirtschaftswunders.

Woher stammt der scheinbar unsausrottbare „liberale Ruf", den der Verlag bei Bedarf in petto hat? Dieser Ruf hatte 1802 seinen Ausgang genommen. Damals entstand die *Kölnische Zeitung*, damals, als die Franzosen den Kölnern die Revolution bzw. zumindest etwas Sauberkeit in den kirchlich versifften Friedhöfen, Gassen, Abwasserleitungen und Kölschkneipen aufzwangen. Juden und Protestanten durften nun innerhalb der Stadtmauern begraben werden. Die *„Kölnische"* trug diese Botschaft bis nach Berlin, sogar ins Ausland, galt als renommiert. Auf dem Wege zum 1. Weltkrieg freilich hätte es mit dem liberalen Ruf eigentlich zuende sein müssen. Da wurde Kommerzienrat Dr. Josef Neven Dumont Funktionär der Nationalliberalen Partei. Kriege für Deutschland zu führen, bei Bedarf, gehört seitdem zum liberalen Selbstverständnis, bis heute.

1941 war der Vater Dr. Kurt Neven Dumont dem Wunschtraum des späteren Nobelpreisträgers schon einmal ganz nahe gekommen. Da wurde die dem rheinischen Katholizismus nahestehende „Kölnische Volkszeitung" aus dem christlichen Kölner Verlag J. Bachem verboten. Die Nazis witterten Widerstand, was sie bei der *Kölnischen* mit guten Gründen nicht taten. Die „Volkszeitung" bekam kein kriegswichtiges Papier mehr. Dumont kaufte die Abonnenten des Konkurrenten für die *Kölnische Zeitung* - 23 Reichsmark je Christenseele - und bekam als staatstragendes Medium weiter das kriegswichtige NS-Papier. Damit war der katholische Konkurrent ausgeschaltet.

Doch der Erfolg war nur von kurzer Dauer. Nach dem Zweiten Weltkrieg bekam die *Kölnische Zeitung* wegen ihrer NS-Schlagseite keine Lizenz mehr, der *Stadt-Anzeiger* trat mit Verzögerung erst 1949 an ihre Stelle. Die Kölnische Volkszeitung wurde nach 1945 sofort als „Kölnische Rundschau" wiedergegründet, war also trotz postliberalem Christenseelenkauf doch wieder und schon vorher da. Deshalb ging die erneute Eroberung anders, gründlicher.

Es war ein langer Weg, den der zukünftige Nobelpreisträger zurücklegen musste. Am Ende dann dieses: Das Bundeskartellamt genehmigte am 12. November 1998 die von Dumont beantragte Fusion mit dem Heinen-Verlag der „Kölnischen Rundschau" (dazu gehört noch die „Bonner Rundschau").

Das Amt stellte resigniert fest, daß die weitere Expansion von Dumont nicht zu verhindern sei. Wenn Dumont die Rundschau nicht übernehme, „würden die Marktanteile der Kölnischen Rundschau auf den Anzeigenmärkten und dem Lesermarkt im Kölner Raum (sowieso) auf Dumont übergehen."

Da war zusammengewachsen, was schon längst zusammengehörte. Manche wie das Kartellamt und die bildungsbürgerlichen Leser hatten es nur noch nicht bemerkt. Bereits seit fast drei Jahrzehnten war eine schleichende Monopolbildung im Gange. Sie ist nicht untypisch für den Markt der lokalen und regionalen Tageszeitungen in Deutschland. Bereits seit 1971 erscheinen in einer gemeinsamen Holding von Dumont und Heinen 13 kostenlose Anzeigenblätter wie der Euskirchener „Blickpunkt", der Brühler „Schloßbote" usw., mit einer wöchentlichen Auflage von 1,5 Millionen - ein boomender Markt. Der *Kölner Wochenspiegel* verschmutzt mit seinen sieben Stadtteilausgaben und einer wöchentlichen Auflage von 377.000 die Hauseingänge und Trottoirs ausserhalb der sauberkeitsüberwachten Kölner City, aber diesen Schmutz mögen die befreundeten Sauberkeitsfanatiker vom Haus- und Grundbesitzerverein und von den filztragenden Mehrheitsparteien seitdem sehr gerne.

1982 kaufte sich Dumont mit zunächst zehn Prozent beim Heinen-Verlag ein. Inzwischen werden weitere Dutzend gemeinsame Unternehmen betrieben, lokale Rundfunksender, TV-Zeitschriften („Prisma") und TV-Beteiligungen, Anzeigenagenturen, Zustellfirmen usw. Der Verlag Dumont hatte dabei von Anfang an jeweils die Mehrheit gegenüber dem Heinen Verlag.

In aller Stille ist ein regionales Medienmonopol herangewachsen, in dem die beiden Tageszeitungen eine immer geringere Rolle spielen. Sie sind zwar die historisch gewachsenen Flaggschiffe der beiden Verlage, aber sie verdecken eine ganz andere Medienwirklichkeit. Die „Rundschau" (Auflage 160.000) war im Laufe von Jahrzehnten beständig gegenüber dem *Stadt-Anzeiger* (Auflage wochentags 281.000, am Wochenende 336.000) zurückgefallen. Das konservativ und christlich orientierte Blatt ist vor allem im Umland Kölns und Bonns verbreitet. Die Leserschaft ist vergleichsweise alt: typische Leser sind der 60jährige Handwerksmeister und die Lehrerswitwe, sie lesen zwar, wenn auch etwas lustlos, geben aber kaum Anzeigen auf.

Der Verlag Dumont ist dagegen im Anzeigengeschäft stark und hat das modernere großstädtische Flair (zumindest für rheinische Verhältnisse). Dazu gehört das mediale Porno-Geschäft, das in Köln ganz vom *EXPRESS* monopolisiert wird. Täglich zwei Seiten mit den exklusiven Anzeigen der beiden Kölner Grossbordelle, von Sexshops, City-Begleit-Agenturen, Saunen an den Autobahnausfahrten, von hunderten Liebesdienerinnen und natürlich auch Liebesdienern - da wird ganz liberal und ohne ideologische Scheuklpappen in Vernetzung mit dem Rotlichtmilieu ordentlich Geld verdient. Das vom

StadtAnzeiger bediente Bildungsbürgertum wird damit nicht behelligt: Doppelmoral gehört zum Geschäft. Der Blick auf Asuntas Hinterteil jedenfalls hat in der Domstadt ordentliche Früchte getragen.

Mit der Fusion musste die somit auch moralisch endgültig niedergerungene christliche Konkurrenz auch den Anzeigenteil des *StadtAnzeigers* übernehmen, ebenso dessen Anzeigentarife. Dumont erweiterte damit auch seine Druckaufträge erheblich, denn die Rundschau wird im neuen Dumont-Druckzentrum gedruckt statt wie bisher in der Heinen-Druckerei. Einige hundert Beschäftigte des Heinen-Verlags wurden „freigesetzt". Glücklicherweise ist der Nobelpreisträger nicht mehr Präsident der Industrie- und Handelskammer, hatte er doch in dieser Funktion keine Gelegenheit ausgelassen, um die Wirtschaftspolitik des Staates für die wachsende Arbeitslosigkeit verantwortlich zu machen.

Nationale Verbund- und Mischsysteme

Schon 1975 hatte Dumont mit Heinen auch die *Rheinische Zeitungszustellung* gegründet. Heute arbeiten dafür z.B. in der *OPHIR GmbH* 3.000 Leute. Da werden morgens zwischen 4 und 7 Uhr nicht nur der *Kölner Stadt-Anzeiger* und die Kölnische Rundschau ausgetragen, sondern auch Frankfurter Rundschau, Die Welt, Süddeutsche Zeitung usw. Danach wuchsen die verschachtelten Verbundprojekte weit über Köln hinaus. Zusammen mit 38 Zeitungsverlagen in NRW wurde für die Herstellung des Fernseh- und Anzeigenmagazins Prisma der *Prisma Verlag* gegründet. Für die Disposition der von Ort zu Ort unterschiedlichen Anzeigen in Prisma wurde die *ACN Beteiligung* gegründet usw.

Seit den 80er Jahren experimentiert man wie andere Zeitungsverlage mit dem Schreck- und Hoffnungsmedium Privat-TV. Es entstanden die *Dumont Funk & Fernsehen* und weitere Beteiligungsunternehmen, z.B. *AKTUELL Presse Fernsehen*, mit Springer und 105 weiteren Verlagen gegründet und mit 20 % an *SAT1* beteiligt. Der Einstieg ins Regionalfernsehen gelang bisher bei RTL *(West Live)* und *tv.nrw*.

Beim Privathörfunk sorgten die Zeitungsverleger dafür, daß im NRW-Rundfunkgesetz neben die Veranstaltergesellschaften die ökonomisch entscheidenden Betreibergesellschaften treten. Mit NRW-Zeitungsverlagen gründete *Dumont* die *Pressefunk NRW* und ist an *Radio NRW* beteiligt. Über die *Rheinische Rundfunk Beteiligung* gehören dem Verlag mehrheitlich *Radio Köln, Radio Erft, Radio Berg, Radio Leverkusen, Radio Rhein-Sieg*.

Dumont kann sich teure Experimente leisten, so den 1995 wieder dichtgemachten *EXPRESS* in Halle. Die Ossis waren noch nicht reif für Asuntas Hinterteil. Die Treuhand verklüngelte die grössten ostdeutschen Tageszeitungen ohne öffentliche Ausschreibung. Sich in vorgefertigte Nester setzen, das kann das liberale Haus besser. Die zweitgrößte ostdeutsche Tageszeitung - die „Einheit" der SED in Halle, Auflage 530.000 - raffte sich Dumont mithilfe des Halleschen Hausfreundes Hans-Dietrich Genscher, des neben Jürgen Möllemann meistzitierten Interviewpartners des *Stadt-Anzeigers*, und nannte sie *Mitteldeutsche Zeitung*.

Das Mediengeschäft in Ostdeutschland führte wieder mit Springer zusammen, aber auch mit anderen Größen des nationalen Marktes (Bauer, Gruner & Jahr, FAZ usw.), so beim Wochenmagazin *tele prisma* und beim *Neuen Berliner Rundfunk*. In Sachsen-Anhalt und Brandenburg erscheinen 28 *Anzeigenblätter* - einige als Wochenendausgaben - mit einer Gesamtauflage von 1,27 Millionen. Für jede einzelne Regionalausgabe der *Mitteldeutschen Zeitung* wurde eine eigene *Zustellgesellschaft* gegründet, mit Sitz in Köln.

Der „Bundesanzeiger" ist das sicherste Objekt im verlagseigenen Druckhaus: täglich über 200 Seiten amtliche Bekanntmachungen, die dickste Tageszeitung Deutschlands. Sie ist, weil staatstragend, mit Zustimmung des Betriebsrats von jedem Streik ausgenommen. 1999 übernahm Dumont 32,45 Prozent der Anteile der „Bundesanzeiger Verlagsgesellschaft". Dieser Verlag ist einer der unscheinbarsten und zugleich profitabelsten in Deutschland; er hat ein staatliches Monopol für die Pflichtveröffentlichungen der Unternehmen ebenso wie für die deutschsprachigen Veröffentlichungen der Europäischen Union.

Dumont greift nach allen Seiten aus: Zusammen mit dem Filmhändler Odenthal wurde in Los Angeles 1998 die Foxton Entertainment gegründet, um im internationalen Filmrechtehandel mitzumischen. An „Net Cologne" wurde eine Beteiligung erworben. Städtische Kommunikationsnetze - auch sie sind ein Wachstumsmarkt, offen zum Internet einerseits und zu den nicht zeitunglesenden jüngeren Generationen andererseits. Aus der schon früher aufgekauften, ehedem ein bißchen frechen Stadtzeitung *Kölner Illustrierte* wurde unter Alfreds strenger Hand ein langweiliges Magazin für jugendlichen, filzverträglichen Frohsinn, im eigens gegründeten K.I.Verlag erscheinen vor allem Freizeitführer wie *Köln Live, Leverkusen Live, Aachen Live* usw.

Als in Köln die kostenlose Anzeigen-Zeitung des norwegisch-schweizerischen Verlages Schibsted erschien („20 Minuten Köln"), finanzierte Dumont ein teures Gegenprojekt, obwohl das der eignen Moral angeblich widersprach, nämlich dass „qualitätvoller Journalismus nicht zum Nulltarif" zu haben sei. Doppelmoral wie etwa beim Pornogeschäft gehört zum Selbstverständnis des Verlages. Ohne Umstände brachte Dumont den „KölnerMorgen" zum Nulltarif heraus. Das war übrigens seit langem geübt, denn kostenlose Anzeigenblätter mit redaktionellem Teil gehören zwischen dem Kölner *Wochenspiegel* und dem *Kyffhäuser Boten* seit vielen Jahren zum Verlagsprogramm.

Undurchsichtige Konzernstruktur

Zur Absicherung des erneuten Aufstiegs baute der Nobelpreisträger eine undurchsichtige Konzernstruktur auf. Sie dürfte selbst den eifrigsten Lesern des *Stadt-Anzeigers* weitgehend unbekannt sein.

1972 wurde die *Dumont Schauberg Geschäftsführung* gegründet. Sie beschließt seitdem „nach freiem Ermessen über die Verteilung des jährlichen Reingewinns". 1974 wurde die *Sagittarius Verwaltung und Beteiligung* gegründet. Sagittarius (das ist lateinisch, man hat deutsches Abitur) = Pfeilschütze. Er wiederum ist Gesellschafter der *Sagittarius Verwaltungs- und Beteiligungs KG*. Dieter Schütte aus der Kölner Maschinenbaufirma Schütte brachte zunächst die höchste Kommanditeinlage, zwei Jahrzehnte später hatte der Nobelpreisträger ihn überholt.

Der Konzern stellt den *Stadt-Anzeiger* in den Vordergrund, das klingt gemütlich wie damals, als die Welt noch in Ordnung war und man begeistert in den Ersten Weltkrieg zog. Hinter dieser nostalgischen Fassade wuchern die zahlreichen Tochter- und Beteiligungsunternehmen mit den gesichtslosen Namen. Als Vorstände, Geschäftsführer und Kommanditisten findet sich in ihnen immer wieder eine kleine Personengruppe, die in den Führungsholdings thront. Mehrfachgehälter sind normal.

Der Konzern ist mit den wichtigen deutschen Medienkonzernen verflochten - und die ähnlich untereinander. Zwischen Dumont und dem Vorbild Springer etwa geht es ständig hin und her: *EXPRESS*-Redakteure gehen zu BILD und umgekehrt. Auf der Bildungsbürger-Etage geht es ähnlich zu: zwischen *Kölner Stadt-Anzeiger* und ZEIT wechseln die Redakteure. Neven Dumont holte Peter Tamm, den früheren Vorstandsvorsitzenden der Springer Verlages (mit 2,5 Mio Euro Jahresgehalt damals „bestbezahlter Manager Deutschlands"), in den Aufsichtsrat der *Dumont Schauberg Geschäftsführungs GmbH*.

Unternehmensaufspaltung und -verschachtelung dienen dazu, mehr oder weniger realistische Forderungen hin- und herzuschieben, Steuern zu verringern, aber auch dazu, Belegschaften in kleine beherrschbare Gruppen aufzuteilen. Die etwa 9.000 Zusteller sind in Einzelunternehmen aufgeteilt - sie könnten sonst bei Streik eine „Schwachstelle" sein. Die freien Mitarbeiter - neben den Zustellern die Anzeigenaquisiteure, Verkäufer, Kuriere, Journalisten, Texter, Verteiler, Fahrer, Erfasser, Buchhalter usw. (niemand kennt ihre Zahl, auch nicht der Rumpfbetriebsrat und die zuständige Gewerkschaft) - entziehen sich so leichter der Konzernbilanz, Steuererklärung, Krankenkasse, Sozialhilfe, dem Arbeitsamt, der Interessenvertretung.

Die Beschäftigten dürfen nicht von „Konzern" sprechen, obwohl sie im Bundesanzeiger, im eigenen Haus gedruckt, jährlich den „Konzernlagebericht" von *Dumont Schauberg/Sagittarius* lesen können. Die *Mitteldeutsche Zeitung* gehört danach zum Konzern, aber die Wahl eines gemeinsamen Betriebsrats hat die Geschäftsführung verhindert, mit der Begründung, es handle sich um „ein selbständiges Unternehmen“. Beim Streik 1994 steckte *Dumont* die Schichtleiter des eignen Druckhauses in die Anzüge der später aufgekauften Firma *aroprint* und setzte sie als Streikbrecher ein. Bürgerliche Rechtsformen sind für den postliberalen Konzern nur Fassade.

Diese Unternehmensstruktur macht die Konzentration von Macht & Geld unsichtbar. Während die Konzerne heute differenzierter denn je die Zielgruppen ihres zusammengekauften Medien-Sammelsuriums nach erforschten Stimmungen, Bedürfnissen und Kaufkraft bedienen, ist die formale Vielfalt mit einem zusammenhängenden, aber kaum sichtbaren ökonomischen Geflecht hinterlegt: Vorne bunte Vielfalt, hinten schleichende Vereinigung. Neuentwicklungen und Kritik werden aufgekauft oder im Bunde mit staatlich verfilzter Parteienwirtschaft durch Verschweigen erwürgt. Nicht nur der Parteienklüngel, auch der Medienklüngel à la *Dumont Schauberg* unterhöhlt die Demokratie.

Zu Alfreds 65. Geburtstag lobte der Bonner GeneralAnzeiger gewiss ehrlich: „In der Diskussion um die sogenannte innere Pressefreiheit wirkte er maßgeblich zum Schutz der Zeitungen vor fremdem Zugriff, insbesondere dem der Gewerkschaften.“ Sogenannte Pressefreiheit, Schutz vor Gewerkschaften: das ist Neven Dumont, aber gewiss nicht er alleine.

Vielfach wird bedauert, daß durch die Fusion mit der *Rundschau* auch der letzte Rest an Meinungsvielfalt dahinging. Doch die beiden Tageszeitungen stellten schon seit langem keine Vielfalt mehr dar. Beide umwarben in gleicher Intensität Kölns mediengeilen Regierungspräsidenten, den erzbischöflichen Anti-Sex-Wütrich, das jeweilige Karnevals-Dreigestirn und den jeweiligen Oberstadtdirektor und Oberbürgermeister. Das christliche Milieu ist ebenso ausgezehrt wie das liberale und das sozialdemokratische - alles nostalgische Masken. Vielfalt ist in der bisherigen Logik nicht zu gewährleisten. Vielfalt - da müßte Neues entstehen. In der Geschichte Kölns, einer Wiege des europäischen Zeitungswesens, gäbe es dafür Beispiele, nicht nur den „Cöllnischen Diogenes“ des Heinrich Lindenborn und die „Rheinische Zeitung“ des Karl Marx.

Konzern Dumont Schauberg / Sagittarius (Auswahl)

M. Dumont Schauberg Geschäftsführungs GmbH
Aufsichtsrat: Alfred Neven Dumont (Vorsitzender), Dieter Schütte, Alfred Freiherr von Oppenheim, Peter Tamm

Sagittarius Verwaltungs- und Beteiligungs GmbH & Co. KG
Gesellschafter: Alfred Neven Dumont, Dieter Schütte, Harald Neven Dumont, Silvia Schlagintweit geb. Neven Dumont, Dr. Reinhold Neven Dumont, Cornelia Vischer geb. Schütte, Christian Dumont Schütte, Majella Brücher geb. Neven Dumont, Marco Schütte, Daniel/Katharina/Nikolaus Brücher

Zeitungen, Magazine, Zustellung

Kölner StadtAnzeiger
mit mehreren Regionalausgaben (Leverkusen, Euskirchen, Bergisch Gladbach..)
Express
mit Ausgaben in Köln, Bonn, Düsseldorf
Kölnische Rundschau
mit Bonner Rundschau, Bergische Landeszeitung, Oberbergische Volks-Zeitung, Rhein-Ahr Rundschau, Rhein-Sieg Rundschau
Mitteldeutsche Zeitung
mit 22 Lokalausgaben z.B. in Bitterfeld, Saalkreis, Naumburg/Bebra
Prisma Verlag
mit Rheinisch-Bergische Druckerei- und Verlags GmbH, Ruhr-Nachrichten und 36 weiteren Zeitungsverlagen
ACN
Anzeigendisposition für die lokalen Prisma-Ausgaben
Media Service
mit Bauer Verlag, Zeitungsdruckerei Leipzig GmbH & Co. KG, Märkische Verlags- und Druckhaus Verwaltungs GmbH & Co. KG Frankfurt (=Frankfurter Allgemeine Zeitung), Burda Holding GmbH u.a. Wochenmagazin tele prisma
OPHIR Verwaltungs- und Beteiligung
Zustellung u.a. von Kölner Stadt-Anzeiger, Kölnische Rundschau, Frankfurter Rundschau, Die Welt
Rheinische Zeitungszustellung
Zustellen von Druckwerken und Inkasso für Dritte

Kostenlose Anzeigenblätter im Rheinland

Rheinische Anzeigenblatt GmbH & Co. KG
Holding für Anzeigenblatt-Gesellschaften und Beteiligungen, Verteilung von Prospekten
Kölner Wochenspiegel mit 8 Stadtteilausgaben
anzeigen-echo, Gummersbach
bergisches handelsblatt, Bergisch Gladbach
Blickpunkt, Euskirchen

Blickpunkt, Bad Godesberg/Meckenheim
Bonner Anzeigenblatt, Zusammen mit Bonner GeneralAnzeiger
Brühler Schloßbote, Brühl
Extrablatt, Siegburg
Lokalanzeiger, Morsbach/Nümbrecht/Waldbröl
lokale informationen, Leverkusen
werbekurier, Wesseling
werbe-post, Bergheim
Wochenende, Frechen/Lövenich/Pulheim/Hürth
Wochenspiegel, Porz
Kurzzeitiges „Abwehrprodukt" 2000/2001 (gegen „20 Minuten Köln" des norwegisch-schweizerischen Schibsted-Verlags): Kölner Morgen

Kostenlose Anzeigenblätter und Zeitungszustellung in Ostdeutschland

Wochenspiegel Verlag, Halle, 28 Anzeigenblätter im Raum Halle und Brandenburg, z.B. Wochenspiegel Dessau
Wochenspiegel Verlag, Potsdam
Zusammen mit der FAZ, Anzeigenblätter in Jüterbog, Luckenwalde, Zossen, Oranienburg usw.
Mitteldeutsche Zeitungszustellung
Saale Unstrut-Bote und Elster-Kurier
Mansfeld-Kurier und Kyffhäuser Bote
Anhalt Kurier Zeitungszustellung
Harz-Bote Zeitungszustellung

Privat-TV und Privat-Rundfunk

AKTUELL Presse Fernsehen GmbH & Co. KG
mit Axel Springer Verlag und 105 Zeitungsverlagen, an SAT 1 beteiligt
Pressefunk NRW Beteiligungs GmbH
mit NRW-Zeitungsverlagen Anteile an Radio NRW, weitere Gesellschafter: WDR, UFA
Rheinische Presse Rundfunk GmbH & Co KG (24 %)
mit Rheinische Post und anderen Zeitungsverlagen regionaler und lokaler Betrieb von Hörfunk, z.B. Antenne Düsseldorf und Beteiligung z.B. an Tele West/RTL West Live
Rheinische Rundfunk Beteiligung (70 %)
Beteiligung an Rundfunkgesellschaften wie Radio Köln, Leverkusen, Erft...
Radio Köln
Radio Erft
Radio Bonn/Rhein-Sieg

Radio Leverkusen
Radio Berg
Elbe Saale Radio,Magedeburg
Neue Berliner Rundfunk Verwaltung, mit FAZ

Verlage

Dumont Schauberg Verlagsbeteiligungen
Verwaltung von Verlagsunternehmen und -beteiligungen
Merkur Direktwerbe Gesellschaft
Direktwerbeaktionen, Adressenvermittlung, Warenfulfillment
K.I. Medien Gesellschaft
Kölner Illustrierte mit Kölner Illustrierte Uni Special; Leverkusen Live; Köln Live; Wir in Köln; Aachen Live; Kölner Einkaufsführer, Kölner Freizeitführer, Kölner Stadtführer; Aachener Einkaufsführer, Aachener Freizeitführer; Leverkusener Einkaufsführer, Leverkusener Freizeitführer
Dumont Buchverlag, Köln
Koch-, Kunst- und Reisebücher, Kunsthandel, Herstellung/Vertrieb/Verleih von Filmen & multimedialen Objekten
Mitteldeutscher Verlag, Halle
Bundesanzeiger Verlag
Bundesanzeiger, Pflichtblatt der deutschen Unternehmen, deutschsprachige Veröffentlichungen der Europäischen Union

Textfälschung als übliche Praxis

Der folgende Text wurde für den Kölner Stadt-Anzeiger auf Bestellung der damaligen stellvertretenden Chefredakteurin Marie Hüllenkremer, heute Kulturdezernentin der Stadt, geschrieben. Der Artikel, verfasst vom Autor gemeinsam mit Erasmus Schöfer, erschien am 10.8.1996 in völlig veränderter Form, teilweise ins Gegenteil umgeschrieben. Angaben über die Herkunft des Dioxins im städtischen Kanalsystem u.ä. waren ebenso entfernt wie die Passage, dass täglich Tankwagen 400 Kubikmeter giftige Sickerwässer aus der Deponie ins Klärwerk Stammheim einfüllen und das Unternehmen Ford einen Teil ihrer Abwässer in einer Pipeline direkt ins Klärwerk schicken. Ohne Rücksprache waren 82 Textänderungen vorgenommen worden. Wir haben gegen den Verlag Dumont wegen Rufschädigung und Urheberrechtsverletzung geklagt. Der verantwortliche Redakteur Ralf Hoppe verteidigte vor Gericht derartiges Umschreiben von Texten als „übliche Praxis". Als das Gericht erkennen liess, dass es uns Recht geben würde, bot uns der Verlag 7.500 DM an, unter der Bedingung der Verschwiegenheit. Wir lehnten ab. In einem in Deutschland erstmaligen Urteil wurde Dumont zur Zahlung eines Schmerzensgeldes von 10.000 DM verurteilt. Der Stadt-Anzeiger, der auch den Abdruck einer Berichtigung ablehnte, berichete über das Urteil ebensowenig wie die anderen Kölner Tageszeitungen. Hoppe wurde ein Jahr später mit dem Theodor-Wolff-Preis für „vorbildliche journalistische Arbeit" ausgezeichnet und stieg in die Redaktion des „Spiegel" auf. Hier erscheint der Text zum ersten Mal in der Originalfassung. Die 82 Textänderungen sind dokumentiert in Kölner Volksblatt 10/1996.

„Obwohl die Röhren der Kanalisation mit ihren Fangarmen bis in unsere Wohnungen reichen, sind sie sorgfältig vor unsern Blicken verborgen, und wir wissen nichts vom unsichtbaren Venedig der Scheiße, über dem unsere Badezimmer, unsere Schlafzimmer, unsere Tanzsäle und unsere Parlamente gebaut sind."

So beschreibt Milan Kundera in seinem Roman „Die unerträgliche Leichtigkeit des Seins" die Unterwelt der städtischen Zivilisation, die unsern Augen und Ohren und auch unsern Nasen verborgen bleibt. Dieses schöne Bild vom „Venedig der Scheiße" leuchtet jedem Stadtbewohner sofort ein: Ja, genau, die Fangarme der Kanalisation, die bis in unsere Wohnungen reichen!

Aber dieses schöne Bild ist falsch. Es ist hoffnungslos veraltet. Es ist zerfressen wie die Kellermauern des alten Venedig. Aus den Wohnungen und Privathaushalten kommt längst nicht mehr der Hauptteil der Abwässer im Stadtgebiet. Er fließt auch gar nicht in der öffentlichen Kanalisation. Es sind auch nicht die menschlichen Fäkalien, die das Abwasser zum Problem machen.

Das meiste Abwasser in Köln kommt von etwa 40 Unternehmen. Sie leiten ihre Produktions-, Hygiene- und Regenabwässer direkt in den Rhein. Zu diesen Unternehmen gehören die Autofabrik Ford, die Raffinerien von Exxon und Shell, die Wacker Chemie und Klöckner-Humboldt-Deutz (KHD). Sie sind gar nicht oder nur zum Teil an die städtische Kanalisation angeschlossen. Sie betreiben eigene Kanalnetze und Klärwerke. Zur Herstellung eines einzigen Mittelklasse-Autos beispielsweise werden etwa 220.000 Liter frisches Trink- oder Grundwasser verbraucht – und als Abwasser abgeleitet. Allein auf dem Ford-Gelände beträgt die Länge des betrieblichen Kanalnetzes 110 Kilometer. In der Sprache der Abwassertechniker und der Abwassergesetze heißen diese Betriebe „Direkteinleiter".

Auch innerhalb der städtischen Kanalisation ist die Herkunft des Abwassers anders als die meisten Bürger es sich noch vorstellen. Das meiste kommt aus den etwa 40.000 Industrie- und Gewerbebetrieben. Sie werden „Indirekteinleiter" genannt, weil sie – im Unterschied zu den „Direkteinleitern" – ihre Abwässer nicht direkt in den Fluß, sondern in die städtische Kanalisation einleiten. Von den 40.000 Betrieben gelten nach Gesetz etwa 7.000 als solche mit „gefährlichen“ Abwässern. Chemie-, Maschinen-, Elektro- und Textilbetriebe, Kfz-Werkstätten, Zahnarztpraxen, Labors, Kraftwerke, Brauereien, Schlachthöfe, Krankenhäuser: Ihre Abwässer fließen schnell und unsichtbar in den städtischen Untergrund, werktags und am Wochenende, tagsüber und nachts - wir sehen, hören und riechen nichts davon.

Der nächstgrößere Teil erst sind die Abwässer, die aus den Privathaushalten kommen. Sie sind vom „Venedig der Scheiße“ übriggeblieben. Sie können im Kölner Abwasser-Venedig besichtigt werden. An der Ecke Clever Straße / Theodor-Heuß-Ring steigen die Besucher der städtischen Unterwelt auf einer engen Treppe in den „Kronleuchtersaal“. Er ist das Glanzstück der Kölner Kanalisation: eine vor 100 Jahren sorgfältig mit beigem Klinker gebaute Halle, vier Meter hoch. Hier läuft heute noch der linksrheinische Hauptsammler durch. An der Decke hängt ein schmiedeeiserner Kronleuchter. Er breitet mildes Licht über den süßlich riechenden Abwasserstrom, der bei Trockenwetter gemächlich dahintreidelt. Die Besucher können darin Kondome, Toilettenpapier und menschliche Fäkalien erahnen. Von weit her hallen mehr oder weniger dezente Plätschergeräusche: „Das ist die Lottozentrale“, erläutert Ingenieur Timmerbrink vom Amt für Stadtentwässerung, der diesen Teil der Kölner Unterwelt kennt wie seine Westentasche. „Und jetzt ist die große Spülmaschine in der Kantine der Versicherung angesprungen.“

Schließlich fließt noch Regenwasser in die städtische Kanalisation. Es sammelt sich auf den Dächern von Wohn-, Büro- und Betriebsgebäuden, auf Straßen, Bürgersteigen, Plätzen und Betriebshöfen. Durch 98.000 Straßeneinläufe, „Gullis“, durch Dach- und Flächenabläufe wird das Regenwasser in die Kanalisation hinuntergeschickt - und schon ist es Abwasser.

Der Laie denkt: Was in die Kanalisation reinkommt, kommt am anderen Ende, im Klärwerk, auch wieder raus. Doch weit gefehlt. Das Leben unter der Erde ist vielfältiger als das Gesetz und der Beton erlauben. Ungefähr ein Fünftel aller Kanalrohre sind undicht: hier eine Bruchstelle, dort eine verrottete Dichtung. Die chemischen Bestandteile im Abwasser führen zu Korrosion. Viele tausend solcher undichter Stellen sind auf die 2.200 Kilometer der städtischen Kanäle verteilt.

Durch die undichten Stellen tritt ein Teil des Abwassers aus und vermischt sich mit dem umgebenden Grundwasser. Oder, je nach Wasserdruck, drückt Grundwasser durch die undichten Stellen in die Kanalrohre hinein und schwimmt mit zum Klärwerk. „Für die Unterhaltungsarbeiten am städtischen Kanalnetz stehen 150 Mitarbeiter zur Verfügung, Kanalarbeiter, Schlosser, Elektriker“, berichtet Unterwelt-Führer Timmerbrink. Aber er muß auch eingestehen: Es geht immer wieder so viel kaputt wie repariert wird.

Es gibt noch andere Fluchtwege aus der Kanalisation. AOX ist die Abkürzung für „adsorbierbare organische Halogenverbindungen". Über Haushaltsreiniger, Pestizide und Abwässer von Papierfabriken, Wäschereien und Krankenhäusern gelangen sie in die Kanalisation. Einige AOX sind „leichtflüchtig". Sie verwandeln sich in Gas, wenn sie mit Luft in Verbindung kommen. Trichlorethylen und Dichlormethan gehören zu den bekannteren Einzelstoffen der AOX. Professor Rudolph von der Privatuniversität Witten/Herdecke hat das Verhalten von AOX im städtischen Abwasser untersucht: „Mehrere hundert Kilo treten jährlich auf ihrem kilometerlangen Weg durch die Kanalisation als Gas aus." Sie gelangen durch Gullis und Kanaldeckel in die freie Stadtluft. Wir riechen sie nicht, aber wir atmen sie ein, vermischt mit den Abgasen der Oberwelt.

Chloroform gehört ebenfalls zu den AOX. Da es schwerer als Wasser ist, gast es nicht in die Oberwelt aus, sondern „flüchtet" nach unten. Es kriecht auf den Kanalsohlen entlang und tritt an undichten Muffen aus. Andere schwere Kohlenwasserstoffe können in gasförmigem Zustand sogar dichte Betonrohre durchdringen, reichern sich im Grundwasser an und wandern mit ihm in den Baggersee, ins Wasserschutzgebiet, in den Rhein...

Schließlich gibt es die mehr oder weniger geplanten Fluchten. Bei Regenfällen kann plötzlich soviel Wasser in die Kanalisation einströmen, daß sie überlastet ist. Dafür haben die Abwassertechniker unterirdisch zahlreiche und teure „Regenrückhaltebecken" eingebaut. Das sind Parkplätze für Regenwasser. Sie sind untereinander verbunden mit Elektronik vom Feinsten. „Mithilfe eines elektronisch gesteuerten Schiebersystems werden die Regenmassen wie in einem Parkhaus hin- und hergesteuert", erklärt stolz Unterweltführer Timmerbrink. Doch bei starkem Regen reicht auch das nicht. Dann werden große Regenauslässe geöffnet. Aus ihnen strömen die Wassermassen aus der überfüllten Kanalisation direkt in den Rhein. Dabei gelangt nicht nur Regenwasser, sondern auch anderes Abwasser ungeklärt in den Wasserkreislauf.

Knapp ein Fünftel aller Kölner Abwässer werden in die Nebenklärwerke von Rodenkirchen, Langel, Weiden und Porz-Wahn geleitet. Über vier Fünftel des Abwassers wird in einem 4,60 Meter dicken Hauptrohr gesammelt und unter dem Rhein hindurch - im sogenannten „Rheindüker" - in das Großklärwerk Stammheim geschickt. Bis zu 4.720 Liter Abwasser kommen hier pro Sekunde bei Trockenwetter an. Bei Regenwetter sind es bis zu 9.200 Liter in der Sekunde. Insgesamt sind das pro Jahr etwa 100 Millionen Kubikmeter.

Der Kölner Schriftsteller Dieter Wellershoff begab sich vor einigen Jahren in die städtische Unterwelt. Beim Betrachten des Abwasserstroms vor dem Einlauf ins Klärwerk schrieb er in seiner berühmt gewordenen Reportage: „Reste aufgelösten Toilettenpapiers treiben dahin, versinken, tauchen auf, drehen sich in langsamer, taumeliger Bewegung, weichlich dem Fließen verbunden wie primitive, algenförmige Lebewesen. Nur an diesen treibenden Fetzen erkennt man die unaufhörliche Bewegung des Kloakenwassers auf seinem Weg in das Stammheimer Klärwerk. Ich starre durch die schmutzige Glasscheibe da hinunter und komme mir wie ein Voyeur vor. Dies ist der Stoffwechsel der Stadt, ihre Verdauung, ihre Selbstreinigung, das Endprodukt ihres Lebens ..."

Der Schriftsteller Wellershoff, vom Anspruch her Realist, bleibt dem allzu Sichtbaren, allzu Bekannten verhaftet. Die sechs- bis zehntausend Chemikalien im Abwasser sieht er nicht. Man kann sie natürlich nicht sehen. Aber sie sind drin. Und sie werden nicht „verdaut". Ihre „Selbstreinigung" ist nicht möglich. Und das, was im Klärwerk ankommt, ist kein Endprodukt, sondern Zwischenprodukt auf einem endlosen Weg. Er ist im Klärwerk nicht zu Ende. Er führt weiter nach Thüringen, in die Nordsee und in die Ozonschicht über uns.

Klärwerke sind „Eckpunkte der Technosphäre". In ihnen sammeln sich die flüssigen Abfälle der Industriegesellschaft. Nicht alle kommen über die Kanalisation. Viele Abwässer werden direkt zum Klärwerk transportiert: Täglich bringen Tankwagen 400 Kubikmeter giftige Sickerwässer aus der städtischen Deponie Vereinigte Ville. Chemietoiletten werden ebenso direkt ins Klärwerk entleert wie Rückstände aus der Trinkwasseraufbereitung. Unternehmen wie Ford schicken einen Teil ihrer vorgereinigten Abwässer in einer Pipeline direkt nach Stammheim.

In den Klärwerken sammeln sich nicht nur die flüssigen Rückstände der High-tech-Gesellschaft. Die Klärwerke sind heute selbst moderne Fabriken mit High-tech-Ausstattung. 150 Ingenieure, Elektriker und Entsorger arbeiten in Stammheim im 3-Schicht-Betrieb. Ständig werden auf den Monitoren der fünf Leitstellen die automatisch gemessenen Werte für Phosphor, Nitrat, Sauerstoffgehalt, Kohlenwasserstoffe, AOX und Schwermetalle beobachtet. Ständig analysieren weißbekittelte Laboranten an teuren Geräten das Abwasser.

Es ist durchaus bewundernswert, wie aus der undefinierbaren braunen Abwasser-Suppe, die im Klärwerk zusammengerührt wird, am Ende ein sauberes Wasser herauskommt. „Erinnert das nicht an einen Gebirgsbach?" fragt freundlich Diplom-Pädagoge Bröcker, der als freier Mitarbeiter des Amtes für Stadtentwässerung die Besuchergruppen durch das Klärwerk führt. Der „Gebirgsbach" wird in den Rhein eingeleitet. Aber was wirklich drin ist, weiß man nicht so genau. Verbindliche Überwachungswerte sind vom Regierungspräsidenten nur für Sauerstoffgehalt, Schwermetalle, Stickstoff und Phosphor festgelegt. Was mit den tausenden von Chemikalien geschieht, ob gentechnisch veränderte Organismen (GVO) oder Radioaktivität im Abwasser überdauern – es wird nicht gemessen. Aus dem Rotterdamer Hafenbecken müssen ständig

Schwermetalle ausgebaggert werden. In der norwegischen Bucht - dort landen nach Jahren die Ausläufer der Kölner Abwässser - verändern Fische aus unbekannten Gründen ihr Geschlecht.

Bestimmte Gifte finden einen anderen Ausgang als über den Fluß. Tiefbaudezernent Oelmann, Dienstherr der 600 Beschäftigten im Amt für Stadtentwässerung, muß eingestehen, daß in jedem Liter Kölner Abwasser im Durchschnitt 100 Nanogramm Dioxin enthalten sind. „Sie kommen zusammen aus einer Vielzahl von Einleitungen. Die Haupteinleitung kommt gegenwärtig aus einem Textilbetrieb." Der Dezernent gibt sich hilflos: „In den Gesetzen, Verordnungen und in der städtischen Abwassersatzung gibt es keinen Grenzwert für Dioxin." Da kommt pro Jahr eine Summe von etwa vier Kilogramm Dioxin zusammen, mehr als beim berüchtigten Dioxin-Unfall in Seveso.

Die modernen Verwalter der Unterwelt wenden viel Zeit und Geld auf, um den Einleitern von Dioxin und anderen Schadstoffen auf die Spur zu kommen. Vorarbeiter Neumann kennt jeden Abschnitt der 575 Kilometer begehbaren Abwasserkanäle. Seit 30 Jahren sind sie sein Reich. Immer wieder steigt er mit seinem Trupp hinab. Mit Helm, hüfthohen Gummistiefeln und - zur Sicherheit - einer Gasmaske auf dem Rücken kratzt er sechs Meter unter dem Asphalt Ablagerungen von den Kanalwänden, holt er Proben aus der sumpfigen Kanalsohle. Sie werden in Meßflaschen gefüllt und gut gekühlt ins Abwasserlabor gebracht. Hat er diesmal den Dioxinsünder gefunden? „Das kann ich Ihnen nicht sagen, da bin ich kein Fachmann."

Für Dioxin gibt es keine Reinigungsmethode im Klärwerk. „Glücklicherweise" bleibt aber dieses Gift im Klärschlamm hängen. Freilich kann der vergiftete Klärschlamm nicht mehr als Dünger verwendet werden. Täglich werden deshalb Dutzende Tonnen Klärschlamm aus Stammheim nach Berrenrath transportiert, zum Braunkohlekraftwerk der Rheinbraun AG. Darin wird der Klärschlamm mitverbrannt. Ein anderer Teil wird in täglichen LKW-Transporten nach Thüringen gebracht und auf Halden abgelagert. Die Schlacken und Filterstäube aus dem Berrenrather Kraftwerk müssen dann ebenfalls auf weitere Entsorgungsreise gehen, und auf den thüringischen Halden leben die Kölner Abwasserreste ebenfalls weiter ...

Das Klärwerk hat für die Kölner Abwässer noch einen weiteren Ausgang, nämlich über die Luft. Aus den fauligen Bestandteilen bildet sich Methangas. Oberweltführer Bröcker zeigt beim Rundgang auf eine große Halle: „Das Methangas wird aufgefangen, im klärwerkseigenen Blockheizkraftwerk verbrannt und in elektrische Energie umgewandelt." Damit wird ein Teil des enormen Strombedarfs eines modernen Klärwerks gedeckt.

Ein anderer Teil der im Klärwerk entstehenden Gase hat weniger segensreiche Auswirkungen. Da ist beispielsweise N_2O, Distickstoffoxyd. Dieses Gas entsteht in der modernsten Abteilung des Klärwerks, der „dritten Reinigungsstufe". Der Name N_2O klingt harmlos. Es ist Lachgas. Es wurde früher in der medizinischen Narkose eingesetzt. Es ist eines der wichtigen Spurengase, die für den „Treibhauseffekt" verantwortlich sind. Ganz oben in der Atmosphäre angekommen trägt es zur Zerstörung der Ozonschicht bei. Ob aus dem Klärwerk Stammheim täglich 300 oder 500 Kilogramm Lachgas entweichen und was sie bewirken - niemand hat es bisher genau gemessen und erforscht.

„Auf Hitler kommt es an!"
Die „Kölnische Zeitung" trommelte für Hitler

„Wer überleben wollte, musste sich anpassen" - so drehte jüngst Redaktionsdirektor Reinhard Munkes erneut die Gebetsmühle des Verlages Dumont Schauberg, mit der dieser seit Jahrzehnten sein Verhalten im Nationalsozialismus rechtfertigt. Diese weinerliche Selbstrechtfertigung typischer Anpasser kann man als moralisch fragwürdig ansehen, vor allem aber ist sie eine Geschichtsfälschung: Der Verlag nämlich trommelte für Hitler, lange bevor er an die Macht kam.

Wie kann man „die nationalsozialistische Bewegung für den Staat gewinnen?" - so lautete die Frage, der die Kölnische Zeitung, Flaggschiff des Verlages Dumont, seit Januar 1932 nachgegangen war. Damals hatte Hitler durch seine spektakuläre Rede im Düsseldorfer Industrieclub Zugang zur Wirtschaftslobby gefunden. Übrigens war der damalige Verlegerpatriarch Alfred Neven Dumont ebenso Mitglied des Industrieclubs wie Kölner Bankiers und Industrielle, so Robert Pferdmenges, Waldemar von Oppenheim und Otto Wolff.

Mussolini war ein gelobtes Vorbild der „Kölnischen". Auch der *Kölner Stadt-Anzeiger* beteiligte sich bei der Suche nach autoritären Lösungen. Am 23.10.1932 schrieb er: Die Deutschen blicken mit „neidvoller Trauer über den Alpenwall", Mussolini sei „einer der größten Staatsmänner der Neuzeit".

Die Neujahrsausgabe der Kölnischen Zeitung vom 1.1.1933 war ganz der Frage von Hitlers Regierungsbeteiligung gewidmet. Die Zeitung bilanzierte: die NSDAP sei leider immer noch nicht in der Regierung. Grund sei „das einseitig gegen die NSDAP gerichtete Verbot der SA und SS", verhängt durch die Reichsregierung Brüning. Auch Hitler wurde kritisiert: er lasse die NSDAP durch seinen Starrsinn „in der Opposition verbluten". Die deutsche Nation brauche aber den „Willen und Schwung einer jungen Bewegung".

Unter der Überschrift „Auf Hitler kommt es an" folgerte die Chefredaktion: „Das Jahr 1933 stellt Hitler nun vor die Entscheidung, ... ob er vor den Toren der Politik stehen bleiben will oder ob er die Verantwortung zu tragen bereit ist, die positiven Kräfte seiner Bewegung in die Waagschale der praktischen Politik zu werfen. Im Interesse einer nationalen Festigung möchte man hoffen, dass Hitler den zweiten Weg findet."

Gleichzeitig machte die „liberale" Zeitung deutlich, was sie von der erhofften neuen Regierung erwartet: „Wirtschaft will Freiheit". Zustimmend wurden die Forderungen des damals führenden Märkischen Arbeitgeberverbandes wiedergegeben: Die private Wirtschaft müsse mit „Lohn- und Kostensenkungen wettbewerbsfähig" gemacht, die Binnenwirtschaft müsse „durch gewaltsamen Abbau von Steuern und Abgaben angekurbelt" werden.

Die „Kölnische Zeitung", deren Name, von vielen kaum bemerkt, im Untertitel des „Kölner Stadt-Anzeiger" steht, rundete ihr Werben für Hitler vielseitig ab. Ein Professor Kühn hatte schon am 20. 12. 1932 die historische Herkunft des Hakenkreuzes erläutern dürfen, da „nun auch eine politische Partei dieses alte Zeichen zu ihrem Parteizeichen gemacht hat". In der Weihnachtsausgabe empfahl im Feuilleton Rezensent Haffmüller das Buch „Geschichte des Nationalsozialismus, Karriere einer Idee", werde da doch „Achtung vor der persönlichen Leistung Hitlers" bekundet. Rezensent Rossmann empfahl zur Erbauung den Sammelband „Stürmer in Grau und Blau", in dem „die unvergänglichen Taten deutscher Männer" im ersten Weltkrieg gepriesen werden: Das „ehrliche Frontkämpferbuch" sei „leuchtende Erinnerung" für die ältere Generation und „anspornende Mahnung" für die Jugend.

„Die Jugend", jedenfalls der von der Zeitung geschätzte Teil, erwies sich als lernfähig. „Wir haben einen Versuch gemacht", schrieb die Redaktion dann in der Neujahrsausgabe: „Die Generation der Zwanzig- bis Sechsundzwanzigjährigen aus bürgerlichen Kreisen sollte Forderungen an das neue Jahr stellen." So forderten die zur Stellungnahme gebetenen Söhne und Töchter von bekannten Ministern, Professoren und Dichtern drauflos: „Verschärfung des Abiturs", „eine besondere Universitätsaufnahmeprüfung", „Arbeitsdienst", „Wehrsport", „Schaffung eines neuen Staatsinhalts und Heranbildung verantwortungsbewusster und disziplinierter Volksgenossen" – soweit Stimmen junger Männer. Junge Frauen forderten das ihnen Gemässe: „Filme, die deutsch sind im besten Sinne", „die Scheu vor den Mühen von Schwangerschaft und Mutterschaft ablegen", „eine Reise nach Rom und Mussolini besuchen".

Einen Monat später konnte Reichskanzler Hitler darangehen, die meisten Forderungen aus der Neujahrsausgabe der „Kölnischen Zeitung" zu erfüllen. Und klingen nicht manche heute merkwürdig frisch?

Wendehals West als Chefredakteur

„Nach dem Studium der evangelischen Theologie war Franz Sommerfeld (50) Chefredakteur der Deutschen Volkszeitung" - das erfuhren die Leser des *Kölner Stadt-Anzeiger* über die Lehr- und Wanderjahre ihres neuen Chefredakteurs. Es war freilich anders: 10 Jahre harte politische Arbeit lagen dazwischen. Als der junge Franz sein Theologiestudium in Mainz nach den ersten Semestern abbrach, wurde er zwar Chefredakteur, aber nicht bei der *Deutschen Volkszeitung* (DVZ), sondern bei *rote blätter*, dem Organ des „Marxistischen Studentenbundes Spartakus" (MSB). Von 1973 an war er hauptamtlicher Sekretär von dessen Bundesvorstand und Mitglied der „Deutschen Kommunistischen Partei" (DKP).

1979 gab er das Taschenbuch „Sackgassen und Irrwege" heraus. Aus „kommunistischer Sicht" wurde die „kleinbürgerliche", „linksopportunistische" und „antikommunistische" Strömung der damals so genannten „Neuen Linken" als „Irrweg entlarvt". Sponti, Maoist und Stadtindianer, Feministin, Öko und Landfreak: Jeder, der sich nicht „mit der Arbeiterklasse verbünden" wollte, wurde von dem abgebrochenen Theologen als Diener des Kapitals gegeißelt.

Sommerfeld blieb bis Ende 1981 bei *rote blätter*. Der sich selbst gern mit Egon Erwin Kisch vergleichende Journalist legte hier Beweise seines Könnens hin, die dem wirklichkeitserforschenden Reporter Kisch die Schamröte ins Gesicht getrieben hätten, so eine oberflächlich-lobhudlerische Reportage über die Brigade „Ernst Thälmann" im Schwermaschinenkombinat Leipzig. Der angebliche Reporter verstieg sich zu schnellen Ergebenheitsadressen wie: „Ich mag die DDR, weil die Menschen dort menschlicher miteinander umgehen. Es liegt am System."

So sehr er pauschal die DDR mochte, so verachtete er pauschal die „bürgerliche Presse der BRD": Die *FAZ* war das „Sprachrohr des Monopolkapitals", die *taz* diffamiere die Gewerkschaftsjugend „im Stil der Bild-Zeitung". Sogar die *FR* versuche „die Leser an das kapitalistische System zu binden". Im Innersten aufgewühlt geißelte er den „Egon Erwin Kisch-Reportagepreis" des *stern*: Er „verhöhnt und verspottet die journalistischen Erben von Egon Erwin Kisch, ... die sich für die Erniedrigten und Benachteiligten engagieren und hinter die kapitalistischen Kulissen schauen... Kisch wäre heute nicht mal „stern" - Reporter geworden."

Dafür aber wurde Sommerfeld vom DKP-Parteivorstand 1983 zum Chefredakteur der *DVZ* ernannt. Der damalige Stellvertreter Thomas Neumann war nämlich auf einige der von Sommerfeld gegeisselten Irrwege geraten und kritisierte DDR und DKP. Sommerfeld sollte hier zwar nicht für journalistische Qualität, aber für ideologische Ordnung sorgen. Als Chefredakteur blieb er bei der *DVZ*, bis sie nach der Wende 1990 mit der Ostzeitschrift *Sonntag* zum *Freitag* fusionierte. Da kam was, wenn auch sehr gemildert, von der ehemaligen DDR herein, und da „mochte" unser schreihalsiger Aufstreberling die DDR auf einmal gar nicht mehr. Niederlagen hält der geistig allseitig dünn Genährte nicht aus.

In dieser Zeit verwandelte sich der Abweichungsexperte zu einem überzeugten Fürsprecher des bisher gegeißelten Gegenteils. Eine begründete Selbstkritik, jetzt oder später - nichts davon. Mit Gorbatschow und den Massenbewegungen der DDR auf der neuen Fahne vollzog er die schnelle Wende: „Die Erfahrungen dieser Tage werden lange nachwirken und das Verhältnis der Menschen zu ihren Autoritäten nachhaltig verändern", schrieb er im Oktober 1989. Das war an sich nicht falsch.

Sommerfelds „nachhaltige Veränderung" bestand jedoch im einfachen Wechsel der Autorität. In einem Porträt Erich Böhmes, des damaligen Chefredakteurs der *Berliner Zeitung*, gab Sommerfeld 1991 im *Freitag* sein schnellgewendetes Selbstbekenntnis ab. Da schlug wahrscheinlich das Vorbild Kisch endlich durch. Böhme nämlich, so recherchierte der Wendelehrling, „kennt und nennt aus dem Stand Spitzenjahrgänge des roten Bordeaux. Von der Loire bevorzugt er den Weißen. Sein Ferienhaus liegt bei Périgueux". So übte der wendige Franz sich noch etwas unbeholfen im Lob der neuen West-Autorität. Plaudertasche Böhme wird als „einer der begnadetsten und kultiviertesten Journalisten" gerühmt. Ein solcher braucht neben seinen Bordeaux-Kenntnissen noch anderes. Gefühlvoll erspürte Franz die nun geforderten Qualitäten des neuen, freien Journalismus: „Die Zunge drückt die Unterlippe weit nach vorn, spielt mit einem langen Zug schnell über die Lippen. Aber" - so fährt der Lernbegierige bewundernd fort - „er kann die Unterlippe auch vollständig einziehen."

Diese Schleimspur erwies sich als Karriereleiter: Böhme berief Sommerfeld umgehend in die Redaktion der *Berliner Zeitung*, alsbald zum politischen Chefreporter. Der konnte nun die Westwelt ganz neu entdecken. Wie er ein gutes Jahrzehnt zuvor die Brigade „Ernst Thälmann" gelobt hatte, so huldigte er in einer Reportage nun ebenso hastig wie unterwürfig dem Fürsten zu Castell-Castell: "Seine Durchlaucht sieht noch aus wie ein Fürst, erlesene Stoffe, gelassene Bewegungen. Der Fürst spricht wie ein Fürst, modellierte Sätze, ruhig und genau. So wie seine Vorfahren seit Jahrhunderten."

Seinen Spitznamen als „Franz Rapid" erwarb er sich mit anderem Politkitsch. Er schwärmte davon, bei 450 Stundenkilometern mit dem Transrapid von Berlin nach Hamburg zu brausen. Er forderte ein „deutliches Bekenntnis" für das Milliardengrab und geißelte die Irrwege der Bürgerinitiativen, die von Pioniergeist und Forscherdrang nichts wissen wollen und nur die „Unberührtheit ihres Vorgartens" verteidigen.

Bundesweite Beachtung verdankte der Autoritätshörige einer weiteren journalistischen Großtat. Ende April 1999 warf er, inzwischen zum stellvertretenden Chefredakteur aufgestiegen, auf Anweisung des Herausgebers der *Berliner Zeitung* den NATO-kritischen Leitartikel „Strapazierte Humanität" aus der schon gedruckten Teilauflage. Darin hatte Abweichler Stephan Kaufmann die Bombardierung Serbiens kritisiert. Obwohl dieser auf Redaktionsbeschluß hin geschrieben hatte, folgte Sommerfeld auch diesmal seinem neuen Herrn und ließ einen Ersatz-Kommentar über den Telefonmarkt schreiben. Schon vorher hatte Sommerfeld die Beteiligung am NATO-Einsatz als Feuertaufe der rot-grünen Bundesregierung gefeiert: „Der Kosovo-Krieg läßt alle Torheiten und Verspieltheiten dieser ersten hundert Chaos-Tage vergessen."

Das war, man ahnt es, sein Eintrittsticket in den Verlag Dumont. Im Juni 1999 wurde der Propagandist der rot-grünen Kriegstaufe Chefredakteur der zugekauften Mitteldeutschen Zeitung in Halle, ein Jahr später wurde er auf den gleichen Posten in Köln beordert. Folgsam-schreihalsige Chefredakteure mit 150prozentiger Überzeugung sind wie einstmals bei der DKP beim autoritären Hausherrn Alfred sehr beliebt, und meist dürfen sie ein paar Jahre bleiben ...

Politikkauf und korruptive Finanzoperationen im NS

Der IHK-Präsident organisierte die Kanzlerschaft Hitlers

Am 8. November 1997 feiert die Kölner Industrie- und Handelskammer ihr zweihundertjähriges Jubiläum. Doch was unter dem Motto „Kölner IHK – 200 Jahre Erfahrung für die Zukunft" angepriesen wird, ist recht zweifelhaft. Selbst Leierkastenmänner, Marktfrauen und Scheinselbständige sind Zwangsmitglieder. 1933 hatte die NS-Regierung die Zwangsmitgliedschaft der „Minderkaufleute" (Kleingewerbe) in der IHK gesetzlich verordnet – und darauf besteht die IHK-Lobby verbissen bis heute.

Es gibt zahlreiche Doppel-Zwangs-Mitgliedschaften: Jede Filiale eines Unternehmens muß in jedem Kammerbezirk Mitglied sein, Apotheker gehören gleichzeitig zur Apothekerkammer und zur IHK, Handwerker mit einer Verkaufsabteilung gehören gleichzeitig zur Handwerkskammer und zur IHK. 3,5 Millionen Selbständige und Unternehmen in Deutschland sind damit zahlungspflichtige Mitglieder einer in der Welt einzigartigen wirtschaftlichen Zwangsbürokratie.

Die IHK versteht sich als „Selbstverwaltung der Wirtschaft". In Wirklichkeit ist sie eine staatsverfilzte Privatwirtschaft. Sie ist nach Gesetz eine staatliche Einrichtung. Die IHK holt sich vom Finanzamt die Wirtschaftsdaten aller Gewerbetreibenden – Datenschutz gilt nicht. Entgegen ihrer Forderung nach „schlankem Staat" stellen die IHK und ihr Dachverband DIHT (DIHKT) mit 7.500 Beschäftigten eine mächtige und teure Bürokratie dar. Die Kölner IHK beispielsweise hat 180 Beschäftigte, davon 11 (elf!) Geschäftsführer. Sie nimmt zahlreiche „hoheitliche" Aufgaben wahr: Berufung von Richtern, Vertretung im Ausland usw.

Das demokratische Prinzip „one man – one vote" ist unbekannt – bei den Wahlen entscheidet das „wirtschaftliche Gewicht". Die IHK-„Vollversammlung" ist in Wirklichkeit nur eine kleine Delegiertenversammlung (Köln: 70 Delegierte für 80.000 Mitglieder). Wahlergebnisse von 99,3 % sind eine Seltenheit, die stalinistische Musterquote von 99,9 % wird fast immer erreicht; die Wahlbeteiligung liegt bei 5 bis 10 %. Die Haushaltspläne werden selbst vor den eigenen Mitgliedern geheimgehalten. Obwohl die IHK Körperschaften des öffentlichen Rechts sind, werden sie – im Unterschied zu anderen Körperschaften wie Universitäten – nicht von staatlichen Rechnungshöfen kontrolliert, sondern haben ihren eignen Rechnungshof. Sie werden beherrscht von den lokalen Grossunternehmen, die aber im Verhältnis die geringsten Beiträge zahlen. Die IHK üben einen demokratisch nicht legitimierten Einfluss auf die Kommunalpolitik aus.

Nach 1945 wollten Gewerkschaften und US-Militärs die IHK durch allgemeine „Wirtschaftsräte" ablösen. In ihnen sollten auch Handwerker, Bauern und die Arbeitnehmer vertreten sein. Das hat die IHK-Lobby mit Adenauers Hilfe verhindert. Mit autoritären Regimes wie dem NS ist die IHK-Ideologie leichter vereinbar.

Das Kölner Treffen mit Hitler

In der Jubiläumsschrift der Kölner IHK heißt es schlicht, das „einflußreiche NSDAP-Mitglied Kurt Freiherr von Schröder" sei von 1933 bis 1945 Präsident gewesen. Doch der forsche Freiherr mit dem Schmiß auf der linken Backe war nicht nur einflußreiches NSDAP-Mitglied. Er war Bankier. 1921 wurde er Teilhaber des alteingesessenen Kölner Bankhauses J.H. Stein. Bereits als solcher hat er angefangen, Welt- und Verbrechensgeschichte zu schreiben. Er gründete den „Freundeskreis Reichsführer SS". 1932 unterzeichnete er mit Fritz Thyssen, Hjalmar Schacht und anderen Industriellen eine Eingabe an Reichspräsident Hindenburg, die NSDAP solle an der Regierung beteiligt werden.

In seiner Villa in Köln-Lindenthal arrangierte er am 4. Januar 1933 das historische Treffen zwischen Adolf Hitler und dem ehemaligen Reichskanzler Franz von Papen. Zunächst konferierte der Bankier alleine mit den beiden, um ihnen die Überlegungen der wichtigsten Wirtschaftskreise nahezubringen. Dann stiessen Heinrich Himmler, Rudolf Hess und Wilhelm Keppler dazu, also der innerste Machtzirkel um den künftigen Diktator. Drei Wochen später war Adolf Hitler Reichskanzler, von Papen Vizekanzler.*

Mit dem Chemieunternehmer Keppler, der 1931 Wirtschaftsberater Hitlers wurde, arbeitete der Bankier schon länger zusammen. Von Schröder, der mit Bankkreisen in London und New York enge Verbindungen hatte, übernahm in den 20er Jahren Finanzierungen für Keppler, als der mit Eastman Kodak die Chemischen Werke Odin gründete.

Mit Keppler hatte von Schröder das Treffen am 4.1.33 vorbereitet und die bis dahin unterschiedlichen Strömungen innerhalb der deutschen Industrie hinter die gewünschte Regierung Hitler/von Papen vereinigt. In Schröders Haus vereinbarte man das Regierungsprogramm: Auflösung der Gewerkschaften, Entfernung „aller Bolschewisten, Sozialdemokraten und Juden" aus leiten-

---

* Zusammenfassung von Dokumenten in: Eberhard Czichon, Wer verhalf Hitler zur Macht? Köln 1989, 6. Aufl.

den Stellungen, Aufbau einer autarken Auto- und Flugzeugindustrie und militärische Aufrüstung.

Von Schroeder richtete nach dem Treffen in seiner Bank ein Sonderkonto ein, um Wirtschaftsspenden für die bankrotte NSDAP zu sammeln. Die brauchte für den unmittelbar anstehenden Wahlkampf in Lippe dringend Geld. Sofort waren eine Million Reichsmark zusammen. Dabei fand von Schröder auch die Unterstützung des Kölner Industriellen Paul Silverberg, Chef der Rheinbraun AG, Herausgeber der „Führerbriefe" und Präsident der Kölner IHK.

Der neue IHK-Präsident

Der politisch erfolgreiche Bankier wurde am 9. Mai 1933 selbst zum Präsidenten der Kölner IHK gewählt, als Nachfolger des NS-begeisterten Juden Silverberg. Vor der Wahl begrüßte er „insbesondere die Vertreter im braunen Hemd", in welchem die Hälfte der kölschen Unternehmer unter der großen Hakenkreuzfahne im Festsaal der IHK sich eingefunden hatte. Der Freiherr, der in den IHK-Räumen Unter Sachsenhausen 4 gern in der Uniform des SS-Oberführers erschien, blieb Präsident bis 1942. Danach bis 1945 präsidierte er der Folgeorganisation „Gauwirtschaftskammer Köln-Aachen".

Die Kölner IHK war bis zum Ende aktiver Teil der NS-Wirtschaftspolitik, rief zur „Hitlerspende" auf und propagierte die Aufrüstung. Sie lieferte Informationen über jüdische Unternehmer an NSDAP und NS-Staat. Sie erstellte ein Verzeichnis jüdischer Gewerbebetriebe und machte für die „Arisierung" Gutachten über Geschäftsvermögen und Qualifikation der arischen Aufkäufer.

Der forsche Freiherr tat das, was Banker auch heute noch gern tun - er sammelte Aufsichtsratsmandate, so bei Kölner Unternehmen wie Rheinbraun, Kölnische Rückversicherung, Colonia Versicherung, Dynamit Nobel, Felten & Guilleaume. Auch in Aufsichtsräte im Ruhrgebiet rückte er ein, so bei Harpener Bergbau, Charlotten-Hütte (Flick) und August-Thyssen-Hütte.

Einen Tag nach Hitlers Regierungsantritt war der Freiherr in die Partei eingetreten, die dem Namen nach für Arbeiter und für den Sozialismus eintrat; seitdem klebte er ordentlich die Beitragsmärkchen in sein Mitgliedsbuch der Nationalsozialistischen Arbeiter Partei Nr. 1475919. In der Gewinn-Not unterstützten damals so manche Freiherrn und fast alle Unternehmer den Sozialismus, wenn der nur deutsch, also das Gegenteil, war.

Der Verwandlungskünstler spielte seine Macht auch in der Kommunalpolitik der Domstadt aus. Er fädelte die Ernennung des neuen NSDAP-Oberbürgermeisters von Köln ein, Dr. Riesen. Der Nachfolger Adenauers war natürlich ebenfalls Bankier, und zwar aus dem Bankhaus Levy, an dem von Schröder beteiligt war. Als NSDAP-Ratsherr sass von Schröder in der guten Stube der

Stadt. Der Kölner Rat schickte ihn in den Aufsichtsrat der Messe, der Gemeinnützigen Wohnungsbaugesellschaft, der Gas-, Elektrizitäts- und Wasserwerke (GEW) usw. Auch dem Geistigen gab der Träger der SS-Ehrenzeichen Totenkopfring, Ehrendegen und Julleuchter durchaus Raum: Die Stadt Köln vertrat der braune Ratsherr beispielsweise im Vorstand des Kunstgewerbevereins und der Museen. Noch im November 1944 ernannte ihn die Universität Köln zum Ehrensenator.

Nach dem Kauf Hitlers wurde der Bankier einer der wichtigsten Wirtschaftsfunktionäre des NS-Staates. Die Aufzählung seiner Funktionen mag monoton erscheinen, aber sie zeigen seinen Einfluß. Er wurde stellvertretender Vorsitzender des DIHT, Vizepräsident so kriegswichtiger Unternehmen wie Deutsche Reichsbahn, Aufsichtsratsvorsitzender der Deutschen Verkehrs-Kreditbank, schließlich Beirat der Deutschen Reichspost. Er sammelte von den gut 40 Unternehmen des „Freundeskreises Heinrich Himmler" - darunter Otto Wolff - die Spenden ein, und überwies sie vom „Sonderkonto S" in seiner Bank auf jeweilige Anfrage an Heinrich Himmler - eine Million Reichsmark pro Jahr während der Kriegszeit waren es im Durchschnitt.

Finanzfunktionär des NS-Regimes

Mittlerweile zum SS-Brigadeführer befördert, organisierte er wie andre „Wirtschaftsführer" die Ausbeutung in den von der deutschen Wehrmacht besetzten Gebieten. 1940 wurde er „Verwalter von Feindvermögen" beim Stahlunternehmen ARBED in Luxemburg. 1944 kam er in den Aufsichtsrat der Vereinigten Industriewerke in Budapest, die er zu einem SS-Wirtschaftskonzern ausbauen sollte.

Eine seiner delikatesten und lukrativsten Funktionen dürfte der vielseitige IHK-Präsident in der Schweiz ausgeübt haben. Er vertrat die Deutsche Reichsbank im Verwaltungsrat der Bank für Internationalen Zahlungsausgleich (BIZ) in Basel. Hinter diesem unscheinbaren Namen verbarg sich die neben der Schweizer Nationalbank wichtigste Goldwaschanlage des NS-Regimes. Hier wurde das Gold, das die Wehrmacht im besetzten Europa bei Nationalbanken und Juden raubte, in harte Schweizer Fränkli gewaschen.

Von Schröder fuhr monatlich zur BIZ in die Schweiz und hielt sich danach regelmäßig einige Tage „zum Urlaub" in der Alpenrepublik auf. Sein Diplomatengepäck enthielt nicht nur Schlafanzug und Rasierpinsel, sondern auch Diamanten und Gold, die die SS von KZ-Insassen geraubt hatte. Dafür wechselte der hochrangige Hehler Dollars und Franken ein. Dafür erhielt er von der SS die vereinbarten Prozente Provision.

Der Freiherr zog sich nach seiner Internierung 1945 in sein Schloß in Schleswig-Holstein zurück. Die westlichen Alliierten hatten dafür gesorgt, daß er wie andre Finanzchefs der NS-Zeit und andere Kölner Hehler nicht vor dem Nürnberger Tribunal angeklagt wurde. Er starb zwar erst 1966; aber bereits am 8. Mai 1945 hatte er sich und seinen Reichtum in Köln spurlos in Luft aufgelöst, angeblich. Doch das Bankhaus J.H. Stein wurde nach 1945 in den Räumen der Kölner IHK fortgeführt, bis sie 1982 mit der Hamburger Bank Marcard fusionierte. Der Ableger „J.H.Stein Consultant" bestand in den IHK-Räumen bis 1998. Das wird in der Jubiläumsschrift verschwiegen. „Kölner IHK - 200 Jahre Erfahrung für die Zukunft"? Ich fürchte, diese Drohung ist ernst gemeint.

Hehler für Hitler: Der Otto Wolff-Konzern

Otto Wolff von Amerongen ist der bekannteste Wirtschaftsfunktionär der Bundesrepublik Deutschland nach dem Zweiten Weltkrieg. Er war nicht nur bis 1990 Hauptgesellschafter des Otto Wolff-Konzerns (200 Beteiligungen, 30.000 Beschäftigte). Jahrzehntelang war er Präsident der Kölner Industrie- und Handelskammer, des Deutschen Industrie- und Handelstages, des Ostausschusses der Deutschen Wirtschaft. Deutsche-Bank-Chef Hermann Josef Abs war sein intimer Berater, und er selbst war Berater aller Bundeskanzler von Konrad Adenauer über Willy Brandt und Helmut Schmidt bis Helmut Kohl. Auch für seine Popularität tat er einiges, etwa als Vorsitzender des Verwaltungsrates des Fussballclubs 1. FC Köln. Heute ist der 83jährige Ehrenpräsident der Kölner IHK, des Deutschen Industrie- und Handelskammertages, der Deutschen Olympischen Gesellschaft, der Deutschen Gesellschaft für auswärtige Politik, des Verbandes der Deutschen Wirtschaft in der Russischen Föderation ...

1940 wurde er Nachfolger des Konzerngründers, seines Vaters Otto Wolff. Jahrzehntelang hat Amerongen die Geschichte seines Unternehmens ebenso wie seine eigene Aktivität während des Zweiten Weltkrieges mit Legenden umgeben. Seit einigen Jahren ist das nicht mehr so einfach. Regierungskommissionen und Historiker haben europaweit die kriegsverlängernde, kriminelle Zusammenarbeit der Firma Wolff und ihres Inhabers mit dem NS-Regime dokumentiert. Nach Köln dringen diese Fakten geheimnisvollerweise nicht durch.

Viermal während des Jahres 2001 bat der WDR Amerongen um ein Interview zur Rolle seiner Firma im 2. Weltkrieg. Obwohl er im Laufe der Jahre Dutzende von Auftritten in WDR-Sendungen absolvierte, immer redselig („Mittwochs live", „Menschen hautnah", „Ich stelle mich"), fand er diesmal nur Ausflüchte: er habe keine Zeit, er wisse nichts. Zuletzt lehnte er ab, da er sich „bis Mitte September im Ausland" aufhalte - was ihn nicht hinderte, am 7. September in Berlin das Grosskreuz des Bundesverdienstordens entgegenzunehmen. Amerongen lehnte den Antrag auf Einblick in das Wolff-Firmenarchiv ab: es sei „noch nicht im benutzungsfähigen Zustand". Auch das ist eine Lüge, denn ausgewählte Historiker, auf Verschwiegenheit verpflichtet, z.B. der Schweizerischen Regierungskommission „Zweiter Weltkrieg", durften das Archiv benutzen. Der erfolgreiche, hochdekorierte Unternehmer: er lügt, weicht feige aus, hält Dokumente zurück.*

Devisenschutzkommandos

„Als ich mittags von der Schule zurückkam, fand ich meine Mutter, meine Schwester und unser Hausmädchen weinend, fassungslos. Sie haben mir in abgehackten Sätzen erzählt, dass die Deutschen in die Wohnung eingedrungen sind, meinen Vater verhaftet und eine Menge Aktien mitgenommen haben. Die drei Frauen waren vollkommen aufgelöst, ich stand unter Schock." Der heute 76jährige Roger Sergoynne erinnert sich an den 27. September 1941 so lebhaft, als wäre es gestern gewesen. An diesem Tag drang das „Devisenschutzkommando" der deutschen Besatzungsmacht in die Wohnung des Arztes Julien Sergoynne ein, des Vaters des damals Fünfzehnjährigen. Die Wohnung lag im Brüsseler Nobelviertel Forest in der Avenue Reine Marie-Henriette.

Sergoynne war denunziert worden. Er hatte sich an den Aufruf der belgischen Exilregierung gehalten und seine Wertpapiere zuhause aufbewahrt. Das widersprach den Devisenvorschriften des deutschen Militärbefehlshabers: Danach mussten alle Belgier, ob Juden oder nicht, ihre Devisen und Wertpapiere melden. Leiter der Militärverwaltung war Dr. Eggert Reeder, ein Scharfmacher, gleichzeitig Regierungspräsident von Köln. Zum Besatzungsapparat gehörten „Devisenschutzkommandos". Sie waren aus Fachleuten zusammengesetzt - Steuerfahnder, Reichsbankbeamte, Offiziere - und spürten insbesondere Aktien auf, in Privatwohnungen ebenso wie in Bankdepots. Die Wertpapiere wurden den Eigentümern zu Niedrigstpreisen abgepresst oder, wenn Verstösse gegen die Devisenschutzgesetze vorlagen wie im Fall Sergoynne, entschädigungslos abgenommen.

Devisen„schutz"kommandos wie in Brüssel waren auch in den anderen besetzten Ländern Westeuropas aktiv: in Frankreich, Luxemburg und in den Niederlanden. Ihr Einsatz unterstand der Vier-Jahres-Plan-Behörde. Unter Reichsmarschall Göring war sie das Zentrum der ökonomischen und finanzi-

---

* Die Darstellung beruht vor allem auf Unterlagen der National Archives (Washington), des Moskauer „Sonderarchivs", des Schweizer Bundesarchivs (Bern), des Instituts für Zeitgeschichte (Zürich), der Archives Nationales (Paris), des Politischen Archivs des Auswärtigen Amtes (Berlin) und des niederländischen Archivs für Kriegsdokumentation (Amsterdam)

ellen Kriegsführung. Ein grosser Teil der mehreren hunderttausend Juden in Westeuropa war vermögend. Die Devisenschutzkommandos bemächtigten sich systematisch ihres Eigentums, auch mithilfe von Banken wie der Société Générale in Belgien, des Crédit Lyonnais in Frankreich und der deutschen Grossbanken, die im Gefolge der Wehrmacht in Amsterdam, Paris und Brüssel einheimische Banken übernahmen.

Die Banken erstellten Listen ihrer jüdischen Kunden, nannten genauestens die Inhalte ihrer Wertpapierdepots und stellten diese Listen den deutschen Militärbehörden zur Verfügung. Die einheimischen Banken wie in Frankreich hatten den Einmarsch der Nazis begrüsst und kollaborierten eifrig mit den Besatzern. Das Bankgeheimnis, anonsten die Bibel dieser Branche, galt nichts mehr. Mithilfe der Listen konnten sich die Devisenschutzkommandos in aller Ruhe die Aktien heraussuchen, die besonders interessant waren: international handelbare Aktien, die man an den Börsen von Zürich, Lissabon, New York und Lissabon verkaufen konnte, etwa von Royal Shell Dutch, Nestlé, Norsk Hydro und US-amerikanische Bergwerksaktien, aber auch Schweizer und portugiesische Staatsanleihen.

Für die Kriegsplaner war klar, dass sie nicht selbst in der Lage sein würden, das Raubgut zu verkaufen und die kriegswichtigen Dollars, Schweizer Franken, schwedischen Kronen und portugiesischen Escudos zu erlösen. Dese Devisen brauchte man, denn mit ihnen wurden auf den Weltmärkten, insbesondere in den USA und in den neutralen Ländern, kriegswichtige Rohstoffe, auch etwa Benzin und Präzisionsinstrumente eingekauft. Hier schlug die Stunde des Kölner Stahlkonzerns Otto Wolff. Er war unter seinem Gründer Otto Wolff in der Weimarer Republik zu einem weltweit tätigen Konzern aufgestiegen und hatte beste Verbindungen zum NS-Regime. 1932 spendete Otto Wolff senior 180.000 Reichsmark an die NSDAP. An der Aufrüstung hatte er bereits gut verdient, durch die Herstellung von Stahlplatten, Torpedos und Strassenbaumaschinen.

Geheimauftrag von Göring

Die Firma Otto Wolff wurde zum „nationalsozialistischen Musterbetrieb“ ernannt. Mit dieser Auszeichnung konnten sich andere freilich auch schmükken. Das besondere Vertrauen des NS-Regimes zeigte sich vor allem in drei Geheimaufträgen von Görings Vier-Jahres-Plan-Behörde.

Zu Kriegsbeginn, im Sommer 1940, führte Wolff den ersten Auftrag aus: verdeckte Aktienkäufe an den Börsen von Zürich und New York. Mit einem von Göring persönlich genehmigten Startkapital von 5 Millionen Dollar, die von der Reichsbank ausgezahlt wurden, kaufte Wolff für das Deutsche Reich deutsche Aktien und Staatsanleihen auf, die wegen des Kriegsbeginns auf ein

Drittel oder Viertel ihres ursprünglichen Wertes gefallen waren. Wolff diente als Hehler, denn es sollte natürlich nicht bekannt werden, dass hier der NS-Staat der eigentliche Käufer war. Wolff konnte auch deshalb gut den Hehler spielen, weil der Stahlkonzern nicht so schnell mit Börsengeschäften in Verbindung gebracht wurde. Göring setzte darauf, dass die Kurswerte nach dem gewonnenen Krieg wieder steigen und dass dann ein enormer Gewinn zu realisieren sei. Wolff führte den Auftrag aus - in einem Fall wurde auch der neue Chef der Deutschen Bank, Hermann-Josef Abs, eingeschaltet - und verdiente innerhalb eines halben Jahres gut drei Millionen Reichsmark Provision, nach heutigem Wert etwa 20 Millionen Euro. Wolff zeigte sich erkenntlich und zahlte an Göring persönlich eine „Spende" von einer Million Reichsmark.

Im August 1941 folgte der nächste Geheimauftrag: Verwertung der Raubaktien aus den besetzten Ländern. So trafen in der Kölner Zeughausstrasse Nr. 2, der Konzernzentrale, wöchentlich Aktienpakete aus Paris, Brüssel und Amsterdam ein. Auch die Aktien des Arztes Sergoynne waren darunter. Von Köln aus wurden sie - meist mithilfe von Diplomatenpost - in neutrale Staaten weitergeleitet, nach Schweden, Portugal, insbesondere in die Schweiz. Eidgenössische Bank, Schweizerische Bodenkreditanstalt, Züricher Stahlhändler und Anwälte - Wolff hatte viele Geschäftspartner, die die heisse Ware aufkauften und weiterverscherbelten.

Mit gestohlenen Aktien in die Schweiz

Die Vertreter des Wolff-Konzerns standen seit 1940 in der Schweiz unter polizeilicher Beobachtung. Dies betraf insbesondere Rudolf Siedersleben, unbeschränkt haftender Gesellschafter und väterlicher Freund des jungen Firmeninhabers Otto Wolff von Amerongen. Siedersleben reiste neben dem Wolff-Finanzchef Otto Laupichler regelmässig in die Schweiz, um persönlich geraubte Wertpapiere zu verkaufen. Die Stadtpolizei Zürich protokollierte die Reisen, griff aber nicht ein, da es ja um Geschäfte mit „renommierten" Schweizer Banken ging. Nachdem diese 1944 aufgrund alliierter Warnungen so gut wie keine solchen Aktien mehr kauften, heisst es im Polizeirapport vom 14. März 1945 über Rudolf Siedersleben, wohnhaft in Köln, Marienburger Str. 19: „Siedersleben hat im Verlaufe des Jahres 1944 ein ziemlich umfangreiches Aktienpaket in die Schweiz gebracht und bei der Schweizerischen Bodenkreditanstalt absetzen wollen. Es wurde bemerkt, dass viele dieser Titel einen französischen oder belgischen Stempel tragen... und offensichtlich von den Deutschen geraubt worden waren... hat die Bank die Annahme der Aktien verweigert... Fachleute hatten erkannt, dass die Erwerbung riskant erschien und Unannehmlichkeiten zu befürchten waren."

Zur Abwicklung gründete die Firma Wolff zwei Briefkastenfirmen in Finanzoasen: „Rodopia“ in Genf und „Socomée“ in Monte Carlo, letztere übrigens mithilfe von Pierre DuPasquier, Gesellschafter des Spielcasinos und Finanzberater des Fürsten von Monaco, der auch sonst sein Fürstentum für zahlreiche verdeckte Geschäfte des NS-Regimes und deutscher Unternehmen zur Verfügung stellte und sich damit bis heute grosser Wertschätzung in diesen Kreisen erfreut. Briefkastenfirmen und Finanzoasen gewannen übrigens im Zuge der globalen NS-Kriegsführung ihren bis heute anhaltenden Aufschwung in der Weltwirtschaft.

Rodopia („Rohstoff- und Devsisenoperationen im Ausland“) und Socomée („Société Comerciale Méditerranéenne“) dienten dazu, die kriminellen Geschäfte vor den Alliierten geheimzuhalten und eine saubere Herkunft des Raubguts vorzutäuschen. Auch hier erhielt Wolff eine Provision von drei Prozent. Ausdrücklich wurde vereinbart, dass darin auch die Schmiergelder für kleine Aktienhehler in Brüssel und Paris enthalten sind.

Otto Wolff von Amerongen folgte seinem verstorbenen Vater 1940 als Firmeninhaber. Sein Adoptivbruder, der ebenfalls Otto Wolff hiess und einen Firmenanteil erbte, wurde verdrängt, da er seine volle arische Herkunft nicht nachweisen konnte. Der 24jährige Amerongen übernahm 1942 die Leitung der Wolff-Filiale in Lissabon.

Später strickte er an der Legende, sein Aufenthalt in Lissabon sei eine Art Urlaub gewesen, den er sich trickreich erschlichen habe. Er habe in Estoril am Strand gelegen und die internationale Presse gelesen, flunkerte er einmal. Ein andermal berichete er, er habe während des Krieges seinem „väterlichen Freund“ von Falkenhausen, Militärbefehlshaber von Belgien, im Kölner Domhotel verschiedentlich die Geliebte zugeführt, die aus Berlin anreiste, während die Gattin in Dresden wohnte. Noch 2001 begründete er die Absage eines Interviews damit, er habe im Kriege nichts mitbekommen, da Portugal „weitab vom Kriegsgeschehen“ gewesen sei.

Wolff von Amerongen: „Es war meine schönste Zeit ...“

Das Gegenteil ist richtig: die Wolff-Filiale in Lissabon war kriegswichtig. Portugal war der einzige Lieferant von Wolfram – ohne dieses Edelmetall konnten im Deutschen Reich kein Kanonenrohr, kein Gewehrlauf, keine Panzerplatte, kein Kugellager gefertigt werden. Amerongen koordinierte das Wolframgeschäft. Dies war der dritte Geheimauftrag der Göring'schen Vier-Jahres-Plan-Behörde. Wie der zweite dauerte auch dieser bis Kriegsende. So führte Amerongen im Namen des Deutschen Reiches und in Absprache mit deutschen Firmen wie Krupp monatliche Gespräche mit der Hitler-freundlichen Regierung Salazar, vor allem mit dem Wirtschafts- und Finanzminister.

Der junge Firmenchef machte in Lissabon keineswegs Urlaub, auch wenn es ihm mit einem monatlichen Salär von 2.000 Reichsmark - heute etwa 11.000 Euro -sehr gut ging. Er pendelte regelmässig mit der Lufthansa zwischen Portugal und Berlin, um den obersten Reichsbehörden wie dem Auswärtigen Amt Bericht zu erstatten. Er pendelte zwischen Lissabon und Madrid. Er war an Goldtransporten der Reichsbank nach Spanien und am Verkauf von Raubaktien in Lissabon beteiligt, wobei die Kölner Bank Delbrück&Von der Heydt Hilfestellung leistete. Gleichzeitig war Amerongen Offizier des Geheimdienstes „Abwehr" - für die Abwicklung solcher deals war das unabdingbar. Vorstandsmitglieder kriegswichtiger deutscher Konzerne wie Siemens waren ebenfalls Mitglied der „Abwehr". So sorgte Amerongen dafür, dass das kriegsverlängernde Wolfram bezahlt und gleichzeitig der Profit seines Unternehmens gesteigert werden konnte.

Ein gewisses Unrechtsbewusstsein war bei dem angeblichen Urlauber durchaus vorhanden, kurzzeitig. Deshalb hielt er sich bis Ende 1945 bei Nazifreunden in Portugal versteckt. Amerikaner und Briten setzten in Düsseldorf eine Ermittlungsgruppe gegen den Wolff-Konzern ein. Amerongen wurde, wie sein gesamter Vorstand, ein Jahr lang interniert und verhört. Sie erkannten bald in ihm den Opportunisten, der sich für ihre Zwecke einsetzen liess. Die Unterlagen verschwanden im Archiv, Amerongen wurde freigelassen und diente neuen Herren.

Der Verantwortliche im Wolff-Konzern für die Göring'schen Aufträge war Rudolf Siedersleben, von 1940 bis Kriegsende auch Vizepräsident der Kölner IHK. Siedersleben reiste als Chefverkäufer während des Krieges mit geraubten Aktien nach Schweder und in die Schweiz und verdiente auch persönlich ein Vermögen. Er starb in der US-Internierung nach dem Krieg. Amerongen übernahm das Vermögen und gründete später die Otto-Wolff-Siedersleben-Stiftung - sie vergibt bis heute Stipendien und finanziert Forschungen.

Amerongen betonte immer wieder, nie Mitglied einer Partei gewesen zu sein, weder bei den Nazis noch später in der Bundesrepublik. Das schliesst jedoch profitorientierten Opportunismus nicht aus, im Gegenteil erwies Amerongen sich wendiger als andere. Genauso wie er ohne Parteimitgliedschaft den NS-Krieg profitabel mitführte, so spendete er später geheim an CDU und FDP - das öffentliche Gerichtsverfahren umging er 1987 durch die Zahlung eines Strafgeldes von 600.000 Mark.

Keine Entschädigung der Opfer, keine Anklage der Täter

„An den Raubaktien klebt Blut, denn der Aktienraub war normalerweise nur der erste Schritt vor Deportation und Vernichtung", so der Schweizer Finanzhistoriker Jean Ziegler. Nichtjüdische Beraubte wie Sergoynne überlebten den

Krieg. Doch die Mehrzahl der Beraubten waren Juden, die meisten endeten in Vernichtungslagern. Nur ein paar Dutzend Überlebende schafften es nach 1945, in der Schweiz auf Rückgabe ihrer geraubten Aktien zu klagen. Das eidgenössische Bundesgericht in Lausanne stellte in der eigens eingerichteten „Raubgutkammer" die Firma Wolff als Hauptthehler des NS-Regimes fest, so auch im Fall Sergoynne. Doch der Arzt erhielt von der verklagten Schweizer Bank nur zwei von 1.400 geraubten Aktien zurück, denn die neuen Besitzer der restlichen 1.398 Aktien - ihr Wert läge heute bei 500.000 Euro - konnten nicht namentlich ermittelt werden.

Die Firma Wolff hatte Ende 1944 begonnen, brisante Unterlagen in den Hochöfen ihrer Stahlwerke zu berbrennen. Sie kam nicht vor Gericht, auch nicht in Deutschland. Sie konnte ihre Provisionen behalten. Über die mehreren tausend Zwangsarbeiter in Betrieben des Konzerns sprach damals ohnehin niemand. Dass Wolff noch 1944 an Drahtzeuglieferungen an das KZ Dachau verdiente - kein Thema bis heute. Der Aufstieg des Firmenchefs Wolff von Amerongen und seine Karriere als globaler Wirtschaftsfunktionär konnte sich fortsetzen.

Im Jahre 2001, als europaweit die Zusammenarbeit des Wolff-Konzerns mit dem NS-Regime bekannt wurde, zeichnete Bundespräsident Johannes Rau Amerongen mit der höchsten Stufe des Bundesverdienstkreuzes aus. In Köln ist der joviale Ehrenmann einer der Hauptsponsoren des Fördervereins „Romanische Kirchen".

Zwangsarbeiter in Firmen der Otto-Wolff-Gruppe (Auswahl)

* Eikomag, Düsseldorf-Benrath: 70 Zwangsarbeiter
* J.&E. Kronenberg, Leichlingen: 90 Zwangsarbeiter
* Eisen- und Hüttenwerke, Bochum
* Stahl- und Walzwerke Rasselstein, Neuwied
* Stolberger Zink AG: in Ramsbeck,, Essen und Stolberg 800 Zwangsarbeiter
* Vereinigte Stahlwerke, Düsseldorf, 130 Zwangsarbeiter
* Maschinen- & Bohrgeräte Wirth, Erkelenz: 660 Zwangsarbeiter
* Weserhütte, Bad Oyenhausen: 1.100 Zwangsarbeiter
* Neuwalzwerk, Bösperde: 100 Zwangsarbeiter

Die Legende: Oberbürgermeister Konrad Adenauer

Schwarze Kassen, Selbstbedienung, Insidergeschäfte*

Am 18.9.1917 wurde der langjährige erste Beigeordnete Konrad Adenauer zum Kölner Oberbürgermeister gewählt. Zur Beruhigung des Publikums stimmte er einem Beschluß der Stadtverordnetenversammlung vom selben Tag zu. Danach war der OB verpflichtet, alle Tantiemen an die Stadtkasse abzuliefern, wenn er „als Vertreter der Stadt zum Mitgliede des Aufsichtsrates oder Vorstandes einer Erwerbsgesellschaft bestellt werden sollte." Der tiefkatholische Zentrumspolitiker liess zwei Monate später den Beschluss abändern, was umso leichter fiel, da aufgrund des preussischen Dreiklassenwahlrechts im Stadtrat noch keine Sozialdemokraten oder andere unbürgerliche Mitglieder sassen. Am 23.11.1917 wurde das Gegenteil beschlossen: „... steht die hieraus aufkommende Vergütung zur freien Verfügung des Oberbürgermeisters." Es wurde zwar nebulös festgelegt, das Geld solle „zum Wohle der städtischen Beamten" verwendet werden, aber für alle Fälle hiess es: „Eine Rechnungslegung findet nicht statt."

Schwarze Kasse im Rathaus

Auf dieser Grundlage glitt der neue OB skrupellos vom Legalen zum Illegalen. Er liess das Konto „Dispositionsfonds" einrichten. Darauf lenkte er die erheblichen Summen, die ihm von seinen Aufsichtsratsmandaten zuflossen. 14.000 Mark jährlich kamen von der Provinzial Feuerversicherung. Das schon damals mächtige Rheinisch-Westfälische Elektrizitätswerk (RWE) überwies Adenauer jährlich ebenfalls etwa 14.000 Mark, manchmal auch 19.000. Die schwarze Kasse wurde von Geschäftspartnern gelegentlich direkt aufgefüllt. So spendete Direktor Dr. Brüning von der Kölner Filiale der Deutschen Bank 30.000 Mark in den Fonds, versehen mit dem unnötigen Zusatz „zur freien Verwendung."

Immer wieder liess Adenauer sich zwar Beträge zwischen 50 und 150 Mark aus dem Fonds auszahlen, die er dann persönlich an mehr oder weniger notleidende Beamte überbrachte. Kleine Beamte bekamen kleine Beträge, hö-

* Die Dokumente dazu befinden sich im Historischen Archiv der Stadt Köln, Bestand Oberbürgermeister Adenauer, und im Bundesarchiv Berlin, Bestand Deutsche Bank, Handakte Abs

here Beamte bekamen höhere Beträge. So wurde Bürodirektor a.D. Ernst für eine Kur im schönen St. Moritz mit 800 Mark unterstützt. Das „Wohl der Beamten" konnte man vielleicht auch noch entdecken, wenn 75 Mark an die Polizisten Ley und Schiefer gingen, hatten sie doch während des sechswöchigen Urlaubs der Familie Adenauer im Grandhotel von Chandolin im schweizerischen Wallis 57 Nachtwachen geschoben. Aber auch Strafzettel wegen erheblicher Geschwindigkeitsüberschreitung, zu der der OB seinen Chauffeur häufig antrieb - durch Remagen etwa donnerte er einmal mit 60 Km/h, 30 waren erlaubt -, wurden aus dem Fonds beglichen.

Die meisten Beträge flossen jedoch in andere Richtungen. Rote Rosen für 100 Mark und eine venezianische Vase für 575 Mark für seinen Freund, Geheimrat Louis Hagen vom Bankhaus Sal. Oppenheim, wurden dem Dispositionsfonds ebenso entnommen wie 300 Mark an die Nähstube des Vaterländischen Frauenvereins, dem die Gräfin Schnitzler vom befreundeten Bankhaus J.H. Stein vorstand. Als Geschenk an den Papst wurde der Prachtband „Der goldene Schrein" für 50 Mark in weisses Leder gebunden. Das Frühstück des Stiftungsrates der Johannes-Fastenrath-Stiftung im Kölner Restaurant „Bastei" liess Adenauer ebenso aus seinem Fonds bezahlen wie das Lunch mit dem Wallstreet-Banker McKittrick im Berliner Hotel Adlon.

Der Empfängerkreis war zwischen christlichem Traditionsmilieu, Technikfetischismus und Karneval breit gefächert. Katholischer Frauenbund, Sankt-Elisabethkrankenhaus, Reichsbund der Kinderreichen und Männergesangverein Concordia wurden ebenso bedacht wie der Düsseldorfer Areo-Club, der Deutsche Motorradfahrerverband („Ehrenpreis Nürburgring") und der ADAC. Die Spitzen des einheimischen Brauchtums durften nicht fehlen, so wurden der Karnevalsgesellschaft Rote Funken erst 25 Flaschen, dann 50 Flaschen des edlen Tropfens „Zeltinger Kirchenpfad" angeliefert.

Besonderes Gewicht legte der Zentrumspolitiker jedoch auf die Förderung von militaristischen Vereinigungen und grossdeutschen Bestrebungen. Dabei wird nebenbei die Legende widerlegt, Adenauer sei ein „rheinischer Separatist" gewesen. Vor allem war er, spätestens seit Mitte der 20er Jahre, ein Großdeutscher. Er stiftete zwar schon mal die Ehrenpreise für das „Rheinlandbefreiungsschiessen" 1930 und half der Mainzer Rudergesellschaft beim Kauf eines „Befreiungsachters". Als Vizepräsident der Deutschen Kolonialgesellschaft („Unerbittlich fordern wir Deutschlands Recht auf eigene Kolonien"), bestritt er aus der schwarzen Kasse 25 Exemplare „Deutscher Kolonialkalender" für die Volksbüchereien der Stadt. Er nervte den Schuldezernenten Linnartz so lange, bis dieser dem Geschenk von nochmals 50 Exemplaren des Kalenders zustimmte und sie in den Schulen verteilte. Der Kölner Kreiskriegerverband und der Preussische Landeskriegerverband durften für das Kriegerdenkmal im

Hindenburgpark ebenso auf eine Gabe hoffen wie das Kürassierregiment 8, das immerhin 2000 Mark bekam.

Für die Kundgebung „Danzig bleibt deutsch" des Vereins für das Deutschtum im Ausland floss aus dem Dispositionsfonds eine Spende wie für das Wohltätigkeitskonzert zur „Unterstützung notleidender Kolonialdeutscher in Ost- und Westafrika". Adenauer subventionierte irredentische Auslandsvereine wie den Deutschen Schulverein Antwerpen und die Landsmannschaft Eupen-Malmedy-Monschau. Rittmeister a.D. Habermann bekam eine Spende für das „Deutsche Haus" in Olmütz. Aus dem Fonds bezahlte Adenauer ab 1931 auch das Abonnement der „Deutschen Führerbriefe", die von seinem Freund Paul Silverberg - IHK-Präsident und Chef der Rheinbraun AG - herausgegeben wurden und für die Beteiligung Hitlers an der Reichsregierung warben. Als früher Bewunderer Benito Mussolinis förderte er sogleich nach dem Sieg des Faschismus in Italien die Errichtung des Italienischen Kulturinstituts in Köln und bedachte es mit einer Spende aus seiner schwarzen Kasse.

Den Kreuzer „Cöln" hatte der grossdeutsche Landschaftspfleger besonders ins Herz seines Dispositionsfonds geschlossen. Dem Marineverein Köln spendierte er die Fahrkarten zur Taufe des Kreuzers im Mai 1928 in Wilhelmshaven. Der Mannschaft liess er immer wieder nicht nur Zigarren, Zigaretten, Wein, Bücher und Schallplatten (mit Extrarationen zu Weihnachten) sowie der Schiffskapelle kostbare Noten aus dem rathausnahen Musikhaus Tonger zukommen, sondern beglückte sie auch mit Freiabonnements des Kölner Stadt-Anzeigers und der besonders nazifreundlichen „Kölner Illustrierten Zeitung" aus dem Hause Dumont Schauberg. Dem Kommandanten bezahlte er die Rahmung eines Bildes, und für die Gattin legte er ein „Kristall-Flakon" bei. Eine Extra-Lieferung Zigarren der Marke „Adenauer" ging an den Matrosen, „welcher den Herrn OB auf dem Kreuzer Cöln bedient hat".

Hatte schon all das nichts mit dem „Wohl der städtischen Beamten" zu tun, so notierte bei so mancher Barentnahme aus dem Dispositionsfonds der Bürodirektor des OB-Vorzimmers: „1.300 Reichsmark abgehoben und dem Herrn OB ausgehändigt. Zweck ist mir unbekannt". Die nicht ausgegebenen Summen standen dem OB ganz „zur freien Verfügung". Die Tantiemen der restlichen, im Lauf der 20er Jahre hinzukommenden insgesamt zwölf Aufsichts- und Verwaltungsratsmandate zahlte er meist überhaupt nicht mehr in den Fonds ein, so die Tantiemen der Rheinbraun AG, der Deutschen Lufthansa, der Rhein-Main-Donau AG und der Ruhrgas AG.

„Freies Wohnen" und sonstige Nebeneinnahmen

Eine ähnliche Schwankungsbreite zwischen legal und illegal herrschte bei Adenauers Gehalt. Es war das höchste aller Politiker im deutschen Reich. Das kam vor allem durch die sichtbaren und unsichtbaren Nebenleistungen. Durch Aktienspekulation, Einheirat in die Familie des vorherigen OB Wallraf und durch langjähriges Beigeordnetengehalt war er so vermögend, dass er sich bereits lange vor Amtsantritt als OB in der Max-Bruch-Strasse 6 - in bester Lage, Prominentenviertel Lindenthal, direkt am Stadtwald - eine dreistöckige 14-Zimmer-Villa hatte bauen lassen. Trotzdem bestand er auf „freier Wohnung".

Er liess sich zunächst unter anderem 20.000 Mark jährlich für „Licht und Brand" bewilligen, womit - so die wenigen Spötter, die davon überhaupt erfuhren - nach damaligen Preisen ganz Lindenthal hätte beleuchtet und beheizt werden können. Schliesslich erhielt der kaltschnäuzige Gehaltsjäger zu seinem Grundgehalt von 36.000 Mark jährlich 5.250 Mark Orts- und Kinderzuschläge, 10.000 Mark Aufwandsentschädigung und noch sage und schreibe 43.000 Mark „Wohngeld". Dabei wurden die Aufwandsentschädigung ebenso wie die Hälfte des Wohngelds auf seine Pension angerechnet, stellten also auch noch ein verdecktes Gehalt dar, was durch den Stadtverordnetenbeschluss über „freies Wohnen" natürlich nicht gedeckt war. Für 43.000 Mark übrigens konnte man sich damals ein Haus mit 6 Zimmern und Grundstück kaufen, sodass sich der Kölner OB jährlich aus dem städtischen Haushalt den Gegenwert eines ordentlichen Eigenheims schenkte, und zwar 15 Mal, denn die Regelung galt bis 1933.

Darüber regten sich einige kleine Zeitungen auf. Sie waren auf verlorenem Posten. Dabei kannte das Publikum damals die Feinheiten noch gar nicht, mit denen der raffgierige Politchrist das „freie Wohnen" auf die Spitze trieb. Neben dem üppigen „Wohngeld" liess er sich die Rechnungen für Gas, Wasser und Strom aus der Stadtkasse noch extra ersetzen, wofür die Stadtwerke eigens Rechnungsduplikate an das OB-Zimmer zu schicken hatten. Überflüssig zu betonen, dass auch die Hausreparaturen - bis zu 15.000 Mark im Jahr - aus der Stadtkasse bezahlt wurden.

Auch sämtliche Versicherungen - Feuer/Gebäude, Haftpflicht, Diebstahl - wurden aus der Stadtkasse ersetzt. Dasselbe galt für die Grundsteuern und Hypothekenzinsen. Dasselbe galt schliesslich auch für zahlreiche Kleinigkeiten wie die Urlaubs-Reisegepäckversicherung („zu übernehmen auf Haushaltsplan Zentralverwaltung, Position 42, Sonstiges"), wobei der OB in der Police festhalten liess, dass die Versicherung auch für alle Familienangehörigen gelte, selbst „wenn diese nicht in Begleitung des Versicherungsnehmers reisen." Als der NSDAP-Nachfolger im OB-Amt, Dr. Riesen, im April 1933 die Reisegepäckversicherung kündigte, stellte der Provinzial-Versicherungsagent Heups, der die Versicherung mit Adenauer abgeschlossen hatte, erstaunt fest, „dass die Prämie offenbar der Stadt Köln zur Last fällt", wovon er keine Kenntnis gehabt habe.

Wenn in der Max-Bruch-Strasse „Kanalgerüche im Herrschaftsbadezimmer" das christliche Riechorgan störten oder wenn die Gaskesselanlage ruckelte, liess der OB die Ingenieure der Stadtwerke antanzen. Sie erstellten in ihrer Dienstzeit kostenlose Gutachten und überwachten die Reparaturarbeiten. Dasselbe galt bei der Begutachtung der Angebote für den swimming pool nebst Umkleidehaus, für das Kühlsystem des Weinkellers und für den Bau der Tennisanlage im Garten. Das fiel auch deshalb nicht auf, weil gleichzeitig die städtischen Gärtner in Adenauers grossem Garten auf Steuerzahlers Kosten das Unkraut jäteten und die Rosen pflegten.

Im Rathaus liess Adenauer durch die städtischen Beamten zahlreiche seiner persönlichen Angelegenheiten abwickeln, obwohl er zuhause vier Angestellte beschäftigte. Bürodirektor Wolfgarten bestellte für Adenauers Privatbedarf Haigs Gold Label Scotch Whisky, Kölnisches Wasser für den Urlaub, Gartenschaukeln für die Kinder. Die Beamten sichteten die einlaufenden Prospekte, wenn Madame Adenauer vor der Auswahl des hübschesten Modells für Doppelwaschtische in den Badezimmern stand („Eins A Caracalla-Marmor oder Hartsteingut?"). Auch die Bestellung von „drei Tuben der schon früher verschiedentlich bestellten Nasensalbe" beim Apotheker Burgener im walisischen Chandolin oblag dem OB-Büro. Wenn etwa die Extra-Spezialguss-Bratpfanne aus der Schweiz im Rathaus eintraf, meldete der Bürodirektor pflichtgemäss per amtlichem Vermerk an die OB-Gattin: „Das Bronzegefäss ist eingetroffen."

1919 und 1925 kaufte Adenauer zu den 1.864 Quadratmetern seines Grundstücks weitere 3.051 Quadratmeter an der Max-Bruch- und der angrenzenden Kitschburger Straße von der Stadt hinzu, um ein zweites Haus und einen Tennisplatz anbauen zu lassen. 1932 mahnte das städtische Liegenschaftsamt untertänigst an, dass der Restkaufpreis von 23.740 Mark - ein unter dem Marktpreis liegender Freundschaftspreis, den sich Adenauer als Vertreter des Verkäufers selbst genehmigt hatte - immer noch nicht beglichen sei. Adenauer wollte nicht zahlen, ging aber auf das Angebot ein, auf diese Schuld 6 Prozent Zinsen und 1,5 Prozent Stundungszinsen zu zahlen. Die zahlte er zwar tatsächlich an die Stadthauptkasse, interpretierte aber das „freie Wohnen" so, dass er sich die 7,5 Prozent Zinsen umgehend aus eben derselben Stadthauptkasse zurückerstatten liess.

Schliesslich kannte das Publikum auch weitere Nebeneinkünfte des nimmersatten Selbstbedieners nicht. So rechnete er etwa für eine Sitzung des Aufsichtsrates der RWE 90 Mark Tagegeld ab. Für einen Arbeits- und Sitzungstag des Preussischen Staatsrates rechnete er 150 Mark Tagegeld ab - damit kam er beispielsweise allein im Zeitraum vom 6.5. bis 3.7.1921 auf 2.400 Mark, was dem Jahresgehalt eines kleinen Beamten entsprach. Und das natürlich alles während der Dienstzeit als überbezahlter Oberbürgermeister.

Insidergeschäfte

Zeitweise glich sein Rathaus-Vorzimmer einem Zockerbüro. „Wir machen höflichst darauf aufmerksam, dass unsere Bestände in 8%igen Goldpfandbriefen zur Neige gehen und bitten Sie, im Bedarfsfalle möglichst umgehend bei uns oder unseren Niederlassungen Offerten einzuholen", so hiess es etwa in einem Angebot der Deutschen Bank, das im Rathaus umgehend bearbeitet werden musste. Adenauer unterhielt für seine umfangreichen Deals nicht nur zwei Girokonten bei der Städtischen Sparkasse Köln, sondern Konten und Aktiendepots bei mehreren Banken: C.G. Trinkaus (Düsseldorf), Sal. Oppenheim (Köln), Deutsche Bank (Köln) und Comes&Co (Berlin).

Die privaten Aktiendeals ihres OB waren für die städtischen Beamten so normal, dass sie ihm schon mal einen grossen Betrag aus der Stadtkasse vorstreckten. So traf am 27.1.1923 im Rathaus das Angebot („Vertraulich!") der Deutschen Bank über den Bezug junger Aktien der Rheinbraun AG ein, bei der Adenauer im Aufsichtsrat sass. Die 40.000 Aktien kosteten 613.000 Mark, die Entscheidung musste am selben Tag getroffen werden. Der Bürodirektor fertigte eine Zahlungsanweisung an die Stadtkasse („ausserordentliche Bedürfnisse"), zwei Tage später meldete die Kämmerei der am höchsten verschuldeten deutschen Stadt Vollzug. Bemerkenswert hierbei ist auch, dass die Verwaltungsspitze der Stadt diesen Rechtsbruch mittrug - eine Überweisung dieser Grössenordnung und Dringlichkeit wurde von mehreren Spitzenbeamten unterschrieben.

Erst drei Monate später ordnete Adenauer an: „Der von der Stadthauptkasse verauslagte Betrag von 613.000 M wird dieser aus meinem Girokonto 8080 bei der Städtischen Sparkasse erstattet." Natürlich ohne Zinsen. Gleichzeitig wußte der christliche Politiker auf den damaligen Katholikentagen geläufig gegen „Materialismus und Mammonismus im deutschen Volke" zu wettern und den „Schwund des Religiösen" zu beklagen, als hätte er bei seinem heutigen Fan Josef Kardinal Meisner die Weihnachtspredigt gehört.

Den Höhepunkt erreichte der vermutlich ranghöchste deutsche Aktienspekulant - er war nach Reichspräsident und Reichskanzler der dritte Mann im Staate - mit den Glanzstoff-Aktien. Er war befreundet mit Fritz Blüthgen, Generaldirektor der Glanzstoff AG Wuppertal. Im Gewerbegebiet Köln-Niehl, von Adenauer forciert, liess die Glanzstoff AG ein Zweigwerk für die Produktion der gerade erfundenen Kunstseide errichten. Bei einem Bankett im Rathaus, Februar 1928, berichtete Blüthgen, daß Glanzstoff zwei amerikanische Holdings gegründet habe. Ihren Aktien stehe eine glänzende Entwicklung bevor. Blüthgen verfügte über einen „Sonderfonds" in Amsterdam. Da dem OB noch eine Million Reichsmark zu den notwendigen 2,8 Millionen für 7.000 Stück fehlten, sprang Anton Brüning von der Deutschen Bank ein, in deren Aufsichtsrat der Kölner OB gerade eingerückt war. Brüning gewährte ihm einen Kredit über 1,18 Millionen, und Adenauer kam über Blüthgens schwarzen Topf an die 7.000 Aktien, zum Insider-Vorzugspreis.

Wie es sich für ein ordentliches Insidergeschäft gehört, handelte auch Brüning nicht uneigennützig. Er hoffte darauf, der überschuldeten Stadt weitere Kredite für Adenauers Renommierprojekte wie die Mülheimer Hängebrücke anzudrehen. Mit diesem Projekt erhoffte wiederum der OB, seine im November 1929 anstehende Wiederwahl abzusichern.

Doch es kam anders als erwartet. Der Aktienkurs stürzte von 99 auf 25 Dollar ab - Börsencrash in New York. Die Bank drängte auf Rückzahlung des Kredits. Adenauer wollte nicht zahlen. Er wollte aber auch angesichts der anstehenden Wahl keinen öffentlichen Skandal um seine Aktienspekulation. Auch die Deutsche Bank wollte keinen Skandal, sondern die Wiederwahl ihres ergiebigen Schuldners. Da die Deutsche Bank Hauptaktionär der Glanzstoff AG war und den Aufsichtsratsvorsitzenden stellte, griff Freund Blüthgen wieder in seinen schwarzen Topf. Er füllte das Depot des Oberbürgermeisters bei der Kölner Filiale der Deutschen Bank mit Aktien im Wert von 1,14 Millionen Mark auf. Dies geschah „leihweise“, wie es hieß. Der Skandal war vermieden, die Wiederwahl zum Oberbürgermeister ging über die Bühne.

Dieser Fall zeigt auch, dass Adenauer seine Insidergeschäfte nicht nebenbei erledigen liess, sondern seine Dienstzeit und sein öffentliches Personal dafür nutzte. Er schickte seinem Freund Blüthgen Ende 1928 nach New York, per Adresse Ritz Carlton Hotel, aus dem Rathaus folgendes Telegramm: „Umtausch schwierig. Bitte mich möglichst bei Neuausgabe zu beteiligen. Gruss Adenauer“. Der Kölner Oberbürgermeister hatte verfolgt, dass die Aktien der beiden US-amerikanischen Glanzstoff-Aktien sich unterschiedlich entwickelt hatten und wollte zwischen ihnen tauschen. Obwohl Glanzstoff-Direktor Blüthgen dafür in keiner Weise zuständig war, wurde er vom Kölner OB immer wieder gedrängt, seine Stellung für dessen private Aktiengeschäfte zu nutzen.

Die Insider hielten auch nach 1933 dicht. 1942 aber wurde es brenzlig: Bei der Glanzstoff-Hauptversammlung trat der Aktionär Dr. Kübel auf. Er verlangte, daß Adenauer die leihweise überlassenen Aktien zurückgebe, zumal es sich um eine Bestechung gehandelt habe. Da die Sache publik zu werden drohte, wandte sich Adenauer an Hermann Josef Abs in Berlin. Der war inzwischen Vorstandsmitglied der Deutschen Bank und Aufsichtsratsvorsitzender von Glanzstoff.

Adenauer liess den Hauptmann Schliebusch bei Abs vorstellig werden. Schliebusch war mit dem ehemaligen Kölner OB vertraut, war er doch Redakteur der „Kölnischen Zeitung“ aus dem mit bürgerlichen Wertvorstellungen gut vertrauten Haus Dumont gewesen und hatte zu Adenauers Geldmanipulationen immer brav nichts geschrieben. Schliebusch, nun im Oberkommando der Wehrmacht tätig, überreichte ein Memorandum, in dem Adenauer darlegte, es habe sich zwar um eine Leihgabe gehandelt. Da aber nicht ausdrücklich vereinbart worden sei, dass die geliehenen Aktien auch zurückgegeben werden müssten, „war es augenscheinlich Wille der Parteien, daß ich nichts zurückzugeben brauchte."

Auch die NS-Regierung hielt schützend ihre Hand über den „Widerstandskämpfer". Durch eine geheime Anweisung wurde den Medien befohlen, „Ausführungen eines Dr. Kübel über zurückliegende interne Vorgänge im Konzern der Glanzstoff-Fabriken nicht zu veröffentlichen." Adenauer durfte die Aktien behalten. Abs wurde zum wichtigsten Finanzberater des späteren Bundeskanzlers und ersten CDU-Vorsitzenden.

Selbstbereicherung, Staatsverschuldung, Christentum

Die Insidergeschäfte Adenauers sind in den zahl- und umfangreichen Biografien bisher nur am Rande und nie vollständig dargestellt worden. Das könnte erstaunen. Denn beim Kauf der 7.000 Glanzstoff-Aktien für 2,8 Millionen Reichsmark setzte er fast sein gesamtes Vermögen ein. Das waren nach heutigen Werten über 15 Millionen Euro. Er war also schon vielfacher Millionär, hatte ein solches Geschäft „eigentlich nicht nötig". Darüberhinaus ist zu fragen, warum jemand, der sich als besonders wirtschaftskompetent begriff und auch heute noch so bewundert wird, sich auf eine solche Spekulation einliess.

Schließlich zog sich die Auseinandersetzung um Kreditrückzahlung, Entschädigungsforderungen usw. über zwei Jahrzehnte hin und war auch 1945 nicht beendet. Korrespondenz, Eingaben, Gutachten usw. füllen zahlreiche Aktenbände und waren Chefsache im Vorstand der Deutschen Bank und der Glanzstoff AG. Trotzdem herrscht allgemeines Schweigen. Auch die schwarze Kasse und die Selbstbedienung aus dem Stadthaushalt wurden bisher in den Biografien überhaupt nicht erwähnt (mit Ausnahme des Wohngeldes und der Aufwandsentschädigung).

Auch seine gerühmten kommunalpolitischen Glanzprojekte trugen ähnliche Merkmale wie der Insiderdeal. Auch sie waren nicht von betriebswirtschaftlicher Rationalität, finanzieller Seriosität und sozialer Verantwortung geprägt, sondern von politischer und finanzieller Spekulation. Im grossen Stil gab Adenauer im Namen der Stadt Kommunalobligationen in den USA aus – sie wurden nie zurückgezahlt. Sein eigenes Wohl und das seines großbürgerlichen Klientels stand über allem. Die beiden Renommierprojekte „Mülheimer Hängebrücke" und „Neubau der Universität" waren so terminiert, dass sie genau zum Ende seiner ersten zwölfjährigen Amtszeit 1929 fertig werden sollten, um ihm die Wiederwahl zu sichern. Gleichzeitig glich die Finanzierung einem Vabanque-Spiel mit erheblicher krimineller Energie.

Statt der billigeren Sanierung der alten Universitätsgebäude wollte Adenauer den Neubau. Damit glaubte er glänzen zu können, jedenfalls in seinem Milieu. Die Stadtverordnetenversammlung wollte den teuren Neubau angesichts der hohen städtischen Verschuldung nicht genehmigen, auch deshalb nicht, weil dann alle Mittel des Bildungshaushalts auf die Universität konzentriert worden wären, während die Volksschulen verwahrlosten. Adenauer liess sich am Tag der Abstimmung durch seinen Freund Brüning, den Direktor der Deutschen Bank Köln, eine Kreditzusage über 10 Millionen RM für den Universitätsneubau ins Rathaus schicken. Mit diesem bestellten Brief trat der Schuldner der Deutschen Bank vor die Stadtverordneten, die auf dieser überraschenden „Grundlage“ dem Neubau zustimmten. Die Kreditzusage war jedoch eine Lüge, der Kredit wurde nie gewährt.

Adenauer war Vorsitzender des Verwaltungsrates der Rheinischen Landesbank. Unterstützt wurde er von Bankier Louis Hagen, den er in den Verwaltungsrat geholt hatte. 1931 mußte die Bank ihre Zahlungsunfähigkeit erklären und wurde geschlossen. Sie hatte nicht nur überproportional viele Kredite an die Stadt Köln vergeben, sondern auch unseriösen Praktiken zugunsten des Kölner Stadthaushalts zugestimmt. Ähnlich handelte Adenauer mithilfe seines politischen Einflusses etwa beim damals vielberedeten 10-Millionen-Kredit der Zentralgenossenschaftsbank „Preussenkasse“. Dieser angebliche „Überbrückungskredit“ für die Stadt Köln hätte von der Preussenkasse nicht vergeben werden dürfen und wurde nicht zurückgezahlt. Adenauer hielt diese abenteuerliche Konstruktion in der Schwebe, bis er, nicht nur in dieser Angelegenheit, durch den Regierungsantritt der NSDAP buchstäblich „gerettet“ wurde.

Auch als der Millionenverlust aus dem Insiderdeal feststand, wollte Adenauer keine Fehler bei sich erkennen. Er bereute nichts. Vielmehr beschuldigte er andere, ihn betrogen und falsch beraten zu haben. Wie sein politischer Enkel Helmut Kohl stellte Adenauer sich als Opfer dar, er spielte die verkörperte Unschuld. Dieses Schema wandte er auch auf die Gesellschaft insgesamt an. 1946 erklärte er im Hinblick auf die Weimarer Republik: „Die grossen äußeren Erfolge, die schnell zunehmende Industrialisierung, die Zusammenballung grosser Menschenmassen in den Städten und ihre damit verbundene Entwurzelung machten den Weg frei für das verheerende Umsichgreifen der materialistischen Weltanschauung im deutschen Volk.“ Er hätte sich mit der materialistischen Weltanschauung selbst charakterisieren können. Das tat er nicht. Vielmehr klagte er den Nationalsozialimus als Verkörperung dieser materialistischen Weltanschauung an.

Für Adenauer entfalteten die ideologischen und religiösen Bindungen, die er für sich als christlicher Politiker und Verfechter des Rechtsstaates reklamierte, keine Hemmungswirkung gegenüber gesetzwidriger Selbstbereicherung. Damit war er freilich nicht alleine. Vielmehr hatten katholische Theologie und Vatikan die Freibriefe ausgestellt. Papst Leo XIII. hatte in der Enzyklika „Rerum Novarum" („Über die neuen Dinge") das moderne kapitalistische Privateigentum ebenso wie das Lohnarbeitsverhältnis mit der christlichen Liebe und Gerechtigkeit als vereinbar erklärt. Kritische Stimmen wurden aus der katholischen Lehre verbannt. Das Erzbistum Köln zog 1927 mit seinen „Richtlinien zur sozialen Verständigung" nach: Die Betätigung in der kapitalistischen Wirtschaft wurde den Gläubigen schlechterdings freigegeben, als gottgewollt und tugendgemäss bezeichnet.

Schliesslich veröffentlichte der später in der CDU massgebliche Theoretiker der sozialen Marktwirtschaft, der Jesuit Oswald von Nell-Breuning, im Adenauerschen Insider-Spekulationsjahr 1928 seine Schrift „Grundzüge der Börsenmoral". Er bezeichnete zwar die Börse als „Gelegenheit zur schweren Sünde", hielt aber „gegenüber romantisierenden Neigungen gewisser Kreise im katholischen Lager" daran fest, dass eine „positive Börsenmoral" möglich sei. Wie sie aussehen konnte, hat sein Förderer und Freund Konrad Adenauer vorgelebt.

„Er wurde uns von Gott geschenkt ..." Briefwechsel mit Erzbischof Meisner

Zum 125. Geburtstag des CDU-Gründungsvaters am 5. Januar 2001 fand sich in der Sondersitzung des Kölner Stadtrates auch die CDU-Bundes- und Landesprominenz ein und versammelte sich um die Adenauer-Familie und den Kölner Weihbischof Manfred Melzer, der im violetten Ornat sich auf eines der Ratsherrenstühlchen zwängte. Alfred Freiherr von Oppenheim, bei dessen Bank der Jubilar nach 1945 die schwarzen CDU-Konten führte, faltete im Hintergrund zufrieden seine Hände über der Seidenbrust. Ein Enkel namens Konrad Adenauer zählte in der Festrede unverblümt die zahlreichen Verwandten auf, die sein Grossvater in die Stadtverwaltung einschleuste, so den Schwager Willi Suth als Kämmerer, Nichte Hanna als Stadtkonservatorin und die verschwägerten Beigeordneten Greven und Berndorff. Die Versammlung grinste bei der Bemerkung, dass „Fremde" sowas „als Klüngel" bezeichnen, und spendete lachend selbstgefälligen Beifall.

„Wir danken heute Gott, daß er uns Konrad Adenauer geschenkt hat", predigte anschliessend Erzbischof Joachim Kardinal Meisner beim Pontifikalamt im Dom. Enkel Konrad durfte hier aus dem 1. Johannesbrief vorlesen:

„Meine Brüder! Wenn einer Vermögen hat und nicht mit seinem armen Bruder teilt…" Dabei wird er in seiner Verzückung kaum daran gedacht haben, dass Anfang der 30er Jahre Kölner Arbeitslose in der Max-Bruch-Strasse vor dem Anwesen ihres reichen Oberbürgermeisters immer wieder um Brot bettelten, erfolglos, und dass Adenauer antichristlich den Polizeipräsidenten zur Entfernung der armen Brüder aufforderte.

Ich führte daraufhin mit dem Erzbischof einen Briefwechsel. Ich darf ihn leider nur zitatweise wiedergeben. Der Hirte Adenauers hat mir, nachdem ich ihn informierte, dass ich den Briefwechsel dem Urteil des Publikums unterbreiten wolle, dies untersagt. Briefe seien nämlich eine Form der „bilateralen Kommunikation", die „an sich" nicht den Charakter einer öffentlichen Auseinandersetzung" habe. So liess es der katholische Oberhirte durch seinen Kaplan Dominik Schwaderlapp ausrichten, gewiss geleitet von nichts als der Wahrheitsliebe. So darf ich, weltlich gesetzestreu, nur einige Zitate aus unserer „bilateralen Kommunikation" wiedergeben.

Ich erinnerte im ersten Brief an Meisners Pontifikalpredigt. „Sie hatten", sprach ich den Bischof der nach Chicago zweitreichsten Diözese des bisher bekannten Weltalls an, „auch vermerkt, dass ein Volk sich glücklich preisen kann, das von einem Kanzler regiert wird, über dessen Bett, wie in Adenauers Schlafzimmer, das Jesus-Kreuz hängt." Ich informierte den Erzbischof über einige Untaten seines Schäfchens aus der Zeit als Oberbürgermeister der Domstadt, fragte, ob er über andere historische Daten verfüge oder meine Darstellung anzweifle, fragte schliesslich: „Halten Sie an der Gotteslästerung vom Gottesgeschenk Adenauers fest?"

Kaplan Dominik Schwaderlapp vom Sekretariat des Erzbischofs stellte im Auftrag des Kardinals „zunächst grundsätzlich" fest, „dass jeder Mensch ein Sünder ist, Konrad Adenauer nicht ausgenommen". Auf die Frage, ob der Erzbischof andere Erkenntnisse über sein Schäfchen habe oder meine Erkenntnisse anzweifle, ging er nicht ein. Von Sünde hatte ich übrigens nicht gesprochen, ganz unabhängig davon, dass nach Adenauerscher Beichttafel und katholischem Katechismus Selbstbereicherung, Insidergeschäfte und die Haltung schwarzer Kassen, aber auch etwa Korruption im engeren Sinne immer noch nicht zum kirchlichen Sündenregister zählen.

Aber Erzbischof/Schwaderlapp redeten ungefragt weiter von Sünden. „Doch wo und wann er sündhaft gehandelt hat, das möge Gott, den wir als Richter der Lebenden und Toten bekennen, beurteilen." Die heilige Messe, wie die für Adenauer im Dom, habe ja den Sinn, so die bilateralen Kommunikanten, für die Verstorbenen zu beten, damit Gott das Gute ihres Lebens annehme und das Sündhafte verzeihe. Dann fuhren sie fort: „Bei allem, was es an dunklen

Punkten im Leben Adenauers gegeben haben mag, so können doch darüber hinaus nicht seine objektiven Verdienste vergessen werden."

Erzbischof/Schwaderlapp hatten ja vorgebracht, dass nur Gott Gutes und Böses beurteilen könne. Nun kamen sie plötzlich mit „objektiven Verdiensten", die sie frech zu beurteilen sich herausnahmen. Sollten sie damit etwa die Kursgewinne ihres ebenso sündigen wie erfolgreichen Schäfchens meinen? Sie liessen das vollständig im Dunkeln, meinten aber gewiss, deutlich genug geworden zu sein. Mit „objektiven Verdiensten" meinten sie wahrscheinlich die Bundesrepublik Deutschland oder den Kölner Grüngürtel oder so was. Sie kamen zum Schluss: „Und da diese Verdienste Adenauers nicht ohne Gottes Hilfe zu denken sind, ist es durchaus keine ‚Gotteslästerung', ihn als Geschenk Gottes zu bezeichnen."

Ich gab mich damit nicht zufrieden. „Aus der kirchlichen Lehre", schrieb ich dem Erzbischof zurück, „auch aus dem früher selbst erlittenen Religionsunterricht, der allerdings einer gewissen spielerischen, freilich auch trügerischen Heiterkeit nicht entbehrte, kenne ich die Auffassung, dass der Mensch sich in diesem Leben bewähren müsse, dass er am Ende beurteilt werde und auch scheitern könne, also katholisch gesprochen, nicht in den Himmel, sondern in die Hölle komme. Ich kann mich auch erinnern, dass es etwas gibt, das zwischen beidem liegt, das Fegefeuer, das für diejenigen bestimmt ist, deren Scheitern mildernde Umstände zugebilligt werden." Ob Adenauer vielleicht im Fegefeuer sei, fragte ich? Wie komme es, dass der Erzbischof die Sünden dieses seines Schäfchens nicht beurteilen könne, die „objektiven Verdienste" aber doch? Und wie stehe es mit den „Sünden" Adolf Hitlers? Würden auch sie vergeben, während dessen „objektive Verdienste" um die Autobahnen und um das Konkordat mit der katholischen Kirche wohl anerkannt würden? Wenn man, fragte ich weiter, die wirtschaftskriminellen Praktiken von christlichen Unternehmern und Politikern als Sünden und als menschlich nicht beurteilbar ansehe, dann könne man doch nie etwas gegen Korruption tun? Besage denn das Neue Testament nicht etwas anderes? Ich erwartete nun, mahnte ich, eine genaue Antwort und beendete meinen Brief an den mit dem Gehalt eines Bundeswehrgenerals beamtenmässig ausgehaltenen Gottesdiener: „Mit Grüssen im Namen von Wahrheit und Demokratie".

Für die Abfassung seiner Antwort in unserer nun vollends multilateralen Kommunikation beauftragte der Ausgehaltene nicht mehr seinen bewährten Sekretär Schwaderlapp, sondern einen seiner leibhaftigen Doktores der Theologie, der dem „Referat für Glaubensfragen und Ökumene" vorsteht. Würde der Kirchengeneral nun also eine theologisch differenzierte Antwort schicken? Das Wesentliche habe mir Kaplan Schwaderlapp ja bereits geschrieben, schrieb Dr. Raimund Lülsdorff. Er legte dann doch theologisch nach, ein bisschen, aus unerklärten Gründen, wiederholend, dass die Kirche nicht die Aufgabe habe, die Schwächen der Menschen ans Licht zu zerren, sondern sie in Gottes Hand zu legen, der „gerecht und barmherzig zugleich" sei. „Die Kirche tendiert zu dieser Sichtweise, und zwar nicht zuletzt im Blick auf das Neue Testament, wo die Erlösung, die Christus uns erworben hat, geradezu definiert wird als ‚Vergebung der Sünden' (Lk 1,77; Eph 1,7; Kol 1,14 u.a.)".

Erzbischof/Lülsdorff steuerten auf das Ende zu und nahmen theologisch brüchig meine Argumentation auf: „Sollte es Ihnen wirklich um Wahrheit und Demokratie gehen, dann schlage ich vor, dass Sie sich an die Meinung der Fachwissenschaftler wie auch des demokratisch verfassten Volkes halten." Wahrheit und Demokratie? Seit wann beriefen sie sich darauf? Und auf die Meinung der Fachwissenschaftler? Da gibt es bekanntlich solche und andere. Erzbischof/Lülsdorff kannten offensichtlich nur solche oder nur andere. Welche meinten sie? Aber vor allem diese theologische Neuschöpfung: „demokratisch verfasstes Volk"! Was war das für ein bisher unbekanntes Wesen? Von so einem Geschwulst hatte doch nicht einmal ihr sündiger Adenauer gefaselt?

Doktor Lülsdorff kam auftragsgemäss zum unbarmherzigen Schluss: „Den Versuch, unseren Erzbischof zu abfälligen Bemerkungen über Adenauer zu drängen, halte ich jedenfalls für fruchtlos. Insofern betrachte ich unseren Briefwechsel hiermit als beendet." Diesmal ohne Segenswünsche entliess mich das Referat für Glaubensfragen und Ökumene weltlich „mit freundlichen Grüssen".

Abfällige Bemerkungen über Adenauer hatte ich doch gar nicht gewollt. Ich bin doch kein Kritiker, sondern ich will die Wahrheit. Aber fruchtlos, der Briefwechsel war beendet. Damit er vollständig dem wie auch immer gearteten Weltgericht vorgelegt werden kann, werde ich Kopien dem Vatikan-Archiv in Rom ebenso übergeben wie dem Archiv der Internationalen Vereinigung Antonio Gramsci in New York. Denn wer weiss, was der nach eigenem Eingeständnis sündige Kölner Erzbischof mit unserem Briefwechsel vorhat und wie voreilig sein kölscher Privatgott ihm dann verzeiht?

Was ist Korruption, warum soll und wie kann sie bekämpft werden?

I.

Das bürgerliche Gesetzbuch der Bundesrepublik Deutschland - ähnlich halten es die Rechtssysteme der „westlichen Wertegemeinschaft" - stellt aus dem weiten Bereich korruptiver Handlungen nur einen kleinen Ausschnitt unter Strafe. Bestechung und Bestechlichkeit, Vorteilsannahme und Vorteilsgewährung heissen die Straftaten. Strafbar ist der Missbrauch öffentlicher Macht zum privaten Nutzen. Das dabei vorrangig geschützte Rechtsgut ist das Ansehen des Staates. Im Vordergrund der Aufmerksamkeit stehen die „Staatsdiener", also die Beamten und Staatsangestellten.

Wie klein dieser Ausschnitt ist, fällt erst auf, wenn man sich vergegenwärtigt, was ausgeklammert bleibt. So steht die Bestechung von Abgeordneten (des Bundestages, des Europäischen Parlaments, der Landtage, der Stadt- und Kreisräte) nicht unter Strafe. Die meisten Bürger sind überrascht, wenn sie das hören. Bestechung von Abgeordneten straflos? Als der deutsche Bundestag nach drei Jahrzehnten endlich die „Abgeordnetenbestechung" in das Strafgesetz aufnahm, wurde der Straftatbestand so lächerlich eng gefasst, dass er wohl kaum vorkommt und das Gesetz noch nie zur Anwendung kam: strafbar ist nur das gekaufte Stimmverhalten in einer bestimmten Abstimmung im Parlament. Formen der Korruption wie geheime Beraterverträge, Annahme von Spenden ohne ausdrückliche Zweckbestimmung, Mehrfacheinkommen ohne berufliche Gegenleistung und das Führen schwarzer Kassen stehen dagegen nicht unter Strafe.

Mit Inbrunst werden in der Öffentlichkeit die „korrupten Staatsdiener" angeprangert. Wird die gleiche Tat in privater Rechtsform begangen, etwa durch einen nicht beim Staat angestellten Klinikchef, fällt die Strafe geringer aus. Wenn Unternehmen sich untereinander bestechen, was sehr viel häufiger vorkommt als zwischen Unternehmen und Staat, dann greifen sehr viel mildere Strafbestimmungen - wenn sie überhaupt einmal zur Anwendung kommen. Die Bestecher werden sehr viel milder behandelt als die Bestochenen, die Unternehmensmitarbeiter sehr viel milder als die Staatsdiener.

Die gegenwärtig entscheidende Form der Korruption besteht nicht in der Überreichung eines Geldbetrags durch den Bauunternehmer, der dadurch unmittelbar zu einem gewünschten Auftrag kommt. Die moderne Form der Korruption besteht, ausgehend von Unternehmen, vor allem in der indirekten Langzeitbegünstigung und breiten Netzwerkbildung, organisiert in einer Grauzone zwischen Legalität und krimineller Heimlichkeit: Legale und illegale Parteispenden, Gutachter- und Beraterverträge ohne sachliche Gegenleistung, Dankeschön-Zahlungen lange nach Erlangung eines Grossauftrags, Vergabe von Aufsichtsratsmandaten, Vorzugsaktien und Gesellschafteranteilen, Versorgung von Politikern mit lukrativen Geschäftsführerposten, Sponsoring von Kultur-, Sport- und Politik-„events".

Die anachronistische und selektive strafrechtliche Definition, die vor den meisten korruptiven Taten versagt, ist auch deshalb ungenügend, weil sie nur den „privaten Nutzen" der Täter im Blick hat. Ausgeblendet bleibt der Schaden für Dritte und die Gemeinschaft. Korruption unterlegt aber in Wirklichkeit dem Prozess der gemeinschaftlich vereinbarten politischen Willensbildung und Entscheidungsfindung eine unsichtbare Geheimstruktur. Die öffentliche Diskussion über politische Ziele, die behördliche Prozedur bei der Auftragsvergabe folgt so ganz anderen Motiven, die von den Bürgern nicht erkannt und nicht beeinflusst werden können.

Die legalen wie illegalen Parteispenden der Unternehmen gehen in aller Regel an die beiden grossen Parteien und ihren liberalen Wechselbalg, die sich nach dem eingefahrenen Muster in der Mehrheit abwechseln oder eine solche bilden. Dies spielt sich auf der Bundesebene ähnlich ab wie auf Landesebene und in den Kommunen. Diese drei „staatstragenden" Parteien und ihre Spitzenfunktionäre sind ohnehin schon vielfach staatlich privilegiert, und so wird durch die gewohnheitsmässigen Parteispenden unter der Hand auch eine grosse Koalition zusammengekauft und verfestigt, und zwar lange bevor sie politisch sichtbar wird. Man kann deshalb nicht naiv über die Berechtigung und Notwendigkeit von Parteispenden „an sich" diskutieren, sondern man muss die korruptiven Verhältnisse erkennen, die damit hervorgebracht werden.

Korruption bedeutet die Brechung des politischen Willens der Gemeinschaft.

II.

Die Konkurrenz der Korrupteure führt zur Zerstörung der Konkurrenz und des freien Wettbewerbs, da die Höhe der Schmiergelder ständig ansteigt, einmal seitens der Unternehmen, die die Wettbewerber ausstechen wollen, zum anderen seitens der über Jahre und Jahrzehnte genährten und frech gewordenen Politiker und Staatsdiener, deren Stellung sich ebenfalls monopolistisch verfestigt und politische Wettbewerber verhungern lässt. Heute werden viele Bestechungsgelder gezahlt, die nicht zum „Erfolg", sondern zum Bankrott des Korrupteurs führen.

Korruption und Kartellbildung sind ein Geschwisterpaar. So werden die Schmiergelder nicht nur in die Preise eingerechnet, sondern führen in einem viel grösseren Umfang zu monopolistischen Kostendiktaten. Die Gemeinschaft zahlt dafür in Form überhöhter Steuern, Gebühren, Beiträge und Preise. Die nicht rückzahlbare Staatsverschuldung, die überproportional steigende „zweite Miete" (kommunale Gebühren für Abwasser, Müll...), die steigenden Medikamentenpreise - Korruption hat daran ihren Anteil. Eine weitere Folge der korruptiven Monopolbildung: es werden nicht nur überteuerte, sondern auch überalterte Produkte und Verfahren verkauft. Korruption stellt eine Innovationsblockade dar.

Grosse deutsche Unternehmen - darin natürlich nicht wesentlich anders als Unternehmen aus anderen Staaten der „westlichen Wertegemeinschaft" - haben seit Jahrzehnten in den „Entwicklungsländern" bestochen und damit zur Zerstörung und Überschuldung junger Demokratien beigetragen. Deutschland war nicht nur Exportweltmeister, sondern auch Bestechungsweltmeister. Der Bundesverband der Deutschen Industrie (BDI) hat noch 1996, als (wieder einmal) eine grosse Diskussion über Korruption aufkam, in seiner Antikorruptionserklärung darauf bestanden, dass es erlaubt sein muss, Geschenke zu verteilen, wenn dies „nach Landessitte" üblich und erforderlich sei. Wer ist so naiv zu glauben, dass die selben Unternehmen nicht auch in deutschen Kommunen solche „Landessitten" entdeckt und gepflegt haben?

Korruption in der Kommune ist eine besondere black box. Korruptive Bereiche sind hier nicht nur die bisher vor allem bekannte Vergabe öffentlicher Aufträge, sondern auch etwa die Privatisierung öffentlicher Einrichtungen, der Verkauf und Kauf kommunaler Grundstücke, die Kreditvergabe und die Grundstücksgeschäfte der Sparkassen mit Bezug zu Ratsmitgliedern und städtischen Spitzenbeamten, schliesslich die Zuteilung von Vorstands- und anderen leitenden Funktionen in den immer zahlreicheren kommunal beherrschten Unternehmen, die in privater Rechtsform organisiert sind. Es kommt hinzu, dass die lokalen und regionalen Medien in der Regel ein Monopol ausüben, als kritische Instanz ausfallen und Mitspieler im korruptiven Netzwerk sind.

Korruption in der Kommune darf man sich nicht als lokales Filz-Biotop vorstellen. Wie der Fall Köln verdeutlicht, ist es gerade so, dass sich ein Teil des alteingesessenen Klüngels zu globalen Akteuren entwickelt, die von sich aus die Methoden der Globalisierung und grossflächigen Privatisierung gemeindlicher Versorgung erschliessen, aus eigenem Profitinteresse. Hier braucht keine Welthandelsorganisation oder Weltbank irgendetwas anzuordnen. In dieser Entwicklung werden auch die Methoden der Korruption im Sinne der indirekten, langfristigen Netzwerkbildung „modernisiert".

Es wird gern das Märchen erzählt, dass Korruption dort blühe, wo „die Beamten" schlecht bezahlt werden und ihr geringes Gehalt durch Schmiergelder aufbessern (müssen). Die Fakten sind anders, nämlich wie in den „Entwicklungsländern". Dort zahl(t)en Siemens, Elf Aquitaine und Lockheed die jeweils höchste Summe an den Staats- oder Regierungschef, und die Summen für Minister und Beamte richte(te)n sich streng nach Rang und Bedeutung. Wie die Auswertung der Gerichtsverfahren von etwa dreitausend verurteilter Korrupteure in Frankfurt, Wuppertal und München zeigt, werden Schmiergelder in Deutschland streng nach Amtshierarchie und Entscheidungskompetenz bezahlt: der Oberstadtdirektor bekommt am meisten, der Abteilungsleiter weniger undsoweiter, genau den Stufen folgend von B10 über A 14 und zu BAT II ...

III.

Die Geberseite, die die Schmiergelder erfolgsorientiert bezüglich Höhe und Empfänger genau kalkuliert, spielt sich bis heute gern als Opfer auf, in den Entwicklungsländern ebenso wie in der deutschen Millionenstadt: „Der geldgierige Politiker/Beamte kam und wollte Geld haben, immer noch mehr Geld". Dass Politiker/Beamte so vorgehen – unbestritten. Aber was zwingt Unternehmer dazu, auf diese Forderungen einzugehen? Wenn Unternehmen transparente Marktverhältnisse und den offenen Wettbewerb haben wollten, dann wäre nichts einfacher als die Politiker/Beamten zurückzuweisen und sie wegen versuchter Vorteilsnahme anzuzeigen. Warum tun Unternehmer dies nicht? Offensichtlich schätzen sie korrupte Politiker/Beamte doch höher als Demokratie, Transparenz und Wettbewerb.

Nach dem Öffentlichwerden von Korruption wird häufig eine „neue Ethik" in den Unternehmen gefordert. Natürlich ist eine neue Ethik erforderlich, aber erstens kann sie nicht angeordnet werden, zweitens haben freiwillige Selbstverpflichtungen der Unternehmen von sich aus noch nie zu gerechten Löhnen und zur Einhaltung von Menschen- und Umweltrechten geführt. Erst durch politischen Druck und staatlichen Zwang und nur gegen die Unternehmenslobby konnte im Jahre 1999 die Praxis abgeschafft werden, Schmiergelder als betriebsbedingte „nützliche Ausgaben" steuerlich anzuerkennen. Diese Praxis galt in Deutschland übrigens ununterbrochen seit 1934, seit dem ersten Jahressteuergesetz der Regierung Hitler. Ähnlich konnte erst im Jahr 2000 die Bestechung ausländischer Amtsträger in Deutschland unter Strafe gestellt werden – jahrzehntelang war sie straflos.

Was die Unternehmen heute zunächst brauchen, ist nicht eine neue Ethik, sondern eine neue Buchführung. Wie ist es möglich, dass Unternehmen Millionenbeträge abzweigen, in schwarzen Kassen auf Vorrat anlegen, in Briefkastenfirmen oder Ingenieurbüros in der Schweiz oder auf den Cayman Islands deponieren und auf Abruf auszahlen, in jeder legalen und illegalen Form, die von den Vermittlern und Endempfängern gewünscht wird? Warum wird es bisher diskussionslos zugelassen, dass „renommierte“ Wirtschaftsprüfer Schmiergeldzahlungen nicht nur als ordnungsgemäss testieren, sondern mitorganisieren?

Bevor die Unternehmen sich mit diffusen Entwürfen neuer Ethik abquälen, sollten sie in einem ersten Schritt ganz einfach auf jegliche Zahlung von legalen und illegalen Parteispenden verzichten. Das wäre ein einfacher Schritt auf dem Wege zu sauberen Verhältnissen.

IV.

Korruption ist eine untypische Straftat, denn sie kennt nur Gewinner, aber keine Opfer, jedenfalls zunächst. Zwischen beiden Gewinnern, die im Unrecht vereint sind, gilt das Gesetz des Schweigens. Deshalb ist es illusionär, allein auf die Tätigkeit von Staatsanwälten und Gerichten bei der Aufdeckung und Bekämpfung der Korruption zu setzen.

Die korruptiv durchseuchten Milieus von Staat, Unternehmen und Parteien können sich nicht selbst aus dem Sumpf befreien. Staatsanwälte gehören zu diesem Milieu - wieviele Strafanzeigen wegen Korruption, insbesondere in den neuen Bundesländern, werden nie bearbeitet oder ohne rechtsstaatliche Gründe eingestellt?

Die viel beschworene Zivilgesellschaft muss hier ihr Gestaltungsrecht einfordern und selbst wahrnehmen. Ohne Menschenrechtsbewegung ist der Kampf gegen die Korruption nicht möglich. Die schärfsten Gesetze gegen Korruption finden sich in der Regel in den korruptesten Staaten, so war es in Italien, so ist es etwa in Saudi-Arabien. Die schärfsten Gesetze sind ein stumpfes Schwert, wenn nicht der nachhaltige Druck der Zivilgesellschaft hinzukommt.

Wir brauchen keine „neue“ Ethik, denn die menschenrechtlichen Werte für verantwortliches Wirtschaften sind längst da, ebenso demokratische Staatsverfassungen. Ethik kann auch nicht verordnet, sie muss vielmehr erarbeitet werden. Gesetzliche Massnahmen sind das, was vergleichsweise einfach zu machen ist, worin sich aber der politische Gestaltungswille der Gemeinschaft manifestiert. Weit über das Strafrecht hinaus können Gesetze geändert oder überhaupt neu gemacht werden. So ist beispielsweise ein Informationsfreiheitsgesetz und ein Akteneinsichtsrecht notwendig, damit Auftragsvergaben und Genehmigungen aus dem korruptiven Dunkel herausgeholt werden können, insbesondere unter der Bedingung der fortschreitenden Privatisierung. So ist der Schutz der Informationsgeber („whistleblower“) nötig, damit sie aus der bisherigen, angstvollen Anonymität heraustreten können - gegenwärtig kommen in Deutschland vier Fünftel aller staatsanwaltlichen Korruptions-ermittlungen durch anonyme Hinweise zustande. Im Arbeitsrecht gilt bisher der „Betriebsfrieden“ als oberstes Schutzgut - selbst wenn ein Beschäftigter zutreffende Angaben über Korruption im Unternehmen an die Ermittlungsbehörden macht, kann er entlassen werden. Hier ist eine Änderung nötig.

Die Korruption kann nur bekämpft werden, wenn man sie nicht nur als Angelegenheit zwischen Bestecher und Bestochenen behandelt, die zu bestrafen sind, sondern wenn man die verursachten Schäden wiedergutmacht, soweit dies geht, durch Verpflichtung zu Schadenersatz, durch Vermögenseinziehung und durch Unternehmenshaftung. In internationalen Gremien wie der OECD und im Europarat hat sich diese Auffassung längst durchgesetzt, aber beim deutschen Gesetzgeber und bei den deutschen Grossmedien ist sie noch nicht angekommen.

V.

Vielfach wird resignierend behauptet, Korruption könne man nie abschaffen, sie liege im Wesen des Menschen, deshalb seien alle Gesetze letztlich erfolglos. Es ist eigenartig, dass diese „Argumentaton“ vorzugsweise aus „konservativen“ und Unternehmenskreisen kommt, die ansonsten jede Form der Kleinkriminalität gnadenlos mithilfe der härtesten Gesetze verfolgen wollen und dies als eine erfolgreiche Methode preisen.

Mord und Totschlag sind offensichtlich auch nicht abschaffbar, trotzdem besteht die menschliche Gemeinschaft zurecht auf Bestrafung. Korruption ist im Unterschied zu Mord und Totschlag in der Regel zudem viel weniger eine Affekthandlung, sondern wird gewerbsmässig betrieben, und gerade diese Form der Korruption ist gemeingefährlich und gemeinschaftszerstörend.

Die (mögliche) Würde des Menschen besteht gerade darin, dass er nicht nur seinen „niederen Neigungen“ folgen muss, sondern sie in Gemeinschaft zügeln, bekämpfen und niederhalten kann. Wer die Korruption nicht bekämpft, soll von menschlicher Würde, Rechtsstaat und Demokratie schweigen.

Nachweise

Die Texte wurden nur teilweise aktualisiert. Die Situation zur Entstehungszeit sollte erhalten bleiben, ausser wenn die Konflikte fortgeführt wurden oder sich neue Erkenntnisse ergaben, etwa wie bei den historischen Texten. Bei Mehrfachveröffentlichung wird die Quelle genannt, die tatsächlich zugrundeliegt. Mit „StadtRevue" ist die Kölner StadtRevue gemeint, mit „taz" die tageszeitung, Ausgabe NRW/Köln, mit „Kölner Woche" die Kölner Woche - Neue Rheinische Zeitung. Auf Fussnoten wurde aus Platz- und Lesbarkeitsgründen weitestgehend verzichtet, da für einzelne Artikel oft mehrere hundert Dokumente verarbeitet wurden.

Kölsches Klüngel-Biotop und Globalisierung: WDR3 11.3.2002
Die Stadt, der Müll und der NRW-Unternehmens-Politfilz: StadtRevue 10/95
Müllhändler Trienekens in der Mittelstandsmaske: taz 3.8.00
Die Müll-Korruption als Justizskandal: StadtRevue 9/97 und 1/99
Aufklärung als Farce - Die Müllaffäre im Spiegel der Dumont-Presse: Erstveröffentlichung
KölnArena - die high society plündert den Stadthaushalt: Kölner Woche 2.12.99/13.1.00
Patriotische Stoßseufzer aus Florida: taz 5.7.01
Kölns edelste Geldwäscher: Kölner Woche 20.1.00
Städtische Wohnungen als Renditeobjekt: taz 14.2.02
„What the Hell, Mister, where is your dammned Cologne?": WDR / DeutschlandRadio Berlin 16. und 17.12.2001, Kommune 2/2002
Der Abfall-Schaffer: StadtRevue 5/1993
Der Oberbürgermeister mit den fünf Einkommen: Kommune 2/95
Der Regierungspräsident als politischer Ersatzschauspieler: StadtRevue 5/96, Klenkes (Aachen) 6/96, Schnüss (Bonn) 10/96
Vorfluter Süd: StadtRevue 6/96
Von Arschlöchern, Sozialmietern und anderen Demokraten: StadtRevue 9/98
Der Klüngel mit der Korruption: StadtRevue 5/99
Insidergeschäfte oder mehr: StadtRevue 10/99
Ungenehmigte Grabungen in der Archäoszene: StadtRevue 8/96
Zuschussmonster KHD: StadtRevue 7/96 und meier (Mannheim) 9/96
Gebäudewirtschaft macht Gewinne, Schulen verrotten: taz 18.01.2001
IHK-Präsident organisierte die Kanzlerschaft Hitlers: StadtRevue 11/97
„Hehler für Hitler" - die geheimen Geschäfte der Firma Otto Wolff, mit Ingolf Gritschneder, ARD/WDR 25.11.2002/25.03.2002, Junge Welt 23.3.02
Profit-Wacht am Rhein - Der Verlag Dumont Schauberg: StadtRevue 12/95
Kölnische Zeitung - Trommeln für Hitler: taz 31.1.02
Wendehals West als Chefredakteur, mit Stefan Kreutzberger: konkret 8/00

Die Legende Konrad Adenauer - Schwarze Kasse, Selbstbereicherung, Insidergeschäfte: Kommune 2/01
Er wurde uns von Gott geschenkt... Briefwechsel mit Erzbischof Meisner: Erstveröffentlichung

Veröffentlichungen, die nicht in dieses Buch aufgenommen wurden:

Die verheimlichte Berufskrankheit der 4711-Arbeiterin: Umwelt und Gesundheit 4/95
Gesundheitsgefährung in Kölner Schulen und Kitas; Gutachten für die Gewerkschaft Erziehung und Wissenschaft, jährlich, 1995 - 1997, mit Ralph Bickel
Die Kosten der Privatisierung. Müllentsorgung nach den Vorgaben der RWE: AKP 2/96
Chemiebrühe Duffesbach, in: Doris Bünnagel, Wasserlandschaften, Köln 1996
Sozial-Herpes. Die Abwasserpolitik des Regierungspräsidenten Antwerpes in der Eifel: Klenkes (Aachen) 11/96
Nonkonformist und Saboteur - der Kölner Unternehmer Hans Deichmann: StadtRevue 2/97
Kölner Haushalt - Wo das Geld fehlt, wo es verschwindet: Kölner Volksblatt 2/97
Das Kölsch, der Klüngel, die Krise: StadtRevue 2/97
Spendfreudig auf der Flucht - der Kölner CDU-Schatzmeister Peter Jungen: StadtRevue 4/97
Barth und Biedenkopf in Ehrenfeld: StadtRevue 5/95
Ungeklärter Grossbrand in der Kölner MVA: StadtRevue 10/98
Wo blieben die Hässler-Millionen? In: Max Annas/Elmar Wiegand (Hrg.): Die Geißböcke. Glanz und Elend des 1. FC. Köln 1998
... und führe uns nicht in Versuchung. Razzia im Erzbistum: Kölner Woche 30.04.1999
Müllurteil kostet Stadt 50 Millionen: taz 21.6.00
Privatisierung der Müllabfuhr - Verwaltung lügt für Trienekens: taz 13.7.00
Streik in Bonner Müllverbrennungsanlage: taz 20.7.00
Immobilienhändler schlachtet Traditionsunternehmen Clouth aus: Junge Welt 25.11.00
Wacker-Betriebsrat als Störfall: taz 25.1.01
Walmart schliesst Filiale Nippes: taz 22.3.01
Kölner Zeitungskrieg: Junge Welt 17.7.01
Euro als Vorwand: Stadtwerke machen Kasse: taz 18.10.01
Korruption in der Kommune, in: Transparency International. Dokumentation März 2002

Elmar Altvater/Birgit Mahnkopf
Globalisierung der Unsicherheit
Arbeit im Schatten, Schmutziges Geld und informelle Politik
gebunden – 2002 – ca. 300 S. – ca. € 24,80 – SFR 42,90
ISBN 3-89691-513-4

Elmar Altvater und Birgit Mahnkopf integrieren mit ihrer profunden Untersuchung einen weithin unterschätzten gesellschaftlichen Bereich - das „Schattenspiel" - in das Bild eines globalen Wirtschafts- und Gesellschaftssystems.

Ulrich Brand/Alex Demirovic/Christoph Görg/ Joachim Hirsch (Hrsg.)
Nichtregierungsorganisationen in der Transformation des Staates
2001 – 182 S. – € 15,30 – SFR 37,00
ISBN 3-89691-493-6

Die Autoren des Bandes sehen Nichtregierungsorganisationen eher als Ausdruck einer mit der neoliberalen Globalisierung einhergehenden Internationalisierung des Staates. Die sich daraus ergebenden theoretischen wie praktischen Konsequenzen hinsichtlich einer Demokratisierung politischer Prozesse diskutieren sie eingehend.

Ulrich Brand /Achim Brunnengräber/Lutz Schrader/ Christian Stock/Peter Wahl
Global Governance
Alternative zur neoliberalen Globalisierung?
2000 – 203 S. – € 15,30 – SFR 27,50
ISBN 3-89691-471-5

Elmar Altvater/Birgit Mahnkopf
Grenzen der Globalisierung
Ökonomie, Ökologie und Politik in der Weltgesellschaft
Nachdruck der völlig überarbeiteten und erweiterten 4. Auflage
2002 – 600 S. – € 29,80 – SFR 52,50
ISBN 3-929586-75-4

WESTFÄLISCHES DAMPFBOOT

Dorotheenstr. 26a · 48145 Münster · Tel. 0251/6086080 · Fax 0251/6086020
e-mail: info@dampfboot-verlag.de · http://www.dampfboot-verlag.de

John Holloway

Die Welt verändern, ohne die Macht zu übernehmen

übersetzt von Lars Stubbe
in Kooperation mit dem Instituto de Ciencias Sociales y Humanidades, Mexiko
2002 – ca. 250 S. – ca. € 24,80 – SFR 42,90
ISBN 3-89691-514-2

Holloway spannt ein widersprüchliches Feld von Macht und Gegenmacht, von Herrschaft und Widerstand auf. Dabei gehört Holloway dank seiner profunden Kenntnis Adornos, Horkheimers, Blochs und all der anderen bekannten Größen der kritischen Theorie zu den wenigen, die schwierige Sachverhalte anschaulich und einfach, fast spielerisch erklären, ohne dabei simplen Erklärungen aufzusitzen.

Christoph Görg/Ulrich Brand (Hrsg.)

Mythen globalen Umweltmanagements

„Rio + 10" und die Sackgassen „nachhaltiger Entwicklung"
(einsprüche Band 13)
2002 – 217 S. – € 15,30 – SFR 26,80
ISBN 3-89691-596-7

Michael Jäger

Probleme und Perspektiven der Berliner Republik

(einsprüche Band 10)
1999 – 183 S. – € 15,30 – SFR 27,50
ISBN 3-89691-598-3

Alain Lipietz

Die große Transformation des 21. Jahrhunderts

Ein Entwurf der politischen Ökologie
Übersetzt und mit einem Nachwort versehen von Frieder Otto Wolf
(einsprüche Band 11)
2000 – 192 S. – € 15,30 – SFR 27,50
ISBN 3-89691-470-7

WESTFÄLISCHES DAMPFBOOT

Dorotheenstr. 26a · 48145 Münster · Tel. 0251/6086080 · Fax 0251/6086020
e-mail: info@dampfboot-verlag.de · http://www.dampfboot-verlag.de